소비적 종교주의의 해체

소비적 종교주의의 해체
―함석헌의 탈종교론과 비판적 종교철학

2021년 8월 15일 처음 찍음

지은이 | 김대식
펴낸이 | 김영호
펴낸곳 | 도서출판 동연
등 록 | 제1-1383호(1992년 6월 12일)
주 소 | 서울시 마포구 월드컵로 163-3
전 화 | (02) 335-2630
팩 스 | (02) 335-2640
이메일 | yh4321@gmail.com

ISBN 978-89-6447-675-8 03200

함석헌평화연구소 시리즈 4

함석헌의 탈종교론과 비판적 종교철학

소비적
종교주의의
해체

김대식 지음

동연

이 책을 나의 스승 전헌호 신부님께 헌정합니다.

말 마 루

"삶의 전제 자체가 미쳐 있는데, 금지되는 것은 무엇인가?"

— 조하형,『조립식 보리수나무》, 문학과지성사, 2008, 278)

함석헌을 사숙한 세월이 15년이 넘어가는 것 같습니다. 고향을 떠나 맞이한 20대 대학생 시절에는 밥 먹고 사는 데 힘을 쏟느라 도서관에 진득하게 앉아 있을 시간이 없었습니다. 20대 말 군대 제대 후에는 계획했던 두 차례의 유학이 좌절되었고, 어렵사리 국내에서 공부를 하던 30대에도 엉덩이를 붙이고 책을 들이 팔 여유가 없었습니다. 생활도 해야 했고 공부도 해야 했으며 어쭙잖게 성직자입네 하는 삶도 병행해야만 하는 상황이었으니 말입니다. 30대에 박사학위를 마치면 뭔가 될 줄 알았습니다. 하지만 현실은 녹록치 않았습니다. 좋은 스승을 찾아다닌다는 명분으로 이 대학 저 대학을 전전했으니 우리나라의 현실에 맞지 않는 처신(?)을 한 것이었습니다. 무슨 야인이나 된 듯이 말입니다.

함석헌도 그런 것이었을까요? 필자는 단 한 번도 그가 강연하는 현장에서 목소리를 직접 들은 적이 없습니다. 그런데 후설 현상학을 공부하기 위해 철학으로 발을 들여놓으면서 우연히 함석헌과 인연을 맺었고, 도서관에서 빌린 『함석헌전집』 20권의 일부를 나름대로 해석하고 삶으로 녹여낸 것이 여러 책으로 나오게 된 것입니다. 그의 철학이나 사상을 입으로만 사는 사람이 되고 싶지 않았습니다. 함석헌처럼 살고 싶었고 그의 철학을 체계화하고 새롭게 풀이하는 데도 일조하는 게 학자로서의 본연의 임무라고 생각을 했습니다.

이제 나이 50대 중반. 사회적으로 보면 벌써 은퇴를 준비해야 하는 나이인지도 모릅니다. 그럼에도 여전히 사유는 이상(理想)을 향하고, 현실이 이데아가 되어야 한다는 플라톤과 같은 관념론자로 살아가는 것은 인생을 역행하고 있는지도 모릅니다. 하지만 그렇게 인생에 반하고 당대의 현실을 신랄하게 비판하면서 역사 속으로 투신한 사람이 함석헌입니다. 그를 비판하다 못해 비난하는 사람들도 많이 있습니다. 그러나 잘 모르고 하는 소리입니다. 반대로 함석헌을 객관적으로 분석하는 일에는 등한히 하면서 교조주의자가 되어 숭배하는 이들도 있습니다. 그것도 잘못입니다. 함석헌은 제자를 둔 적도 없거니와 본인을 넘어서는 수많은 씨올들만이 이 세상을 바꿔 나갈 수 있다는 확신을 가졌다고 봅니다.

막스 슈티르너(M. Stirner)가 누누이 강조하고 있는 것처럼 개인의 자아, 개체만이 중요합니다. 나 자신이야말로 절대 자유의 화신이요 그 무엇도 개인의 절대 자유를 억압, 강제, 탈취, 폭압할 수 없다는 확신만이 세상을 변혁시킬 수 있습니다. 가상(Schein)이나 다름이 없는 국가나 정부, 사회, 조직, 제도, 체제, 종교 등이 절대 자유를 유린한다면 그것에 저항하는 것이 당연하지 않을까요?

종교가 종교 노릇을 제대로 하지 못한 지 오래되었습니다. 개별 존재를 체제 속에서 신앙이라는 명목하에 개인을 구속한다면 그것은 진정한 종교가 아닐 것입니다. 더군다나 개인의 신앙고백을 더 중시해야 하는 종교가 집단의 신앙에 대해 맹목적인 동의를 구하면서 집단의 의례(ritual)를 강조한다는 것도 폭력이 될 수 있습니다. 강상중이 적시한 것처럼 라틴어 religio에서 파생된 religion은 애초에 개인의 고백이 아닌 집단 공동체의 고백을 자기 고백화하던 것을 말합니다. 하지만 고백은 개인의 자발적 동의입니다. 자발적인 것이 아니라 단순한 의례의 과정으로서의 순화 교육이라면 더욱 문제가 있을 것입니다. 함석헌은 이러한 집단적 의례가 아닌 개별화된 종교, 자유로운 종교를 위한 무교회(無教會)를 설파했습니다. 이 무교회는 제도적 종교를 탈피했다는 데에 매우 중요한 의의가 있지만 종교가 종교로서 가진 범주적 성격을 완전히 벗어났다고 할 수 없습니다. 그래서 함석헌은 보편적 의미의 '뜻'을 말한 것입니다. 뜻은 보편이고 민중의 의지이자 하늘의 마음으로 볼 수 있으니, 뜻을 품은 사람이라면 누구든지 종교 아닌 종교성을 통한 자유로운 인간으로 살아갈 수 있습니다. 그 뜻을 추구하는 한에서 말입니다.

지금 우리는 '소격(疏隔)의 시대'에 살고 있습니다. 자발적 소외든 비자발적 소외든 타자와 떨어져 있어야 합니다. 격리가 자의든 타의든 배제와 배타성이라는 태고의 인간 사회나 종교집단의 행태로 회귀하는 의례적 절차를 밟는 상황을 목도하고 있습니다. 자유는 없습니다. 자유로운 판단을 통한 개별자의 의지적 행동도 용납되지 않습니다. 더욱이 종교에 대한 혐오가 극에 달한 이 시점에서 '종교적 인간'에 지향성을 둔 종교학적 발언에 동조하는 사람도 그리 흔하지 않을 것입니다. 이러한 상황에서 공동체성이나 집단의식을 강조하는 종교는 앞으로 어떤 모습이어야 하는가에 대한 논의는 막막합니다. 조하형의 소설에 나오는 표현처럼, 종교는 "부식되는 기계들"이 되고 있는 것처럼 보입니다.

포스트모던 인더스트리얼 폐허, 포스트-포스트모던 사막, 정보-몸 시스템 속에서 다른 논리의 집, 신앙의 몸, 신앙의 삶-짓인 형이상학적 시스템〔몸의 신화(神化), 몸의 녹화(綠化), 지구-몸화, 생태-몸화〕을 만든다는 것이 쉬운 일이 아니기 때문입니다(조하형, 『조립식 보리수나무』, 문학과지성사, 2008 참조).

이러한 때에 종교공학적 측면에서 종교는 시민을 위하고, 시민을 향한 종교일 수밖에 없을 듯합니다. 종교를 중심으로 메커니즘을 설계했던 종교공학은 이제, 시민을 중심으로, 좀더 정확하게는 매체를 중심으로 공학적 종교를 설계하지 않으면 안 될 듯합니다. 개인의 기계에 접속한 수많은 종교 정보는 개인의 자유로운 판단에 따라서 종교를 소비하게 될 것입니다. 종교는 이제 소비의 대상이 되었고, 헌신과 생산의 가치를 중요시하던 만남의 종교는 소격과 불통으로 더 어려워진 듯합니다. 따라서 종교공학은 종교 예측입니다. 필자는 함석헌을 통해서 종교 분석, 종교 본질의 대안적 행위, 시민의 인식 쇄신을 위한 무조직의 느슨한 연대 가능성 등을 진단해보려고 했습니다.

정신의 가치는 생각에 있습니다. 생각하지 않고 사는 씨올들이라면 사실상 고급 종교의 메시지를 소비한다고 한들 산 사람들이 아닙니다. 함석헌은 제도적 종교에 대해서 탈피해야 한다는 것을 설파했지만, 생각하지 않는 존재자에 대해서도 비판했습니다. 생각을 기반으로 하는 정신체계가 붕괴되고 있는 이 시대에 함석헌을 더 젊게, 더 강력한 운동력으로 실현시켜야 할 당위성이 필연적으로 존재하는 것 같습니다. 시대를 이끌어왔던 인물들이 하나둘씩 사라져가는 이때에 함석헌을 소환해서 무얼 하자고 하는 것인가, 하는 물음을 던질 수 있습니다. 그것이 소환의 명분입니다. 시대를 이끌어갈 인물이 존재하지 않고, 철학과 사상도 쉽게 던져버리는 이 상황에서 다시 함석헌의 르네상스를 바라는 것입니다.

종교는 정신적 생산자입니다. 종교의 제 기능과 역할도 '생각'하는 데 있습니다. 자신의 삶(생명)을 버리면 더 좋은 삶을 주겠다는 예수의 말에 부합하여 소비를 하려면 올바로 소비하는 법을 배워야 합니다. 개인의 자유와 신이 인간에게 부여한 자유는 다르지 않을 것입니다. 진리(aletheia)를 깨우친 사람이 갖는 자유는 제도, 체제, 조직에 매이지 않는 오로지 초월자를 향한 지향성만 있을 뿐입니다.

종교는 종교 자체로서 자유로워야 합니다. 그 무엇으로부터도 자유로워야 자신의 자유로움을 나눠주는 정신이 되지 않을까요? 그런데 스스로 자유롭지 못합니다. 자유함은 자본으로부터 과감하게 끈을 끊을 때 가능합니다. 종교는 자유입니다. 스스로 말미암지 않고는 어느 누구에게도 자유와 해방을 줄 수 없습니다. 일렉트로닉 파놉티콘(정치), 자본-논리 시스템(돈의 신학)과 자본-네트워크(경제), 물질적 도시-몸, 권력, 씨올을 쇠뇌시키는 타자의 빠롤(parole) 그리고 수많은 매체로부터 자유롭게 되기 위해서는 '용기'가 필요합니다(조하형, 위의 책 참조). 앞으로 용기는 전사(戰士)가 갖추어야 할 덕목의 전유물만은 아닐 것입니다.

종교가 모두 구조로부터, 부자유의 힘으로 작용하는 타자로부터 자유롭게 되어야 제대로 종교 노릇을 할 것입니다. 탈(脫, post)은 그래서 종래의 종교 제도적 틀을 바꾸는 용기와 결단의 접두어이자, 모든 억압적 구조를 거부하는 저항과 대항, 대안의 몸부림으로서의 종교철학적 외침입니다.

항상 책의 말마루를 쓰다보면 고마운 분들이 생각납니다. 이 책이 나오기까지 그리고 필자가 이곳까지 올 수 있을 때까지는 수많은 지인이 있었기 때문입니다. 그 인성(引性)이 있었기에 여기까지 왔습니다. 이 책의 계기는 그간 「개벽」 신문에 실었던 글들을 정리하여 책으로 묶게 된 것입니다. 그 무엇보다도 도서출판 〈모시는사람들〉의 박길수 대표님께 감사합니다. 늘 필자와 뜻을 같이 해주시는 함석헌평화연구소의 황보윤식 소장님, 종교와 삶을 일치시키며 살아가시는 전헌호 신부님, 철학적 사유의 편린들을 잘 조합시키도록 도와주신 김광명 교수님의 은혜를 생각하면 죄송스러운 마음입니다.

고통스러운 학문의 길을 즐겁게 갈 수 있도록 해주시는 많은 분을 언급하자면 끝이 없겠으나 그 길 어딘가에 이름을 새기고 싶은 분들이 있습니다. 숭실대학교 베어드학부대학의 조은식 교수님, 숭실대학교 철학과의 김선욱·백도형·박준상 교수님, (사)함석헌기념사업회의 목성균 이사장님과 김관호 국장님, 씨올사상연구원의 장영호 원장님, 씨올의소리 박선균 편집주간님, 경희대학교 후마니타스 칼리지의 김인석 교수님, 보훈교육연구원장이신 이찬수 선배님, 서울신학대학교의 오희천 교수님·이용호 교수님·이길용 교수님, 종문화사 임용호 대표님, 한붉선당의 이호재 박사님, 비앙 갤러리의 정은희 박사님, 필자의 지우이자 도반 박광수 박사, 신성열 박사, 유인성 박사, 옥광석 목사. 모든 분께 고마움을 표합니다.

언제나 변함없이 필자를 위해서 어머니처럼 기도해주시는 이찬옥 권사님, 칼 바르트에 대한 논문을 쓰고 있는 후배 박태홍 목사, 대구가톨릭대학교 대학원 종교학과에서 인연이 되었던 박정환 박사님과 그 대학에서 정성과 성실함을 다하여 학문을 연마했던 학생들의 응원과 격려에 고마운 마음을 전합니다. 무엇보다도 필자의 오랜 친구 신성대 목사의 지지와 조언이 아니면 어려웠을 것입니다. 친고(親故)의 승승장구를 기원합니다. 긴 인내로 바라봐 주고 있는 안식구 고운과 아들 김지원에게도 고맙다는 말을 하고 싶습니다. 마지막으로 이 원고를 어엿한 한 권의 책으로 탄생시켜주신 도서출판 동연 김영호 대표님께 깊이 감사합니다.

2021년 3월

"푸른 넝쿨 봄비에 매화 시를 읽는다"(碧蘿春雨讀梅花, 추사 김정희)

추 천 의 글

　　김대식 박사가 새 종교개혁을 부르짖는 에세이집을 냈다. 저자는 매년 1~2권의 책을 펴낸다. 그의 약력에서 보는 바와 같이 대단한 학구적 정열을 가지고 있다. 그는 신학자이자 철학자이다. 그래서 신학을 철학적으로, 아니 철학을 신학적으로 종교 이론을 전개해 나간다. 김박사의 저술/연구 내용은 대체로 종교 분야가 대세를 이루고 있다. 그중에서도 종교와 관련하여 환경과 평화, 인간의 해방, 절대 자유와 관련한 내용들이다.

　　이번에 펴낸 책은 "소비적 종교주의의 해체"라는 에세이집이다. "함석헌의 탈종교론과 비판적 종교철학"이라는 부제와 같이 저자는 우리나라 '함석헌연구'의 일인자이다. 다른 학자들이 함석헌의 종교사상과 철학사상으로 학위를 받아놓고는 함석헌이 갔던 길과는 다르게 가는 사람들이 대부분이다. 곧 외형과 내면이 다르다는 뜻이며, 도덕적 실천이 결여되어 있다는 말이다. 그러나 이 책의 저자 김대식 박사는 내면의 자유의지와 도덕적 실천을 동일시하며 이(利)에 살지 않고, 의(義)에 사는 학자이다. 이 책은 그동안 저자가 종교를 철학적으로 공부를 하면서 느꼈던 지식과 견해들을 논문이 아닌 에세이 형식으로 적은 글들이다. 그래서 논문처럼 복잡한 내용이 아니다. 편하게 읽을 수 있는 내용이다. 신앙인이든 아니든, 종교를 가졌든 아니 가졌든 한 번쯤 자기 종교나 영혼에 대하여 성찰하면서 읽을 필요가 있는 글들이다.

에세이는 실증주의처럼 미주나 후주를 달아야 한다는 얽매임이 없어서 좋다. 편하게 읽을 수 있는, 시원한 계곡물처럼 흐르는 글이다. 이 책은 모든 종교를 망라(網羅)하지만 특히 그리스도교를 표본으로 하면서 함석헌의 종교사상과 연관하여 썼다. 이 책의 핵심은 이 땅에서 새로운 종교개혁(*Teologla de la Liberacion*)이 일어나야 한다는 메시지를 담고 있다. 우리 땅에서 종교개혁을 처음으로 부르짖은 이는 한국종교사상가 한밝 변찬린(邊燦麟, 1934~1985) 목사다. 이제 그를 이어 김대식 박사가 참 종교혁명을 부르짖고 있다. 이 땅에서 종교개혁의 기운이 서서히 일고 있다는 생각이 물씬 든다. 하루속히 우리 땅에서 종교개혁/혁명이 일어나지 않으면 종교는 물론 인간의 정신/영혼도 죽고 말 것이라는 생각이다.

이 책의 저자도 말하고 있는 바와 같이 우리나라는 지구상 어떤 종족보다 종교적인 민족이다. 불교, 그리스도교(천주교, 개신교), 이슬람교 등 종교의 자유지대다. 그리고 종교적 교리를 가지고 있는 종교라고 볼 수는 없지만, 유가적 도덕/윤리가 전통적으로 종교화된 유교도 있다. 여기에 신석기 때부터 민중들의 정신 속에 녹아내려오는 샤머니즘도 있다. 그렇지만, 옛날 신채호가 말했듯이, 종교가 타락하면 따라서 사회도 부패/타락한다. 그런 현상이 지금 우리 땅에서 거의 만연되고 있다는 생각이 든다. 전통적인 샤머니즘은 잘 알다시피 비과학적 기복신앙이다. 이에 반해 불교와 그리스도교는 과학적/합리적으로 교리화되어 대중적인 종교가 되었다. 그렇지만 이들 과학적 종교를 일부 바르지 못한 성직자들이 미신화하고 기복신앙화하는 잘못을 저지르고 있다. 크게 변질된 신앙 행태를 보여주고 있다. 종교/신앙인은 의(義: 바른 도덕심)에 살고 이(利: 물질기원적)를 쫓지 말아야 한다. 그런데도 우리 땅에서 신앙을 펴고 있는 일부 종교/신앙인들이 외형을 부풀리고 성직자의 사적 이익에만 몰두하고 있는 경우도 종종 본다. 이들에 의하여 전체 종교가 타락과 부패, 그리고 천박한 종교처럼 보이기도 한다.

이 책의 저자, 김대식 박사는 "종교인, 특히 그리스도인이 천국, 천국 하는데, 그 천국이라는 것이 왜 꼭 그리스도인에게만 국한된 것이어야 하는가"하는 문제의식을 던지고 있다. 천국=그리스도교인의 전유물이라는 인식은 잘못되었다는 대명제로 내걸면서 새로운 종교개혁의 필요성을 역설하고 있다. 안락한 이상적 사후세계의 사유화는 '관료 종교'의 산물이라고 말한다. 오늘날 우리 땅의 종교현상으로 볼 때, 일부 천박한 성직자와 신앙인에 의하여 종교적 순기능이 점점 사악해지고 있다는 느낌이다. 이 점이 김대식 박사가 보는 '종교적 모순에 대한 인식'이다. 오늘날 종교인들이 외형/물신에 끌려, 신앙 안에 있는 참 나를 보지 못하는 현실을 지적하고 있다. 이렇게 종교가 처해 있는 현실모순을 해결하기 위하여 저자는 "꼭 그리스도교에만 진리가 있다든지 그런 입장이 아니라"는 함석헌의 탈(脫)종교주의 사상에 대입하여 문제를 풀어나가고 있다. 곧 바른 종교/참신앙이 무엇인지에 대한 해답을 얻기 위해서는 종교가 본래의 정신으로 돌아가야 한다는 메시지를 전해주고 있다. 이 책에 나와 있는 글들은 모두 주옥(珠玉)같다. 하나하나 모두 소개를 했으면 좋겠지만, 그렇지 못하는 한계를 가지고 있어 아쉽다.

말이 길어졌지만 좀 더 이야기를 나누어 보자. 김대식 박사는 이 책에서 우리나라 종교 세계에 대하여, 교회 안에 "신앙적 순수 의식, 순수 정신을 품은 민중/신앙인은 없고, 자본과 체제, 이데올로기와 상품의 노예만" 우글거리고 있다고 성찰하고 있다. 이러한 타락한 현실을 바로 잡는 일은 "순수한 초월자에 이끌리면서 인간이 되는 것, 인간으로 되어가는 것을 경험하는 것"이라고 하였다. 이러한 인식은 함석헌의 "종교가 나를 위해 있지 내가 종교를 위해 있는 것이 아닙니다"라고 한 말과 일치하는 말이다. 그래서 저자는 신앙인이 종교의 체계화된 기구와 조직에서 탈출해야 한다고 주장한다. 저자는 또 함석헌이 말하는 '도덕적 종교'를 강조하였다. 정신의 사유함이 없이 믿음, 기도, 금식만을 강조하는 종교는 참 종교가 아니라"고 말한다. 그러면서 건강한 종교는 결코 현실을 외면한 종교가 되어서는 안 된다는 말과 함께 "참된 종교라면 민중을 일깨워야 한다"라고 강조한다. 민중을 일깨운다는 말은, 영혼 구원이라는 사적 관심이 아니라고 말한다. 영혼 구원은 종교적 공적 관심이라고 말한다. 곧 교회가 서 있는 사회, 정치, 경제 등이 무너질 수 있다는 위기의식을 갖게 하는 것이 종교적 공적 관심이라고 말한다. 사회의 부조리, 사회악과 싸우면서 이 현실을 구원하려는 의지를 갖게 하는 것이 민중을 일깨우는 것이라고 말한다. 이 말은 오늘날 일부 성직자들이 성직을 '사적 독재화'(私的 獨裁化)하여 마치 자기의 말이 진리인 양 호도하는 것을 경계하는 말이다. 저자는 이 책에서 종교인들이 종교 자체에 매몰(埋沒)되어 오히려 인간 상실을 가져오는 현실을 비판하고 있다. 그래서 다시 종교를 통해 인간을 되찾아오자는 뉴-르네상스(New Renaissance), 뉴-종교개혁(New Reformation)을 강조한다. 그래서 이 책은 종교를 통해 인간을 새롭게 발견해 보자는데 초점을 둔 에세이집이다.

　마지막으로 저자는 '종교인문학'에 바탕을 둔 종교아나키즘(절대자유를 추구하는 종교)을 주장하면서 글을 마친다. 종교아나키즘은 일찍이 함석헌도 주장한 바 있다. 함석헌이 조직 교회, 제도 교회, 외형 교회를 걷어차고 퀘이커로 간 이유다. 함석헌이 퀘이커가 된 이유는 교회/사찰이라는 외형과 그 안의 조직과 제도에 얽매여 노예상태로 추락한 종교인/신앙인에서 이성적 자유/절대적 자유를 갖는 인간의 해방을 찾자는데 있었다. 이 책도 종교를 통해 자유와 평화를 존중하는 참인간을 찾자는 메시지를 던지고 있다. 종교의 책임을 강조하고 있다. 종교인이라면 신앙인이라면, 아니 맑은 영혼을 사랑하는 사람들이라면 꼭 읽을 필요가 있는 에세이집이다.

2021년 3월

함석헌평화연구소, 풍사당

차 례

3부. 종교 시민을 향하여

4부. 인간의 절대적 자유를 위한 종교

덧붙임글

1부

종교 사유를 향하여

분노하는 민중(씨올)과 함석헌 효과

함석헌. 우리는 그의 이름 석 자를 아련하게 기억한다. 그는 한국 현대사의 인물로 철학, 정치, 경제, 종교, 문화, 기술, 교육, 여성 등에 대한 냉철하고 비판적인 시각으로 독특한 씨올 철학을 우려냈다. 하지만 안타깝게도 그의 사상사적 위치에 비해 그를 이 시대에 다시 만나야 할 사상가로 떠올리는 사람은 많지 않다. 우리는 서구 철학자들의 세례를 받고 지난 반세기 동안 우리나라가 나아가야 할 자양분을 그들에게서 찾았다. 그러나 지금은 서구의 사상이나 철학조차도 외면당하고 있다. 이성적 숙고를 통해 객관적이고 사회적인 이성 단계로 접어들 수 있는 여지가 점점 사라지고 있는 것이다. 우리는 정신의 진보를 추구하며 물질적·과학기술적 진보에 대해 회의를 느끼기보다 그것을 향유하려는 욕망이 커지는 시대에 살고 있다. 지식과 진리, 지혜를 추구하려는 욕구보다 물질적이고 향락적 욕망에 압도당하고 있는 것이다. 이러한 상황에서 인간 현존재는 사르트르(Jean-Paul Sartre)가 말한 것처럼 "자기 창조의 주체"가 되고 있는 것인지, "자기를 스스로 선택하는 실존"으로 여기고 있는지 의심스럽다.

이것이 바로 우리시대에 함석헌이 다시 요청되는 까닭이다. 인간 현존재는 결단코 일상인(das Man)으로 전락하면 안 된다는 강박이 자기 자신과 세계에 대한 혁명이 필요하다는 절박한 근본기분을 갖게 만드는 것이다. 그의 사상에는 고루하다는 편견이 끼어들 틈 없이 자기 스스로 사고하고 행동할 수 있는 존재로 살아가도록 만드는 수행적 언어들이 넘쳐난다. 함석헌의 저서를 읽으라는 주문은 한가한 잡담으로 접하라는 것이 아니라, 실존적 결단을 할 준비를 하라는 것으로 받아들여야 한다. 민중의 의식을 깨우는 함석헌의 언어와 언어적 행위들은 자신과 세계에 대해서 자명하다고 여기는 것들을 의심하고 회의하게 만든다.

이렇게 그의 발언적 진리를 인식하기에 앞서, 민중은 지금 무언가를 느끼고 있다. 민중이 전체에 대한 느낌이 없다면 민중이 아니라 노예요 종일 뿐이다. 현재 우리 현실이 그렇지 않은가? 자본과 체제, 이데올로기와 상품의 노예는 있을지언정 순수 의식, 순수 정신을 품은 민중을 만나보기란 매우 어렵다. 30년 전 함석헌은, "사람은 감응(感應)하는 물건이다. 감응이란 곧 다른 것 아니요, 하나로 된 바탈〔보편성, 통일성〕이다. 사람이 전체와 내가 하나인 것을 느낄 때처럼, 전체가 이 나를 향해 부르는 것을 느낄 때처럼, 흥분하는 것은 없다"라고 말했다. 한마디로 감응하면서 흥분하는 현존재를 찾기가 쉽지 않다는 얘기다. 전체를 지각하고 깨닫는 사람이 부족하다. 게다가 흥분이란 대상에 의해서 감각된 인간의 감정이 촉발되는 것일 텐데, 이성적인 것과 반대되는 부정적 태도와 반응인가. 아니다. 흥분은 민중이 살아 있다는 인식과 기분이다. 하이데거(M. Heidegger)가 말한 인간의 근본기분은 지루함이나 권태, 불안만 있는 것은 아니다. 흥분이야말로 민중이 혁명을 할 수 있는 근본기분이다. 그래서 함석헌이 "상상으로는 혁명기분은 아니 나온다.

… 혁명은 혁명으로만 나온다"라고 말하자 않았을까. 이미지(image)는 감정과 인식을 속일 수 있다. 그렇기 때문에 이성의 작용 없이 상상을 함부로 판단하거나 사용할 수 없는 것이다. 상상(Einbildung)은 대상을 현시함이 없이 상(Bild)을 떠올리거나 형성할 수 있는 능력이지만, 상을 그리는 것만으로 혁명을 할 수 없다. 자칫 상상이 지나치면 망상이나 공상이 되기 십상이다. 따라서 혁명의 기분, 혁명을 일으키게 만드는 흥분은 대상에 대한 분명한 인식 작용으로 이루어지는 감정이어야만 한다.

혁명은 전체에 대한 인식과 판단에 따라 이루어져야 한다. 혁명은 무슨 치기어린 감정으로 일어나는 것이 아니다. 대상과 현상에 대한 정확한 직관과 판단은 사태에 대해서 저항해야 한다는 명분을 획득한다. 지금 민중은 혁명의 근본기분인 흥분이 필요하다. 그런데 흥분의 물꼬가 엉뚱한 방향으로 트인다. 흥분의 의지, 흥분의 에너지가 대중매체나 스포츠, 쇼핑 등으로 발현되고 있는 것이다. 민중의 흥분에의 의지는 전체, 즉 체제·제도·조직·이데올로기·자본 등으로 향해야 한다. 그런데 민중의 흥분 의지는 조작되고 통제당하면서 흥분이라는 근본기분마저도 박탈당하고 있다. 혁명에의 근본기분이 흥분임에도 그 근본기분이 스스로의 힘으로 촉발되지 못하니 혁명이 일어날 수 없는 것은 당연하다. 민중이 혁명을 하려면 혁명기분을 새롭게 일구어야 한다. 혁명기분이 인간 현존재의 변화와 세계의 변혁을 가져올 수 있다는 것을 알아야 한다.

더 나아가 민중은 노(怒)해야 한다. 분노(憤怒)의 근본기분은 "생명이 프로테스트다." "생명은 스스로 폭발하는 것"이다. 생명이 있는 민중이라면 분노할 수 있어야 한다. 잘못된 체제·제도·조직·지배·자본

등에 대해서 거부하고 저항해야 한다. 그것이 민중의 노함이다. 노함, 분노가 없이 혁명은 일어날 수 없다. 흥분의 근본기분은 민중의 분노 감정으로 승화되면서 역사를 바꾼다. 함석헌의 주장처럼, "민중이 노하지 않고 역사가 나간 일은 한 번도 없다." 역사를 바로 세우고 삶을 살아 있게 만들며 민중을 위한 세계가 되도록 하려면 민중의 분노 감정, 민중의 근본기분을 생생하게 살아 있게 해야 한다.

그런데 지금 민중이 현실에 안주하고 비굴한 모습으로 일관하는 것은 혁명기분, 즉 분노의 근본기분이 사라졌기 때문일까? 그것은 아닐 것이다. 다만 분노의 감정이 하나로 통일되지 못했기 때문이다. 더욱이 민중의 분노기분이 먹을 것에만 초점이 맞춰져 있었기 때문이다. 자고로 민중의 분노기분은 옳음[義]을 위해서 일어나야 한다. 민중은 무엇이 옳고 그른가에 대한 명징한 인식을 하려고 노력만 한다면, 생래적으로 그것의 옳음을 추구하려고 발버둥 칠 것이다. 그러므로 분노의 근본기분은 정의, 의로움에 대해서 흥분할 때 발생한다. 정신을 가다듬고 혼으로 혁명을 해야 한다. 정신으로, 혼으로 혁명을 한다는 것은 무엇을 뜻하는가? 비폭력으로 한다는 것이다.

현재의 근본사태에 대해서 '본질적'으로 인식하려는 태도의 변화가 없다면 아마도 혁명기분은 느낄 수 없을 것이다. 사람들은 어떻게(Wie) 살아야 하는가에 대한 삶의 방식에 대해서 어렴풋하게 알고 있다. 다만 의로움을 위한 근본기분을 혁명의 출발점으로 삼을 것인가 말 것인가 하는 실존적 결단이 문제가 된다. 오늘날 민중은 자유를 갈망하는 다중(multitudo)으로 등장하면서 과거의 민중과는 다른 열망과 욕구에 따라서 살아간다. 그러다보니 통일된 분노 감정을 결집하기가 어렵다. 공통된 목적과 만족이 아니라 개별화된 이익을 추구하며 움직이기 때문에 하나 되는 바탈, 즉 보편성과 통일성을 형성할 수 없다.

그럼에도 민중은 흥분의 근본기분과 분노의 근본기분으로 혁명 의지를 고취시켜야 한다. 정의와 평화, 진리를 위해서 민중의 정신을 끈질기게 기투한다면 불가능한 일도 아니다. 체제가 폭력을 휘둘러도 민중이 비폭력으로 세계의 진리를 밝히려고 한다면 자신의 은폐성의 비은폐성뿐만 아니라 세계의 은폐성의 비은폐성까지도 가능할 것이다. 정신이라는 대원칙은 비폭력에 기반을 둔다. 민중은 감응하는 존재이지만 동시에 정신적 존재다. 물질로 회유하려는 체제를 향해 생명만이 유일한 목적이라고 외치는 민중은 저항을 통해서 인간 현존재 삶의 고유한 방식을 고고하게 고집할 수 있다. 하이데거는, 철학은 철학함이고, 초월하는 것이라고 말한다. 마찬가지로 우리가 함석헌을 호명하는 것은 진리 발현을 통하여 해방하는 효과, 자유롭게 하는 효과와 더불어 자신의 삶의 기반 확보, 즉 삶의 자세를 어떻게 취해야 할 것인가 하는 태도를 갖게 만든다. 세간의 평가와 달리 함석헌을 한갓 낡은 사상가나 철학자로 치부해서는 안 될 이유가 여기에 있다.

민중의 뜻이 존재할 권리

인간에게 무(無, Nichts) 속으로 내던지는 사건이 일어난 적이 있었던가? 인간은 유(有, Sein/Besitz)에 머물러 있기를 원하기 때문에 자꾸 고착화되거나 안주하면서 변화를 싫어한다. 하지만 역사는 흐른다. 아니 역사는 인간이 묻고 대답하는 과정에서 이루어지는 사건들의 연속이라 해야 할 것이다. 사르트르의 말처럼, "역사는 존재했던 것에 대해서 이야기하기 때문이다." 시간성 안에 있는 인간 현존재는 불안(Angst)이라는 실존적인 무의 상태에서 무언가에 의지하려고 한다. 그것이 무엇일까? 사물에 대한 집착이나 물질에 대한 집착, 명예나 권력에 대한 집착으로 이어질 수 있으나, 필경에는 종교, 곧 존재자의 존재, 최고의 존재자를 찾으려고 할 것이다. 그래서 어떤 의미에서는 역사란 초월자와 인간의 대화라고 할 수 있다. 거기에는 필연적으로 언어, 즉 말씀이라는 매개체가 요구된다. 말씀은 뜻이다. 뜻은 물질과 짝할 수 없다. 뜻은 정신이기 때문이다. 뜻 없이 살 수 없듯이 말씀 없이 살 수 없는 것이 인간 현존재다. 다시 말해서 인간 현존재의 존재성은 시간성이라는 역사 속에서 초월자와 인간의 대화를 통한 말씀에 따라 규정된다.

그렇다면 그 말씀의 근본은 무엇이 되어야 할까? 사랑이다. 초월자와 인간의 대화인 역사적 시간성은 사랑으로 가득 차 있어야 한다. 그것의 충만이 교(敎)로 나타난다. 가르침, 최고의 가르침은 사랑에 있다. 가르침이란 하늘과 민중의 물음과 대답이 오가면서 이루어지는 초월자의 자기 개방성, 자기 개시가 아닐까? 그런데 그러한 초월자의 뜻은 감추어져 있다. 뜻의 은폐성으로 민중이 끊임없이 묻고 또 묻는 것이다. 물음을 통해 초월자의 뜻이 탈은폐된다. 그러므로 물어야 한다. 민중은 묻고 또 묻고, 의심하고 또 의심하면서 하늘의 뜻이 자신의 삶으로 다가오도록 만들어야 한다. 그럴 때 뜻은 곧 민중에게 답이 되며 실존적 삶의 의미와 근거가 된다. 그런데 민중은 묻는 것을 두려워한다. 어쩌면 민중은 묻는 방법을 알지 못하는지도 모른다. 묻는 것을 두려워하는 걸 민중의 숙명처럼 여기며 살아왔기 때문이다.

민중이 물을 수 있을 때, 뜻이 현시한다. 뜻의 본질이 민중에게 개방되는 것이다. 뜻의 해석학적 의미는 없음도 아니고 있음도 아니다. 또한 뜻은 처음도 나중도 없다. 뜻은 늘 있었고 있어 왔다. 그렇기 때문에 민중은 그 뜻을 묻기만 하면 된다. 묻는 순간 뜻이 솟아오르고 피어오르는 것이다. 뜻을 묻게 되면 민중에게 그 뜻은 곧 삶(生)이 되고 숨(命)이 되면서 돼감(歷史)이라는 것을 알게 된다. 뜻이 삶과 생명, 역사가 된다는 것은 뜻이 이미 주어져 있기 때문에 가능하다. 이미 주어져 있는 뜻을 발견하기만 하면 되는 것을 민중은 입과 눈과 귀가 모두 가려지고 막혀 있어서, 그 뜻, 형이상학적 문제에 천착하지 못하고 떠밀려 내려가는 삶을 살아가는 것이다. 민중 현존재는 독특한 성격을 지니고 있다. 민중이야말로 순수한 얼을 가지고 역사의 운동력으로 작용할 수 있음에도 그 순수한 얼조차도 욕망덩어리가 되도록 방치하다 못해 일깨우지 않는 것이다. 깨어나는 민중은 장애물이 되기 때문이다.

하지만 민중은 하나의 얼을 가지고 있다. 민중의 얼은 갈라지고 분열되는 얼이 아니다. 민중의 얼이 하나라고 하는 이유는 얼 자체가 이미 주어져 있기 때문이고, 그것은 민중이 얼을 통해서 유의 고착과 고집으로부터 자신을 해방시키고 자유로워지는 무의 투신을 하려는 데서 찾을 수 있다. 무의 투신, 얼의 화신에서 이성·역사·철학·종교·문명이 나온다. 얼은 모든 것의 근본으로 모든 존재자를 자신에게로 끌어들인다. 민중의 얼은 달아나거나 부유하지 않고 나와 너에게 현시한다. 그것이 구체적인 형태로 나타난 것이 바탈〔野: 본성, 본래성〕과 글월〔文〕이다. 인간 현존재에게 바탈이 있기 때문에 글월이 생긴다. 바탈이 없다면 인간 현존재의 무늬가 형성될 수 없다. 지금 민중의 얼이 도처에 현시하면서 인간 현존재의 정신적 무늬를 만들어내는 것이 중요하다. 무늬가 나오지 않는 것은 바탈이 부족한 탓이다. 바탈이 희미한 까닭에 무늬가 자리를 잡지 못한다. 물론 무늬의 현상은 곧 바탈의 존재 유무를 확인시켜준다. 무엇이 먼저랄 것도 없이 바탈과 무늬는 서로 떼려야 뗄 수 없는 관계인 것만은 분명하다. 하지만 논리적으로 보면 바탈의 선험성으로 인해서 무늬가 드러난다. 그러므로 바탈, 곧 생각이 있어야 한다. 민중이 생각하는 존재가 되어야 하는 이유가 여기에 있다. 생각하지 않으면 무늬는 그려낼 수 없다. 생각하지 않으면 무늬를 통해서 세계를 변화시킬 수 없다. 함석헌은 말한다. "하늘의 천체를 통해 나오면 천문(天文), 땅의 것을 통해 나오면 지문(地文), 사람 자기의 일을 통해 나오면 인문(人文), 그러나 무엇을 알았든지 결국 안 것은 자기요, 드러낸 것은 제 속에 있는 얼이다."(『인간혁명의 철학』, 141쪽)

얼은 다양한 방식으로 자신을 고지(告知)한다. 얼이 가리키고 침묵하기도 하는 것은 결국 인간 현존재의 바탈과 무늬인 것이다. 바탈을 잃어버리고서 무늬를 그릴 수 없다는 이치는 당연하다. 따라서 바탈을 찾아야 한다. 아니 좀더 근원적으로는 바탈을 물어야 한다. 민중 현존재는 뜻을 물어야 하는 것과 동시에 바탈을 물어야 한다. 바탈은 어디에 있는가? 바탈은 존재하는 것인가? 바탈은 어떤 양태로 드러나기를 바라는 것인가? 혹 바탈이 은폐된 것은 아닌가? 아무런 무늬를 형성하지 못하는 상황에서, 결이 곱거나 거칠거나, 아름답거나 투박하거나 하는 무늬-결을 어떤 곳에서도 발견하지 못한다면, 그것은 분명히 민중 현존재가 바탈을 상실했기 때문이다. 더 근원적으로 민중의 얼조차도 죽어 있다는 반증이기도 하다. 민중의 얼이 바탈과 무늬로 현존해야 하는데, 눈을 크게 뜨고도 찾을 수 없다면 그것은 그야말로 섬뜩한(unheimlich) 것이다.

"본래부터 있는 것은 바탈이다. 천명이요 성(性)이다. 문(文)은 그것을 내 처지에 따라 내 힘대로 드러낸 것이다. realize한 것이다." 이제 물음은 어떻게 바탈을 현실화할 것인가 하는 것이다. 그것은 새로운 문화와 문명의 실현이다. 성숙한 바탈이 내재된 문화와 문명을 통해서 지금 인간 현존재의 의식과 정신이 무엇인가를 증명해줄 것이다. 그뿐만 아니라 인간 현존재의 바탈, 즉 정신과 인간 본래성의 발현을 통해 새로운 풍속, 법, 규칙, 제도 등이 정립되는 기회들을 가져야 할 것이다. 그것의 종합이 시민 사회(civitas)가 되는 것이고 문명이 되는 것이다. 인간 현존재의 바탈은 본래적으로 시민 사회, 혹은 민중이 중심이 되는 사회를 만들어내도록 되어 있다. 그런 의미에서 새로운 민중사회의 도래를 꿈꾼다면 새로운 바탈의 발현이 먼저 이뤄져야 할 것이다.

지금까지 우리는 인간 현존재가 어떻게 뜻을 물을 수 있고 찾을 수 있는지에 대해서 알아보았다. 뜻을 발견하는 것이 민중 현존재의 사명이어야 하고 그것을 알아차릴 때 비로소 민중 현존재의 삶이 달라질 수 있다는 것을 알게 되었다. 민중 현존재는 이제 이미 주어져 있는 뜻을 실현하기만 하면 된다. 그러려면 인간 현존재의 보편적인 얼이 다양하게 나타나는 양태들로서 바탈과 무늬를 실현해야 한다. 앞에서 말했던 것처럼 바탈의 외현이 무늬다. 지금 우리는 인간 현존재의 정신적 무늬의 결핍 시대에 살고 있다. 그것은 결국 인간 현존재의 바탈이 발현되지 못한다는 증거이기도 하다. 바탈을 중시하고 그것을 중심으로 살아갈 수 있는 민중 현존재가 되어야만 새로운 문화와 문명을 만들어낼 수 있다. 죽임의 문화가 아니라 생명의 문화, 살림의 문화, 인간과 모든 존재자가 함께 더불어 사는 문명사회를 구축하려면 얼의 현현을 민감하게 간파하고 그것을 자신의 바탈로 일구어내 건전하고 건강한 무늬를 만들어야 한다.

혁명은 체제를 바꾸고 뒤집어엎는 것만을 의미하지 않는다. 진정한 혁명은 얼의 현실태이어야 하고 동시에 바탈의 혁명이어야 한다. 그것이 아니고서 외형적인, 체계적인 혁명을 했다고 해서 혁명이 완수되었다고 할 수 없다. 따라서 함석헌은 우리에게 말한다. "현실을 바꾸고자 하는가? 그렇다면 그대의 바탈을 근본적으로, 근원적으로 항상 물어보아라!"

종교의 외형과 참에 대한 물음

　종교인이건 비종교인이건 일정한 종교를 갖는다거나 종교적 신념을 표방하는 것에 대해서 특정 종교의 입장을 취하게 되면, 마치 그 종교적 색깔, 그 종교의 신념을 절대적으로 자기화하는 것으로 인식한다. 그런데 정말 그럴 수 있을까? 종교를 선택하고 종교적 신념을 갖는 것은 필연보다는 우연일 경우가 많고, 강제보다는 자유로운 자기 결단으로 이루어진다. 함석헌을 두고 이런저런 시각으로 평가를 내리지만, 사실상 그의 종교적 색깔은 단 하나의 색으로 바라보기에는 너무나 스펙트럼이 넓다. 그는 처음에 퀘이커가 되었을 때도 사람들이 그에 대해서 이렇게 저렇게 오해를 할 것이라고 말한 바 있다. 정말 퀘이커가 되었는가에 대해서도 구설에 휘말리기 싫다는 입장을 밝혔을 뿐이다. 하지만 그는 종교적 신념과 신앙을 갖는 것이 어느 특정 종교에 매이는 게 아님을 분명히 했다. 종교는 초월자 혹은 깨달음에 이른 초월적 자아에 대한 이름 붙이기이지 종교를 절대화하는 것은 불가능하다.

　다시 말하면 초월자란 물음을 던지고 답변을 구하는 나의 판단과 지향, 잣대일 수는 있어도, 그 존재에 대해서 특정 이름을 붙여서 절대화하는 것은 그를 상대적 존재로 격하하는 것이나 다름없다. 초월적 존재는 특정 이름을 붙이고 그 범주로 한정지을 수 없다. 더군다나 그러한 종교를 신봉하는 신자 역시 종교를 통해서 의식과 정신, 초월의 자유로움을 지향하는 것이라면, 초월적 존재를 유한한 언어로 묶어두려고 해서는 안 된다. 따라서 일정한 종교를 갖는다고 해서 그것이 그 종교에 헌신하는 이유가 되어서는 안 되고, 그 종교로 자신의 의식과 정신이 제한되어서도 안 될 것이다. 함석헌은 이것을 마음의 거침없음, 자기 동일성, 자기 동일적 자아로 표현했는데, 그것이 종교 생활을 하고 종교 신념을 가지면서 견지해야 할 자세라고 말했다. 한 인간이 어느 특정 이름이 붙은 종교를 선택한다고 해서 거기에 사로 잡혀 아집과 편견으로 일관한다거나, 자기의 동일성과 인간의 보편성을 망각한 채 살아간다면 사실상 종교로 인해서 자기 자신을 잃고 사는 것이다.

'내가 진정한 나이도록 하는 것', '내가 나대로 되는 것'이 중요한 것이지, 그것을 억지로 뜯어고치도록 하는 것은 폭력이 될 수 있다. 종교는 함석헌이 말한 대로 "무엇이 돼서 된 것이 아니라, 됨이 없이 되어진 것"이라는 역설과 자연스러움이어야 한다. 되고자 하는 인위적 의지가 아니라 시나브로 되는 것이다. 종교인이 되려고 애쓰지 않아도 종교인으로 살아가듯이 삶을 사는 것, 누군가에 의해 의도되지 않아도 초월자에게 이끌려지는 것, 인간이 되는 것, 아니 좀더 구체적으로 인간으로 되어가는 걸 경험하게 하는 것이 종교가 추구하는 방향성이어야 한다. 하지만 종교는 자신의 언명과 언표에 따라서 인간을 만들려고 한다. 그 계획과 목표가 사람됨이라고 하는 과정적 교육과 지향성이라 할지라도, 그것이 갖고 있는 성격이 초월자의 의지와 인도가 아니라 인위성에 입각한 되어감이라면 문제가 있다. 종교는 인간이 가진 '자기 자신이

됨'을 발견하고, 그러한 자기 자신이 됨, 진정한 자기 동일성의 자아를 간취하지 못한 인간을 계도하는 역할을 해야 한다. 언명과 언표에 의한 명령과 지시, 강제와 강압은 인간이 자신의 내면성과 자기 동일성을 깨닫도록 추동하기보다는 왜곡하게 만든다.

"나는 되자는 것이지 되자는 목적과 그것을 위해 하는 힘씀이 없다면 나는 사람이 아닙니다. 되고 되고 한없이 끝없이 되자는 것이야말로 사람입니다. 돼도 돼도 참으로 될 수는 없는 것을 돼보자고 시시각각으로 기를 쓰고 애를 쓰는 것이 삶이란 것입니다." 함석헌의 말이다. 존재의 도래에 대한 개방성을 통해 인간은 스스로 인간이 되려고 해야 할 뿐이지 존재 도래를 빙자하여 종교 언표의 절대성을 자기 동일성으로 삼아서는 안 된다. 이는 달리 말하면 종교적 언표는, 특정 종교의 언명은 존재 도래를 담는 형식과 틀일 뿐이지 그 자체는 아닌 것이다. 이 둘을 구분하지 못하고 혼동할 경우에는 종교 스스로 오만과 오류에 빠지게 된다. 어떤 의미에서 종교도 존재 도래를 알리는 파수꾼 역할을 하는 것이고, 그 존재 도래를 알려주는 미완의 수단에 지나지 않는다. 종교 자체도 존재 도래로 완성되어야 하는 인간 도야의 형식인 셈이다.

그렇기 때문에 함석헌은 자신이 퀘이커가 아니라고 강변한다. 퀘이커라고 한정지을 수 없다는 것이다. 퀘이커가 되었다는 것은 하나의 사태, 하나의 행위라고는 할 수 있으나, 그 종교를 자신의 진정성으로 흡수하고 일체가 되었다는 것은 아니라고 해석할 수 있다. 실질적 퀘이커와 형식적 퀘이커의 차이점이라고 해야 할까? 어느 종교라고 해도 자신의 실질적인 종교적 욕구와 관념을 다 표현해줄 수는 없다. 종교는 그저 나의 됨과 나의 자아를 성숙 발전시키고 함양하는 방편에 불과하다. 동일한 선상에서 종교와 인간은 과정적으로 '됨'(be-coming)을 지향하고 있기 때문이다. 실제적으로 또 형식적으로 나타나 보이는 것, 종교의 외형을 참이라고 볼 수는 없다. 종교는 참을 형식화하고 참을 드러내 보이는 역할과 기능을 한다. 따라서 종교 자체가 참은 아니다. 종교적 신념과 신앙을 갖는 이유는 그 본질에 다다르기 위함이다. 또한 종교 자체가 참이 아니라고 하더라도 종교 그 자체가 추구하는 내용은 참이기 때문에 그 참을 자기화하는 과정은 매우 중요하다.

참을 자기화하는 것은 지난한 일이다. 그리스도교·불교·유교·이슬람교·천도교 등이 표방하는 진리 체계를 체화하는 것은 참을 향한 길인데, 종교인이 자기 확신을 가지고 '나는 무슨 종교인이다'라고 말한다는 것은 그 참을 지금 체화하는 중이고 그 종교적 본질을 참으로 여기고 일치하여 살아가려고 한다는 책임적 발언이어야 한다. 이것은 "나는 퀘이커가 되자고 이 세상에 온 것은 아닙니다. 퀘이커만 아니라 무엇이 되자고 온 것도 아닙니다. 종교가 나 위해 있지 내가 종교 위해 있는 것이 아닙니다"라는 함석헌의 말에서 분명히 드러난다. 마치 종교인이 입버릇처럼 우연적 사건을 필연적 사건으로 고백하는 발언에 대해서, 나의 종교적 언표와 언명을 절대화하지 말라는 것이다. 내가 무슨 교(敎)를 믿기 위해서 그런 것처럼 고백하고 인식하는 우를 범해서는 안 된다. 어느 특정 종교를 믿기 위해서 내가 존재하는 것은 아닐뿐더러, 그 종교가 나의 인간됨의 절대성과 보편성을 가져다주는 것도 아니다. 종교는 나의 나됨, 진정한 나 자신이 되기 위한 것이지, 종교를 위해서 내가 존재하는 듯한 착각을 하면 안 된다.

다만 나는 작은 나로서 큰 나인 초월자 안에 있다. 종교 때문에 작은 나가 있는 것이 아니라 큰 나가 있기 때문에 작은 나가 있다. 그 큰 나가 내 안에 있기만 하면 된다. 큰 나가 내 안에 있게 하는 것이 종교의 목적이다. 나를 나라고 고백하고 발언하는 것은 내 안에 큰 나가 있을 때 가능하다. 만일 특정 종교가 말하는 발언에 큰 나가 없다면, 큰 나를 지향하지 않는다면 작은 나는 그 종교 체계에 헌신을 약속할 수 없다. 그러므로 종교인은 "찾는 자"가 되어야 한다. 특정 종교의 언표와 언명을 찾으라는 것이 아니라 모든 종교를 넘어선, 특정 종교의 언표와 언명마저도 넘어선 초월자, 본래의 그것, 본질적인 존재를 찾아야 한다. 퀘이커이든 불교이든 유교이든 이슬람교든 종교는 찾기 위해서 존재하고 찾도록 안내해야 한다.

그럼에도 사람들은 왜 그리스도교인이 되었는지, 왜 불교인이 되었는지, 왜 유교인이 되었는지, 왜 이슬람교인이 되었는지 그 까닭을 물을 것이다. 그러나 그 까닭을 답할 수 있는 것일까? 그것은 까닭이 없다. 내가 왜 그리스도인이 되었는지 그 까닭은 그저 찾아갈 뿐이다. 그 찾아가는 궁극적인 목적과 존재, 그 근거는 까닭-없이-존재하는 이다. 내가 왜 그리스도인이 되었는가를 찾아가다가 보면 마지막에 맞닥뜨리는 존재론적 물음은 '까닭-없이-존재하는 이를 말할 수 있는 것일까?'이다. 그렇다. 내가 특정 종교를 받아들이고 그 종교적 신념과 신앙을 체화하는 과정적 존재로 살아가는 까닭은 까닭-없이-존재하는 이에 의해서이다. 그것이 무엇이라고 말할 수 없다. 까닭이 없기 때문이다. 그렇다고 없는 것이 아니다. 없이 존재하는 것이다. 없이 존재하되까닭이 없다. 그래서 까닭-없이-존재하는 이라고밖에는 달리 말할 수가 없다. 그러므로 이름을 붙이지 말아야 한다. 종교의 이름에 걸려 넘어지지도 말아야 한다. 종교적 발언에도 자유로워야 한다. 그렇게 될때 까닭-없이-존재하는 이만을 보게 될 것이다.

흔히 철학은 물음을 던지고 종교는 대답을 한다고 말하곤 한다. 하지만 좀더 심오한 종교는 인간으로 하여금 계속 궁극적인 해답을 찾아가도록 물음을 던진다. 함석헌도 이를 인정한다. "물음으로 대답하고 대답으로 묻는 것이 참입니다. 하느님과의 대화는 그런 것입니다." 사람들은 자연현상을 인과론적 설명을 통해 해명하고 해결하려고 한다. 심지어 종교적 현상에 대해서도 과학적 설명을 통해서 밝혀보려고 애쓴다. 초월자에 대한 존재론적 물음은 거꾸로 대답(까닭) 없이 던지는 질문 속에서 참을 발견하게 된다는 역설적 이치는 그리 간단해 보이지만은 않는다. 그럼에도 종교인은 어찌 그렇게 대답만 잘하는 것일까? 정녕 까닭-없이-존재하는 이를 찾은 것일까? 그렇지 않다면 궁극적인 까닭에 대한 답변조차 논할 가치가 없다고 볼 수 있으리라.

무교회주의의 종교학적 이해
: 민주주의적 신앙을 찾아서

"진짜 관용은 우리가 도저히 참을 수 없는 것을 관용하는 것이다."

— 슬라보예 지젝

　무교회주의는 현상적으로 일정한 교권(敎權)이나 의식(儀式)에 반대한다는 점이 특징이다. 슬로베니아 학파의 거장 슬라보예 지젝(S. Zizek)은 "인간은 피부색과 인종, 민족과 상관없이 모두 평등하다. 그러나 인간은 영성과 이성을 박탈당하면 인간성도 잃는다"라고 말했다. 교권과 의식 중심주의 종교는 위계질서에 따라서 지배와 종속 관계가 형성되는 구조를 띠게 된다. 그러나 무교회주의는 그러한 위계적 체계에 따른 형식주의를 탈피하여 수평적 종교구조 혹은 신앙구조를 추구한다. 그러한 형태의 무교회주의는 '모든 인간은 평등하다', '신 앞에서 인간은 모두가 동등하다'는 대원칙에 입각해 있다. 무교회주의의 영성은 바로 이러한 원칙, 즉 수평적 신앙 담론에서 나온다.
　오늘날 성직자 중심주의 종교 생태계가 위기에 처한 까닭은 바로 이러한 영성적 흐름과 전혀 무관치 않다. 성직자와 비성직자라는 이분 구조 속에서 성직자가 전례와 의식, 경전과 교리의 해석학적 권위를 독점함으로써 그에 따른 여러 폐단, 즉 종교의 형식과 내용의 불완전성 및 불일치성, 계시와 판단, 혹은 식별의 유한성과 오류에 대해 인정하지 않으려는 강한 헤게모니가 작용하는 비본질적 종교 현상이 목도된다. 함석헌은 바로 그러한 비본래적인 종교 현상을 비판하면서 교권과 의식에서 과감히 탈피하여 개인의 신앙 체험과 개별 구원에 초점을 맞춘 무교회주의 종교를 추구해야 한다고 주장한다.

개인의 신앙 경험을 중시해야 한다는 말은 인간의 개성(individuality)을 존중해야 한다는 뜻이다. 더 이상 나눌 수 없는 인간의 몸과 의식을 지배적 위치에 있는 타자에게 양도함으로써 자신의 의지와 신앙적 판단, 실천을 일정한 권위에 의존하는 미성숙한 존재가 되어서는 안 된다는 것이다. 애초에 종교가 인간의 성숙과 의식의 발전, 숭고한 도덕성 함양에 목적을 두고 있다면, 인간이라는 존재는 어디에도 구속되거나 속박됨이 없이 자기 의지적 종교성을 키워나가야 하는 것이 마땅하다. 몸과 마음과 의식을 자기 자신의 것으로 할 수 없는 인간은 개성이 없는 분열된 자아를 지닌 존재에 지나지 않는다. 오히려 자기 자신을 타자에게 의탁하는 것이 병리가 될 수 있다는 말이다. 무교회주의는 그야말로 어떤 유한한 존재에게라도 의존해서는 안 되며, 스스로가 구원의 주체적인 담지자가 되어야 한다고 역설한다. 그래서 함석헌이 "교회는 개성 위에 군림할 것이 아니요, 개성 안에 있을 것이요 개성을 통해서 있을 것이다"라고 강조하는 것이다.

권력 통치와 교권에 의한 신앙 계몽과 '지배적 계몽'은 이제 그 힘을 상실했다. 신앙 계몽은 각자 개성을 지닌 인간 안에 초월자의 빛이 들어오도록 만들어야 하는데, 그것은 반드시 교권이나 성직자가 해야 한다는 것을 의미하지 않는다. 오히려 내가 너를 통해서, 네가 나를 통해서 성숙한 종교적 인간이 되는 '상호주관적 계몽'(intersubjective enlighten-ment)으로 나아가야 한다. 경전 해석의 독점, 전례 집전의 주도권 등으로 종교 계몽은 항상 위에서 아래로 지배적인 전달의 형태로 일관해왔다. 이제는 그러한 계몽이 위아래 없이 평등한 수평 관계에서 이루어져야 한다. "교회에 있어서 문제의 중점은 상호관계에 있는 것이 아니요 하느님의 말씀 대 인간성에 있다"는 함석헌의 말은 바로 그러한 것을 지적하고 있다고 할 수 있다. 초월자의 언어와 문자 앞에서는 모든 사람이 차별이 없다는 평등성과 수평 관계를 재차 확인하는 것이다.

따라서 인격적 개인은 조직 관계와 체계 속에 갇혀 있을 수 없다. 인격적 개인은 전체로서 개체 안에 있고, 개체는 전체 안에 있다. 여기서 전체는 다시 조직체계를 갖춘 유형화된 집단을 일컫는 것이 아니라, 개별 인격이 모인 공동체성을 의미한다. 개별 인간이 우선되어 그 인격적 개인이 신앙 공동체를 형성하는 역할을 함으로써 무형적·무체계적 공동체가 되어야 한다. 무교회주의에서 개인의 주체성과 주관성이 강조되는 이유가 여기에 있다. 무교회주의의 주관성은 '인간적'이라는 수식어와 통한다. 인간적이라고 할 때 인간을 존중하지 않는 그 어떤 것도 인정하지 않는 것이다. 그와 마찬가지로 인간을 본질로 삼는 종교가 아니면 진정한 종교라고 말할 수 없다. 흔히 종교를 빙자해서 초인간적인 것을 강제, 강요하는 경우가 있는데, 그 또한 성직자 중심주의에서 나온 이데올로기요 체제 유지를 위한 프로파간다에 지나지 않는다. 종교의 진면목은 인간으로 하여금 진정한 인간을 찾아가도록 만드는 데 있다. 다시 말해서 종교는 인격적 인간을 완성해나가도록 해야 한다는 말이다.

그럼에도 종교가 체제 유지와 체계적 질서를 보존하기 위해서 인간을 반인간적, 병리적 존재로 이끄는 경우를 보게 된다. 건물을 중심으로 모이는 교회(당)주의, 불교(사찰)주의, 모스크주의보다 그 건축물의 공간을 채우며 종교적 사유를 지향하는 개별 인격이 더 중요하다. 건축물에서 종교적 메시지가 나오는 것이 아니다. 그 성스러운 공간을 성(聖)의 몸짓으로 행위하는 공동체 구성원들의 개별 신앙이 주는 메시지가 더 본래적이다. 종교의 텍스트가 근본 바탕을 이루고 상호인격적으로 혹은 의사소통적으로 변화를 꾀하는 것은, 개별 인격의 공동체라는 고유 텍스트인 것을 명심해야 한다.

이러한 의미에서 무교회주의는 반항적, 부정적, 비판적일 수밖에 없다. 종교공동체 안의 개별 인격으로부터 발산되는 성스러운 메시지가 전달되고 전파되려면 건축물이라는 유형적 성격과 위계질서의 메시지를 끊임없이 비판하지 않으면 안 되기 때문이다. 그렇다고 해서 무교회주의가 교회를 부인하는 것은 아니다. 다만 교회주의를 배척하는 것이다. 교회 본위, 건축물의 인위성을 통하여 결국 인간중심주의가 발생할 수밖에 없다. 아무리 개인의 인격 성숙의 가능성과 개인의 구원을 논한다고는 하나, 그것이 인간중심주의로 흐르는 것은 위험하다. 유형적 교회가 마치 만능이라고 착각하고 그 안에서 고착화된 신앙 내용을 형성하려는 것을 경계하는 것이다.

그래서 "무교회 신앙은 영원히 체계를 이루지 말자는 것이다." 고정되고 고착된 것일수록 썩게 마련이다. 운동과 역동성의 성격도 사라질 수밖에 없다. 무엇이 되었다 싶으면 곧 그 틀을 깨고 다시 새로운 형태로 발전하려는 무교회주의는 한 곳에 영원히 머물지 않는다. 머물지 않는다는 것은 종내에는 신 안에 머물기 위한 몸부림이나 다름없다. 체제와 위계, 체제 속에 머물면 머물수록 초월자를 절대(적 존재)로 여기지 않는다. 앞에서 이야기한 것처럼 본질이 퇴색하면서 체제적 종교로 고정되며 사람 또한 변화를 싫어하여 안주하려는 안일한 종교인이 되는 것이다.

더 나아가서 함석헌은 무교회주의를 "신앙의 데모크라시"라고 설파한다. "영혼의 요구로 볼 때 예수로 인하여 모든 사람이 다 같이 자녀요 다 같이 제사요 1수(1首)의 가치고 99수의 가치에서 경(輕)치 않다는 성서의 데모크라시는 천래의 복음이다. 고로 저는 자기 신앙에 오는 일체의 간섭구속을 배척한다. 그러나 그는 권력의 데모크라시가 아니요 사랑의 데모크라시다." 무교회주의의 신앙 민주주의는 절대 평등, 절대 자유를 추구한다. 인위적이고 가변적인 원칙과 법, 규칙이 지배하는 공동체가 아니라 영원한 사랑이 지배하는 공동체가 곧 무교회주의 공동체다. 따라서 역설적으로 신에게 복종한다는 것은 그 신을 향하여 온전한 사랑을 드리는 것이다. "무교회주의는 하느님만을 사랑하자는 노력이다. 그를 위하여 교회를 버린다." 이는 영원한 하느님의 교회를 취하기 위해서 제도적, 체제적, 위계적 교회에서 벗어나려고 하는 것이다. 더 나아가서 무교회주의는 신앙의 민주주의를 구현하기 위하여, 한병철이 말한 것처럼, "진리조차도 권력과 결탁"하는 것을 거부하고, '진리가 권력에 의해서 구성'되는 것에 저항하는 종교적 흐름으로 간취할 수 있다. 그렇다면 우리는 무교회주의의 논조를 찬성하고 반대하고의 문제를 떠나서 종교 본연의 모습을 추구하는 건강하고 성숙한 종교운동 현상으로 받아들일 수 있지 않을까.

무교회주의의 종교 수사학

함석헌은 "무교회 신앙이란 직접으로 단순히 하느님만을 알자는 신앙"이라고 정의를 내린다. 물론 '하느님만'이라는 표현이 유일신론이나 배타적인 신론을 제시하는 것은 분명 아니다. 이것은 함석헌이 무교회주의에 대해서 나타내고자 하는 강한 수사학적 발언이라고 봐야 한다. 즉 발언자 자신의 신념과 감정이 드러나 있으면서 가능한 한 특정한 청중을 보편적 청중으로 인식하여 진리 혹은 발언자의 종교 신념의 타당성(validity)을 주장하고자 하는 것이다. '하느님만'이라고 할 때 그것은 특정한 대상(집단/계층)에게만 해당하는 존재 개념이서는 안 된다. 철학자 위르겐 하버마스(J. Habermas)에 따르면, 진리의 보편타당성을 주장하려면 적어도 성실성(sincerity), 진실성(truth), 정당성(rightness), 명료성(intelligibility)이 있어야 한다. 자기기만이나 무지를 극복해야 하고, 도덕성을 담보해야 하며, 타자가 이해할 수 있는 주장이어야 한다는 것이다. 무교회주의의 종교적인 수사학이 내포하고 있는 것이 과연 여기에 부합하는가 하는 것이 중요한데, 그 첫 번째로 '하느님만'을 알자는 신앙을 전달하려는 데에서 그 진리 타당성을 발견할 수 있다. 하느님이라는 존재가 보편적 청중에게 설득력이 있으려면 그 진리 타당성이 검증되어야만 하기 때문이다.

군더더기 신앙, 무언가 잔뜩 붙어서 겉꾸린 신앙이 아닌 순수하게 초월자에게만 개방된 신앙을 추구하는 것이 무교회주의 신앙이다. 인간의 실존은 오직 하느님 앞에 있는 단독자일 뿐이고, 그 단독자는 신에 대한 직관적 인식을 통해서 그의 뜻을 실천적으로 행위하려는 존재이다. 그러므로 자꾸 잡다한 수식어를 통해서 초월자를 설명하고 기술하려는 것은 오만이지 신앙일 수 없는 것이다. 신앙은 그저 초월자를 알고 (사유하고) 실천하는 것 외에는 다른 것이 아니다. 그런데 알지 못하기 때문에, 혹은 사유도 하지 않은 채 초월자를 경험했다고 하는 발언을 통해서 초월자 그 자체를 고도의 종교적 교리 체계로 묶어두려고 한다.

그것은 순수한 신앙이 아니라 인위적 신앙, 이론적 신앙, 체계화된 신앙일 뿐이다. 함석헌은 그것을 거부하는 "반항아"라고 자신을 평가한다. 무교회주의가 근본적으로 반항적이고 저항적일 수밖에 없는 특징이 여기에 있다. 그렇기에 종교적 제도화, 체계화에 대해서 자유로운 종교이기를 원하는 것이 무교회주의라고 할 수 있다. 그렇다고 해서 초월자에 대해서까지도 그 인식과 행위가 오만으로 가득 차 있는 것은 아니다. 초월자의 현존과 의지에 따라서 인간의 의지와 삶이 좌지우지 된다는 경외감을 잃지 않는 것 또한 무교회주의가 표방하는 신앙의 기본 노선이다. 다시 말해서 앞에서 언급한 것처럼 초월자를 향한 마음, 초월자만을 신앙의 기저로 삼는다는 것은 그것을 근본으로 하되 그 중심이 나에게만 있지 않고 보편타당한 중심, 주관적 보편성의 신앙적 잣대가 되어야 함을 의미한다. 대안 없이 반항만 하는 유아적 신앙 태도가 아니라 이유 있는 반항, 즉 오직 초월자 자체만으로 만족할 수 있으며 그 만족은 누구에게나 공통적이어야 한다는 보편타당성, 보편 청중을 위한 반항 행위인 것이다.

무교회주의는 또한 "싸움의 종교"이기도 하다. 이는 예수가 진리를 위해서, 죄악을 정복하기 위해서, 죄로 물든 세계를 회복하기 위해서 초월자에게로 "빼앗아 오는" 것을 말한다. 그것을 함석헌은 "세계를 정복하는 권능", "전투정신" 등으로 표현하고 있지만, 달리 해석하면, 실존철학자 칼 야스퍼스(K. Jaspers)가 "사랑의 싸움"(liebender Kampf)이라고 말한 것과 다르지 않다. 그는 진리를 위해서 공동으로 투쟁해야 하며, 진리를 찾아내기 위해 공동의 노력을 해야 한다고 주장한다. 그러니까 예수는 진리를 위해서 사랑의 싸움을 한 인물이다. 그 역사적 예수를 닮자고 하는 것이 무교회주의의 신앙이기도 하다.

역사적 예수는 "사랑의 싸움"을 어떤 무리들과 시작했는가. "갈릴래아 호수를 서성거리는 그를 따라가 보았다면 우리는 그가 한 줌만 한 어부와 더불어 있음을 발견했을 것입니다. 예루살렘 거리를 통하는 그를 좇아가 보았다 세리, 전과자, 창녀, 정신병자의 떠들고 밀치고 싸우고 하는 중에 둘러싸인 것을 발견했을 것입니다. 이것이 그의 군대입니다. … 세계를 구하는 누가 있다면 그는 죄인, 병인을 불러 구하는 그리스도밖에 될 것 없습니다." 이렇듯 함석헌은 무교회주의가 민중의 종교를 표방한다는 것을 간접적으로 설명한다. 그는 한국의 운명에 대해 이야기하며 여러 종교가 있지만— 그는 유교, 불교, 동서양 문명 전반에 대해 원색적으로 비판하는 것을 꺼려하지 않는다— 결국 무교회주의를 통해서 우리나라를 구원하고 세계를 구원할 것이라고 확신했다. 이것은 야스퍼스의 역사철학에서 나타나는 바와 같이 "거기서 자기가 자신의 역사성을 각지하는 의식"으로서 실존적 역사의식, 종교를 통한 현실인식을 자각했다고 할 수 있다.

무교회주의의 종교 운명, 자기 운명의 수사학은 우리나라를 구원함과 동시에 세계를 구원해야 한다는 역사적 자각 의식에 있다. 그 자각 의식은 일찌감치 역사적 예수가 민중들과 함께 세계를 구원하겠다는 의지를 가졌던 것과 연결된다. 그러므로 무교회주의의 종교적 역사의식의 발언과 실천은 한갓 입발림과 고도의 세련된 언어를 갖춘 그야말로 수사학적 언변으로 그치지 않는다. 영원과 시간, 영원과 실존적 현실 의식의 통일을 꾀하는 구체적 삶의 철학과 신앙을 강조한다. 무교회주의의 종교 수사학은 민중 종교로서 역사적 예수와 맞닿아 있다는 강한 신념이 있는 듯하다. 역사적 예수와 동일한 전선(戰線)을 펼칠 수 있는 존재는 무교회 신앙인이며, 그들만이 낮고 천한 곳에 십자가의 깃발을 꽂을 수 있는 존재가 될 것이다. 함석헌이 거듭 지적했듯이, 그것은 교리전선(敎理戰線)으로 되지 않는다. 오로지 초월자에게만 자신을 의탁하고 냉철한 이성과 개별적 신앙을 앞세운 투철한 무교회 전사만이 가능할 수가 있다.

무교회주의 신자는 탈이념적·탈교리적 고아, 무계급적 그리스도인, 민중의 의식으로 무장되어 굴곡지고 어두운 삶의 세계로 내려가 역사적 예수를 따라가는 존재로 살아가기를 원한다. "그리스도교계의 고아로 자라"고 싶어 하는 것이다. 그러므로 무교회주의는 이 현실을 도외시한 피안의 세계에 무작정 뜻을 두지 않는다. 그들은 초월자를 피안의 존재로 묶어두지 않는다. 지금 여기의 현실에서 그리스도인이라는 실존을 역사적 예수와 같은 운명을 지니고 있는 것으로 인식할 뿐이다. 하느님만을 신앙의 대상으로 삼는다는 것은 그 초월자를 이 세계 안의 존재를 통해서 경험하고 만나게 된다는 것을 뜻한다. 그러기에 하느님만을'이라는 수사학적 강변은 역사적 예수를 통한 행동 강령을 좀더 신앙적으로 정교화한 것이라 말할 수 있다. 하느님, 즉 초월자는 모든 민중의 마음과 삶 속에 투영된 순수한 내재자로, 민중을 통해서만이 신앙인의 실존적 기반을 마련할 수 있는 것이다. 이를 통해 오로지 초월자는 민중의 실존 근거이자 세계의 근원이라는 것을 암시한다.

제도적·체제적·교리적 종교들은 자신들의 그 틀거지들을 고수하기 위해 본질이 아닌 것들로 포장하고 기득권층과 야합하게 마련이다. 그들은 비본질적인 신앙을 본래적인 것인 양 호도하면서 종교적 실존인 진리를 퇴색시킨다. 순수한 진리가 기교적으로, 수사학적으로 덧칠되면 종교적 실존은 자유로울 수 없다. 종교적 실존이 자유로워야 초월자에 대한 경험이 가능하다. 무교회주의는 종교적 실존의 자유를 추구한다. 하느님만, 역사적 예수의 실존 속에서 자신을 발견하려는 것만을 발언하는 것은 수사학적 유희가 아니라 바로 종교적 실존의 고양된 자유를 갈구하기 때문이다.

더 나아가 하느님만을 알자는 것, 역사적 예수의 민중 신앙적 수사학은 어느 특수한 시공간 안에서 이루어지는, 이른바 과학철학적 견해에서 말하는 '단칭 명언'이 아니라, 모든 시간과 모든 장소에 걸쳐 일어나야 하고, 일어날 가능성이 있는 '보편 명언'이다. 그런 의미에서 무교회주의 신앙을 결단코 일회적 신앙이나 단편적 신앙 형식으로 치부해서는 안 될 것이다. 관찰 가능한 경험, 경험을 통해서 얻어진 사실을 통해서 초월자를 언급하는 것을 신의 과학화, 증명된 지식으로 볼 수도 있다. 그러나 그 경험을 가능하게 하는 것은 가다머(H.-G. Gadamer)가 말했듯이, 경험 이전에 언어가 있기 때문이다. 하느님만(의 경험)과 역사적 예수를 통한 민중 신앙(의 경험)은 그 경험을 가리키는 무교회주의의 선험적 주장이라 할 것이다. 또한 어떠한 것에도 얽매이지 말고 오직 하느님에게만 관심을 두라는 아나키즘적 인식론을 말하는 것이다. 토마스 쿤(Thomas S. Kuhn)은 패러다임 이론(전과학 → 정상과학 → 위기 → 혁명 → 새로운 정상과학 → 새로운 위기…)을 제시했다. 이것을 빌린다면, 무교회주의 혹은 무교회 신앙을 미성숙한 전종교(前宗敎)가 아니라 성숙한 종교, 즉 정상 종교(normal religion)로 평가해야 할 것이다. 이를 반증하고자 하는가? 그 종교 논리 또한 참신하지 않다면 오히려 반증 가능성에 지나지 않을 것이다.

무교회주의보다 더 본질적인 무교회주의

"이름을 붙이는 것은 타락이다." 함석헌의 말이다. 종교나 모임에 이름을 붙이는 것은 진보가 아니라 퇴보라는 것이다. 그래서 그는 가능한 한 종교의 이름이나 조직을 거부하고 그가 말한 새 종교라는 것을 지향하려고 하였다. 그것은 아마도 자신의 종교는 타자에게 있는 것도, 외부적 강제나 영향에 의한 것도 아니라 독립적이고 자주적인 의지와 신앙에 있다는 의미이리라. "나를 살리는 내 신앙은 내게 있다"는 말이 이를 반증한다. 타자가 규정한 혹은 일정한 권위가 규칙화한 종교는 그들이 만들거나 학습시킨 신앙을 가질 수밖에 없다. 스스로 형성하는 신앙이 아니라 타자나 조직의 권위와 틀에 붙들려 습관적으로 가지게 되는 타율적 종교가 되는 것이다. 함석헌이 우려했던 바가 바로 그것이다. 자신의 의지와 결단, 이성적 판단에 따라서 주체적으로 신앙을 체득하는 것이 아니라 타율화된 종교는 결국 고착화되거나 획일화된 종교관을 습득하게 된다.

종교가 역동성과 생동성, 생성성을 상실하면 썩게 마련이다. 다시 말해서 조직화된 종교는 진리를 수호한다는 명분하에 타자에 대해서는 배타적이고, 내부적으로는 자기 동일성을 유지하기 위해서 폭력적인 공동체로 변한다. 함석헌은 이런 퇴화를 잘 알았다. 그는 대담하게도 "나의 종교, 우리의 종교를 발견해야" 한다고 말했다. 그래서 그는 무교회주의도 버리면서까지 더 본질적인 종교로 나아가려고 몸부림쳤다. '나의 종교'라고 해서 카오스적인 종교나 남발하는 종교적 관념을 일컫는 것은 결코 아닐 것이다. '나의 종교'란 주체적인 종교, 인간 개별자의 의식을 가지고 결단하는 종교를 뜻한다. 종교를 통해서 신을 만난다는 것은 조직, 체계, 체제를 통해서 만나야만 한다는 것을 뜻하지 않는다. 그것을 넘어서 개별 존재가 현존하는 신을 체험하기 위한 것임을 알아야 한다. 함석헌은 이렇게 말한다. "내가 그리스도교의 이단자가 되노라 하는 것도 참 그리스도교적이기 위해서 하는 말이요, 무교회를 내놓는다는 것도 더 무교회적이기 위해서 하는 것이다."

　그가 무교회마저 버리려고 했던 것은 무교회가 가지고 있는 편견과 고착화된 진리를 유연성을 가진 진리로 탈바꿈하기 위한 것이었다. 그렇다고 그가 그리스도교를 버린 것도, 무교회를 버린 것도 아니다. 버린 것 같지만 사실은 더 진리에 가까이 다가간 종교를 취했다. 그리스도교를 비롯한 모든 종교는 진리라고 하는 바탕을 어떻게 깨달으며 구현할 것인가에 본래성이 있다. 따라서 진리 그 자체에 천착하는 종교, 진리의 본질에 더 가깝게 다가가려고 노력하는 종교가 참된 종교다. 함석헌 자신이 종교의 경계선상에 있는 듯이 발언한 것은 바로 종교적 진리의 본질을 더 강하게 체현하고 궁구하기 위함이었다. 오늘날 종교가 가지고 있는 근본적 병폐는 종교 자체의 근본과 본질에 대한 물음을 거의 묻지 않는다는 점과 설령 묻는다고 하더라도 그 본질에 부합한 행위로 방향을 전환하는 동력을 상실했다는 점에 있다. 함석헌은 제도적, 전통적, 체제적, 조직적 종교가 지닌 한계와 난점을 이미 간파한 것이다.

함석헌이 무교회와 탈무교회, 그리스도교와 탈그리스도교의 경계선상에 서 있는 것도 그러한 기성 종교의 맹점을 극복하기 위한 최선책이었을 것이다. 그렇지만 그가 말하는 것은 종교의 본질의 추구, 즉 외형과 형식에 한정된 종교가 아니라 진정으로 그리스도와 인격적으로 일치하는 종교, 인격의 자주성(自主性)을 회복하는 종교라는 점을 알게 된다면 그에 대한 섣부른 비판을 유보해야 마땅하다. 초월자와 인간의 인격이 일치하고 합일하려는 노력이 종교의 근본이 되어야 하는 것이 당연지사 아니던가. 그렇다면 경계선상에 선다는 것은 정신적·영성적 측면에서 불안하고 위험한 임계점에 있다는 것을 나타내기도 하지만 동시에 종교의 본질을 향한 새로운 노정으로 발걸음을 내딛었다고 봐야 한다. 사실 그 임계점에 서 있는 함석헌은 무교회주의자들에게도 비난의 화살을 받았던 것 같다. 그의 신앙적 순수성과 신앙의 본질을 향한 열정을 제대로 파악하지 못했기 때문이리라.

무교회주의조차도 이름이고 이미 이름이 붙여진 또 하나의 조직이라면 조직이라고 말할 수 있을 것이다. 함석헌은 그것을 좋아하지 않았다. 가능한 한 생명적이고 생성적이지 못한 조직을 표방하는 이름을 붙이기를 꺼려했다. 한 단체나 공동체에 이름이 붙는 순간, 그 이름에 해당하는 정체성으로 인해서 타자와는 엄격하게 구별되면서 차별화된다. 구별하기 위한 것이 오히려 차별성과 배타성을 갖게 되고, 그 조직을 견고하게 하기 위한 교리와 체제적 변론만이 진리인 양 치부되는 것은 정해진 수순이다. 그렇게 되면 본질과 비본질이 역전되고 본질이 와해되는 현상이 나타난다. 종교의 진리는 체제를 유지하고 관리하기 위한 수단이 될 뿐이지 그 자체로 살아가야 할 생명이라고 생각하지 않는 기이한 상황이 연출된다. 그렇기 때문에 함석헌은 "조직이 무거워지면 정신은 죽어버린다"라고 말했다.

정신의 사유함이 없는 종교는 인간의 실천 행위가 없는 믿음'만', 기도'만', 금식'만' 등을 내세우면서 이상심리적 신앙인을 양산한다. 반면에 이 세상의 가변적인 것들에 '만'을 붙이는 것은 감성세계에서는 가능한 일이겠으나 실제로 이상세계, 신앙세계에서는 하느님에게만 그야말로 '만'을 붙일 수가 있다. 어떤 형태로든 감성세계에서 유한한 인간의 행위 형태로서 성령'만', 성서'만', '면죄부'만을 내세운다면 자칫 인간의 마음을 도덕적으로 거세할 수도 있다. 그러므로 함석헌은 "건전한 종교는 … 믿음과 영적 경험을 가르치지만 그것과 아울러 엄격한 도덕적 실천을 명하기를 잊지 않는다"라고 말했다. 정신을 죽게 만드는 불건전한 종교가 사회적 해악을 가져올 것은 불을 보듯 뻔하다. 이에 건전한 종교는 종교의 본질인 도덕적 인간, 도덕적 현실을 구원하기 위해 노력해야 한다. 이렇게 도덕적 현실과 도덕적 인간의 구원을 위해서 이름 붙인 건전한 종교의 등장은 필연적이다. 함석헌은 이를 완전히 반대하지 않는다. 불건전한 종교, 다시 말해서 반도덕적 종교, 반인격적 종교, 병리적 종교에 반하여 대항할 수 있는 이름 붙인 건전한 종교는 자신에게 합당한 이름을 내세워 그에 걸맞은 행위들을 펼쳐나갈 수 있어야 한다.

"이 병적인 여러 종교와 싸워 건전한 상식적인 도덕적 성격을 민중 속에 세우자는 것이 그 목적이다. 종교는 현실을 잊어버림이 아니다. 현실을 건지는 것이다. 현실을 건지기 위해 가장 작은 정도의 조직이 필요하다." 도덕적 종교의 마지노선을 무교회주의에 두고 있는 듯한 발언이다. 현실을 무시하고 외면하는 종교는 있을 수 없다. 더군다나 현실을 외면하지 않는 종교는 반드시 도덕적 인격, 도덕적 성격을 드러내는 종교여야만 한다. 건전하고 상식적이며 도덕적인 종교가 민중을 위해서 마련될 때 민중과 민중이 처한 현실이 구원될 수 있다. 종교가 도덕이 되어야 한다는 것은 결코 아니다. 종교가 도덕이 담보되지 않고서는 완전한 종교가 될 수 없다는 점을 강조하는 것이다. 종교의 현실 혹은 실재가 도덕이 되어야 하지, 역으로 도덕이 종교의 현실이 될 수 없다.

　문제는 오늘날 종교가 도덕적 해이에 빠져 있다는 것이다. 종교의 알맹이 역할을 하는 도덕을 외면한다. 함석헌의 도덕적 종교가 다시 한 번 요청되고 있는 것도 이 때문이다. 저마다 이름을 붙인 종단들이고 역사성을 띤 종교들이지만 거기에 준하는 도덕성을 내포, 전제하고 있지 못하다면 그 종교는 사회적 설득력을 상실했다고 할 수 있다. 종교가 사회의 도덕화에 기여하기는커녕 사회의 도덕화에 걸림돌이 되는 기이한 현상이 벌어진 것이다(이태하, 『종교적 믿음에 대한 몇 가지 철학적 반성』, 책세상, 2000, 95쪽). 그야말로 이름값을 못 하고 있는 현실이다. 함석헌은 그 현실, 사회적 현실과 종교적 현실을 개혁해야 한다고 역설했다. 현실을 도덕으로까지 상승시켜야 한다는 강한 신념을 엿볼 수 있는 것인데, 그 역할을 바로 건전한 종교, 어쩌면 체제나 유지하기 위해 급급한, 교리나 고수하려고 혈안이 되어 있는 종교가 아닌 본질적인 종교, 더 본질적인 종교가 해야 한다고 말하고 있는지도 모른다. 그 역할을 할 수 있는 종교는 무교회라고 꼬리표가 붙은 종교보다도 더 본질적인 종교인 것은 확실하다.

현실 구원의 종교

　종교가 다 그런 것은 아니나 그 성격상 이상적인 세계, 관념적인 세계만을 강조하여 신자들로 하여금 현실을 도피하도록 만드는 구실을 하곤 한다. 종교의 공적이고 사회 구원적인 측면을 무시하고 오로지 개인의 영혼 구원과 지복만을 지향하는 종교는 현실적인 문제에 대해서는 그만큼 등한히 할 수밖에 없다. 그러한 종교는 자칫 현실을 외면한 환상과 가상에 빠질 수 있다. 함석헌의 지적은 바로 이러한 종교 현상에 있다. "종교가는 대개 종교는 현실에는 관계없고 다만 영혼을 구원하는 것이 일이라 생각하고 현실에 대하여는 피하고 있는 태도를 취하고 있으니…." 현실의 문제에 호소하고 그 문제를 해결하려고 노력하지 않는 종교가 과연 건강한 종교라고 할 수 있을까. 만일 현실을 경시한 개인의 영혼 구원을 위한 종교로 전락을 하게 된다면 현실 세계와 이상 세계 혹은 의식 세계의 분리를 조장하는 종교라고 비판받을 수 있다.

　종교의 언어와 행위가 무엇을 지향하는가 혹은 무엇을 발언하는가는 그 종교의 신념과 행위를 결정하는 요인이 된다. 함석헌은 종교 발언의 본질에는 반드시 인간의 도덕적 인격이 담보되어야 한다고 말한다.

그런데 그게 다가 아니다. 도덕적 인격은 곧 자유로운 인간이 되기 위한 기본 전제요 영혼 구원을 위한 선결 과제인 것인데, 그 자유로운 인격은 결국 현실 문제에 관심을 갖는 존재를 일컫는다. "영혼이 구원 얻기 위해 먼저 도덕적인 인격이 자유의 사람이 되지 않을 수 없고, 자유의 길을 걷기 위해서는 현실의 발길에 채는 돌을 우선 치워놓지 않을 수 없다." 도덕적 주체는 종교적 주체와 연관된 것으로 그것은 사회적·정치적·경제적 행위 주체인바 현실의 비합리성·비인간성·비정신성 등을 고발하지 않으면 안 된다. 구원이 곧 종교적 주체의 사회운동으로 전개되어야 하는 이유가 바로 여기에 있다. 개인의 영혼 구원에 과도한 관심을 기울이면서 타자의 문제, 국가 공동체의 인습 문제에 대해서 종교가 주체적 참여 발언에는 무관심한다면 총체적 구원을 상실할 수가 있다.

함석헌은 예수의 발언과 행위가 현실을 무시하지 않았음을 간파한다. "목적은 하늘에 있으나 일은 땅에 있다. 땅을 박차지 않고 날아오르는 새는 하나도 없다,의 의미에서 예수께서 기도를 가르치실 때에 '나라가 임하옵시며 뜻이 하늘에서 이룬 것 같이 땅에서도 이루어지이다' 하셨지, 땅을 버리고 곧 하늘로 올라가게 해주십사 하시지 않은 것은 깊이 새겨 알아야 할 말씀이다. 현실을 피하고 구원은 없다." 예수는 이상 세계, 의식 세계, 사후 세계를 말하지 않았다. 예수는 현실의 문제를 실재적으로 접근하여 신앙인의 공적인 문제로 다루어야 한다는 것을 강조했다. 복음서 어디에도 예수가 죽어서 개인의 구원만 받으면 된다는 식으로 말한 적이 있던가. 삶의 현실을 파괴하는 적들에 대해서는 저항하고 문제를 개선, 개혁하도록 해야 한다고 설파하셨던 분이 아니던가. 함석헌이 강변하고 있듯이, 예수도 "현실을 피하고 구원은 없다"라고 생각했던 분이 아닐까.

그럼에도 종교는 앞으로 나아가려는 종교인의 생각의 발목을 붙잡는다. 신의 은총은 오직 개인의 영혼 구원에 있다는 논리로 새삼 영지주의적인 구원론을 계속 강조하고 있는 것이다. 이러한 정당화와 개인의 욕망을 부추기는 신앙 논리는 민중을 기만하고 그들로 하여금 영혼과 세속을 가르고 그 경계에서 원죄를 해소해주는 방향으로 자신을 강화한다. 하지만 그것은 현실을 파괴하는 행위이며 종교인의 직무유기나 다름없다. 종교 지도자들의 신앙 발언과 그들의 논리가 진보를 꾀하려는 민중의 주체적 자아를 분열하도록 조장하고 있는 것이다. 하지만 "정말 종교는 민중을 취하고 잠들게 하는 것이 아니요, 불러일으켜 싸우게 하는 것이다." 참된 종교라면 민중을 일깨워야 한다. 가능한 한 니체가 말했던 '지고한 정신의 보편적 운동인 계몽'을 민중 스스로 하도록 해야 한다. 칸트도 철학의 세 가지 규칙에서 말했다시피 "스스로 생각" 하도록 해야 한다. 개인의 영혼 구원이라는 신앙적 이익 관심과 사적 관심에서 종교의 공적 관심을 가질 수 있도록 인도해주어야 한다. 종교인의 사유 체계와 신앙의 신념으로 인해 사회, 정치, 경제 등이 무너질 수 있다는 위기의식을 갖게 해서 현실세계가 상실된 채 이상적 구원이란 있을 수 없다는 것을 알게 해야 한다. 그것이 어쩌면 신앙의 주체화일 수 있다. 현실과 이상을 통합하여 사회적 진보와 신앙의 본래성을 의지적으로 개인이 결단한다면 말이다. 그래서 종교인은 죄악을 미워해야 한다. 죄악을 미워하는 신앙의 순수성이란 현실 문제에서 부딪치는 현상에 대해서 외면하지 않고 적극적으로 대항한다는 의미이다.

"미워하지 말란 것은 나를 죄악적으로 대접하는 그 '사람'에 대해 하는 말이지 죄악 그것에 대해 하는 말이 아니다. 죄악을 극히 미워하고 거둬대는 것이 종교다. 그것은 구원을 주마 하지 않고 민중으로 하여금

제 구원을 제가 싸워 얻게 한다. 제가 얻는 것이, 다시 말하면, 살아난 것이, 참 생명 아닌가? 아무도 악과 싸우지 않고 선한 영이 될 수 없는 한, 현실에 눈을 감을 수는 없다. 죄악은 곧 현실적 사실, 현실은 곧 죄악적 존재, 죄악은 사회적 현상인 것이므로, 산 종교는 사회악과 죽어도 마지않는 싸움을 싸우는 민중의 조직적 활동이다. 사도 요한이 우리의 사귐은 아버지와 그 아들 예수 그리스도와 함께 함이라 한 것은 이것이다. 현실의 죄악과 싸워 이김으로 나타나는 하나님, 그것이 곧 그리스도다. 우리 종교는 현실적 과학적이어야 한다."

죄악의 현실을 그냥 지나쳐버린다면 자신의 종교나 그 종교를 갖고 있는 종교인은 산 자가 아니라 죽은 자이다. 사회의 부조리, 사회악과 싸우면서 이 현실을 구원하려면 종교인이 연대해야만 한다. 사귐은 단순히 먹고 마시고 소통하는 데 있지 않다. 사귐은 연대함이다. 사회악과 맞서 싸우기 위해서 힘을 결집하고 의견을 나누면서 예수 정신, 종교적 정신을 고양하고 그 힘을 통해서 현실의 죄악을 타파해나가야 한다. "사회악과 싸우기 위해 우리의 겨누어야 할 목표는 둘이다. 하나님과 민중, 둘이 하나다. 하나님이 머리라면 그의 발은 민중에 와 있다. 거룩한 하나님의 발이 땅을 디디고 흙이 묻은 것, 그것이 곧 민중이다. 그 민중을 더럽다 하고, 학대하는 자는 하나님을 업신여기고 아프게 하는 자다." 그러므로 민중이자 개별자인 종교인 한 사람 한 사람을 존중해야 한다. 민중의식을 가지고 이 세계를 개혁하겠다고 하는 민중인 종교인이 많으면 많을수록 그들을 통해서 하느님의 일을 하신다는 생각을 하고 그들을 섬겨야 한다. 함석헌은 말한다. "하느님을 섬기는 종교요 나라일수록 민중을 위하지 않을 수 없다. 하느님 섬김은 민중 섬김에 있다. 가장 높음이 가장 낮음에, 가장 거룩함이 가장 속됨에, 가장 큼이 가장 작음에 있다. 진리는 민중에 있다."

진리를 부르짖는 것은 결코 부르주아에게 있지 않다. 진리를 발생시키고 그 진리를 살겠다고 하는 개방성은 민중의식을 지니고 있는 자에게만 해당한다. 사회적 기득권자들은 혁명을 거부한다. 진리 실현을 거부하는 것이다. 사회악을 퍼뜨리는 주체가 되는 기득권자는 그래서 민중을 섬기지 않는다. 그들이 섬기는 하느님은 자신들을 위한 부르주아의 하느님이다. 그들은 기득권을 유지해주는 능력의 하느님을 믿으며 그리고 이상 세계, 관념 세계조차도 부르주아의 손으로 구성해야 하고 현실화해야 한다고 생각하는 이들이다. 그러므로 민중이 공의(公義)를 세우는 신앙의 혁명, 신앙의 개혁이 일어나야 한다. 일부분이 아니라 전체, 소수가 아니라 다수가 살 수 있는 세상을 만들어가는 희망을 민중의 손으로 이루어야 한다. "민중이 하나님이 밭이라 하는 말은 민중은 보이는 전체란 말이다. 도덕적으로 말할 때엔 문제는 전체에 있는데, 공의(公義)라 하는 그 공(公)은 곧 전체"이다.

그러기 위해서는 최소한의 조직이 있어야 한다. 민중을 결집하고 의식 있고 계몽된 민중의 힘을 하나로 모으는 연대 조직이 새로운 현실을 창조해낼 수가 있다. 아마도 함석헌은 그것을 무교회주의로 생각했던 듯하다. 설령 무교회주의가 아니더라도, 그의 표현대로 허리에 수건 한 장을 둘러 맬 수 있을 정도의 섬김의 조직, 민중을 떠받들 수 있는 조직을 염두에 둔 것 같다. "하나 되는 믿음으로 새 조직을 일으켜야 한다. 사귐이 생겨야 한다. 이 민중을 건지기 위해 최소한도의 조직을 가져야 한다는 것은 이 때문이다." 앞에서 말한 것처럼 사귐은 연대함이다. 그 연대의 정신, 그 연대의 힘을 정신이 성숙한, 스스로 계몽된 도덕적 종교 안에서 찾는다면 어려운 일일까?

무교회로부터의 신앙 독립선언

어떤 모임이든 이름을 붙여야 그 정체성을 분명히 할 수 있다. 하지만 모임에 이름을 붙이는 순간 그 모임의 성격은 거기에 국한되고 제한될 수밖에 없다. 이름으로 인해서 그 이름 범주 바깥으로 벗어나는 말과 행위가 전개될 때는 모임의 정체성에 의해서 문제의 소지가 발생한다. 그래서 함석헌은 종교적 색채를 띠고 결성된 공동체를 단순히 '모임'(meeting)이라고 했다. 무교회주의는 그 본래성을 담으려면 그 무엇으로도 규정하기가 애매하고 어렵다. 무교회는 모임이 아니다. 무교회주의조차 벗어나려는 의지가 바로 모임이라는 형태로 나타났을 뿐이다. 함석헌은 그것이 새로운 것이라고 했다. 제도적, 교리적, 체제적, 조직적인 교회의 틀을 넘어서 있으니 그 모임의 '사람'이 더 중요하게 되었다. 조직과 교리를 앞세우는 종단일수록 사람은 안 보이고 그 형식과 외형만 보인다. 사람이 먼저 있고 제도와 조직이 있는 법인데, 제도적 종교들은 제도나 조직이 먼저이지 사람은 나중이다.

함석헌의 표현을 빌려서 말한다면, 사람의 권위가 우선이지 조직과 제도의 권위가 우선일 수 없다. 그런데 종교공동체를 자세히 살펴보면,

대부분의 종단이 조직과 제도의 권위를 앞세워서 사람을 억압하고 통제한다. 종교공동체가 사람의 권위로 운영되어야 하는 조직과 제도의 권위하에 움직이니 사람의 이성과 신앙을 자유롭도록 내버려두지 않는 것이다. 그래서 새로운 '모임'이 필요한 것이다. 어쩌면 지금 새로운 모임을 결성해야 하는지도 모른다. 종래의 종교공동체의 조직, 교리, 체제, 제도 등은 더 이상 사람을 위해서 존재하지 않는다. 오직 조직 자체의 존속을 위해서 온갖 부정적인 장치들과 위협을 제거하려고 하지, 긍정적이고 순기능적인 종교공동체의 모임을 위해서 조직을 운영하는 것 같지 않다.

그래서 함석헌은 신앙의 독립군이 되기로 결심을 한 것이다. 무교회를 또 하나의 종단과도 같이 내걸고 다른 사람들처럼 종단을 창립하여 종교 경쟁의 도가니 속으로 들어가는 것을 원치 않았기 때문이다. 오히려 함석헌은 무교회조차도 외래적인 산물(일본혼이나 우치무라의 무교회)로 인식했다. 그는 한국의 종교는 우리만의 정신과 믿음을 바탕으로 해야 한다는 신념을 지녔다. 그것을 위해서 그는 "나를 살리는 신앙은 내게 있다. … 나는 오늘 나의 종교, 우리의 종교를 발견해야 했다"라고 말하면서 신앙의 독립성을 선언했다. 그럼으로써 그는 처음에 무교회주에서 영향을 받았던 자신의 신앙을 객관화할 수 있었다고 고백한다. 결론은 자신의 신앙이 무교회식이 아니라는 것이다. 그는 자신에게 가장 중요한 역사적 사명은 민중을 일깨우는 소리, 새로운 바람, 새로운 소리가 들어오는 구멍을 뚫기 위해서 어릿광대 노릇을 하는 것이라고 여겼다. 깊어가는 밤에 민중이 잠들지 않도록 그들의 가슴에 새로운 소리를 들려줌으로써 늘 깨어 있도록 만드는 역할을 하고자 했던 것이다.

앞서 말한 것처럼, 함석헌의 성서모임 혹은 예배모임은 민중을 위한 모임으로 '독립신앙', '독립정신'을 모토로 한다. 어디에도 매이지 않는 개별화되고 개인화된 신앙을 전제로 한다. 물론 여기에서 '어디에도'라는 말은 제도, 조직, 교리, 체제 등을 일컫는 것이다. 종교의 권위는 "스스로에 대해서 결정할 수 있는 능력"인 독립성(페터 비에리Peter Bieri)을 갖춘 주체적인 민중 자신에게 있다. 신앙은 스스로 홀로 서야 하고 그러면서 인격적인 신을 만나는 것이다. 하느님을 '인격적'이라고밖에 달리 단언하지 못한다면, 신앙이란 생명의 최고 단계인 인격과 인격적 존재의 만남을 의미한다. 어떤 인위적인 틀을 벗어나서 종교적 삶을 추구해야 한다면 그저 인격적 존재만을 지향할 뿐이다. 그렇다면 거룩한 것의 운동성, 누멘적인 것(the numinous)을 어디서 만날 수 있을까? 함석헌은 그 신비한 존재, 신적인 것을 바로 인격에서, 양심에서 만나는 것으로 생각했다.

앞서 말한 것처럼 거룩한 존재, 종교적 체험의 원형은 가시적 공간, 인위적 조직과 틀이 아니라 바로 생생하게 살아 숨 쉬는 무형의 공동체, 인격적 공동체, 더 구체적으로 개인의 인격에서 발견할 수 있다. 조직, 전통, 교리, 제도, 체제 등이 권위가 될 수 없다. 그것 역시 거룩한 존재에 대한 체험을 공동체적으로 구성하기 위한 것에 지나지 않는다. 그러므로 공동체라는 것을 앞세워서 어떤 유형의 조직으로 종교적 체험의 원형을 재단하려는 시도는 인격과 최고 인격의 만남을 저해하는 요소가 될 수 있다. 종교적 체험의 대상을 정리하고 구성하면서 생겨난 범주가 사람의 인격 안에서 거룩한 존재의 운동성, 신성한 것의 드러남, 곧 성현(聖顯, hierophany)을 제한한다는 것이 가당키나 한 것일까? 성현은 "어떤 신성한 것이 그 자신을 우리에게 드러낸다"는 것인데, 조직화·체계화된 공동체는 이 무한성을 확장하지는 못할망정 그 신의 본능을 더

빈약하게 만들어버린다.

종교학자 엘리아데(M. Eliade)는 현실적으로 존재하는 거룩한 공간의 단절과 균열적 성격을 기술한 바 있다(참조 출애 3,5). 그러한 공간은 거룩하며 강력하고 뜻있는 장소성을 지니고 있다. 이처럼 혹자는 종교공동체에 하나의 거룩한 공간으로서 다른 공간과는 다른 비균질적인 요소가 있다고 주장한다. 조직, 체제, 전통, 교리, 제도 등을 견고하게 구축한 종교공동체일수록 그렇게 말하곤 한다. 그러나 과연 그런 공동체가 거룩한 공간으로서 비균질적인 것이라고 단언할 수 있을까? 종교적 인간(Homo Religiosus)의 집합체인 종교공동체를 그곳에서 바로 새로운 세계, 가능 세계(possible world)를 만들 수 있는 다른 모든 장소와 질적으로 구별되는 특권적인 장소라고 보기는 어렵다. 그 안에서의 사밀한 종교적 체험, 종교적 행위, 종교적 가치가 변질되고 탈신성화되는 경향성을 종종 목격하기 때문이다.

따라서 독립신앙을 갖겠다는 의도를 종교공동체 자체를 부인하는 것으로 단정 짓는 시각은 매우 불순하다. 모든 인위적인 것을 배제하고 인격적인 신, 인격과의 교섭을 가능케 하는 신을 나의 인격으로 만나겠다는 것을 거부할 의사가 조직과 제도, 교리가 독선적으로 갖고 있다고 인정하는 것은 결국 인격이 아닌가? 인격적 공동체, 인격적 모임이 우선이고 제도, 조직, 체제, 심지어 교리는 그 인격적 모임을 어떻게 도울 수 있는가에 목적을 두어야 한다. 그러나 오늘날 종교공동체는 앞뒤가 바뀐 것 같다. 오히려 조직, 제도, 체제 등을 강조하는 종단일수록 거룩한 것, 거룩한 존재가 드러나는 것이 아니라 더 세속적인 것이 되어버린다. 그러면 어느 쪽이 더 거룩한 존재를 담아내는 공동체라 말할 수 있는가? 그것은 개별 인격 안에서 거룩한 존재의 종교적 체험을 중시하는 독립신앙, 독립정신을 주창하는 인격적 모임의 공동체라 할 수 있다.

　종교적 무의식의 초자아(superego)가 제도, 조직, 체제, 심지어 이념이나 신념에 따라 형성된다면, 종교의 욕망은 타자의 욕망이나 다름이 없다. 종교나 정신분석학이 자아의 욕망을 승화하고 주체를 회복하는 개인과 공동체의 건강성에 목적을 둔다면, 주체를 구조화하는 내외부적 영향에서 자유로운 상태가 되어야 한다. 가타리(F. Guattari)는 이렇게 구조화된 주체와 욕망을 넘어서 무의식이 타자의 욕망을 수용하는 '내면의 틀'을 어떻게 바꿔나갈 것인가 고민한다. 이른바 무의식의 자기 발생성과 이질발생성이 요청된다는 것이다. 그러려면 무의식이 억압된 것이나 상징의 저장소가 아니라 무엇인가 끊임없이 창조해내는 재료가 되도록 해야 한다.

　종교적 무의식이 타자의 욕망에 의해 축조될 때 독립신앙과 독립정신은 불가능하다. 내면의 틀을 바꿈으로써 주체의 확인과 승인, 새로운 주체로의 이행이 된다면 신앙 주체가 전혀 불가능한 것만은 아닐 것이다. 자신의 종교적 무의식이 타자의 욕망이라는 사실을 인식한다면 말이다. 그러기 위해서는 종교공동체의 서술 권력을 누가 쥐고 있는지, 그것의 실체가 무엇인지 직시해야 한다.

2부

종교 구원을 향하여

무교회의 반항아이자 종교적 노마드 함석헌

함석헌이 그리스도교의 전통 교리에 대해서 반항아적인 면모를 보이고 있는 것은 사실이다. 그가 한국 전쟁 전후, 아니 정확하게는 20년 동안 지켜왔던 십자가 신학 혹은 십자가 신앙에 대해서 재해석을 내린 것이 그 단적인 예이다. 전통적인 그리스도교 신학에서 십자가는 구원을 위한 상징이요, 인류를 위한 대속적인 죽음의 표상이다. 하지만 함석헌은 구원을 헐값으로 얻는 논리를 부정한다. "십자가의 대속의 공로로 죄 대속함을 받는다는 교리를 믿기만 하면 된다는 사상에 반대"한 것이다. 그렇다면 함석헌은 당대의 소피스트 같은 인물이었는가? 그것은 아니다. 오히려 그를 자유로운 정신과 신앙을 추구한 사상가, 철학자로 봐야 할 것이다. 더 나아가서 그는 그리스도라고 하는 신앙적 존재와 어떻게 합일할 것인가를 고민한 사람이다. 십자가라고 하는 그리스도교의 상징을 완전히 무시, 거부하는 이단아가 되자는 것은 아니었다.

그는 "그리스도와 인격적으로 하나 되는 체험이 있어야 하고, 그러기 위해서는 인격의 자주성(自主性)을 살려 십자가를 져야 한다고 주장했다." 예수와 인격적 일치, 인간의 내적 도덕률을 통한 인격적 도야가 없는 십자가는 존재하지 않는다는 주장은 당연한 것이 아닌가. 대속사상(代贖思想)에 입각해서 단순히 언어적인 고백과 심정적인 믿음으로만 그쳐서는 안 된다는 것이 그의 신앙 논리인 셈이다. 십자가는 반드시 인격적 변화를 수반해야 하고 그리스도인이라면 마땅히 사람다움이라는 필연적 고양으로 나아가야 함을 강조한 것이다. 신앙 언어와 고백적 믿음만으로는 십자가의 의미를 다 드러냈다고 할 수 없다. 오늘날 그리스도교 신앙이 답보상태에 그치는 것도 이러한 신앙 태도와 무관하지 않다. 인격을 수반하지 않는 그리스도인, 숭고하고 아름다운 인격으로 그리스도화하지 못하는 종교인이 무슨 소용이 있겠는가. 그래서 함석헌은 십자가 신앙의 속알맹이가 그리스도의 인격으로 변화하는 것에 있고 또 그것을 지향해야 함을 강변하고 있는 것이다.

만일 종교인이 그러한 실제적인 변화를 이루지 못한다면 어떤 종교의 틀에 있다고 한들 온전한 정신 해방과 구원을 이루었다고 말할 수 없을 것이다. 함석헌은 마침내 무교회와도 결별을 선언한다. 무교회조차도 십자가 신앙의 알맹이를 구현하는 데 부족하다고 느낀 것일까? 그는 새 시대를 건질 '새 종교'를 얻기 위해서라고 변론한다. 그가 생각한 새 종교는 도대체 무엇일까? 앞의 맥락에서 본다면 전통적인 그리스도교에서 말하는 예수의 대속적인 죽음을 통한 고백과 믿음에 기초한 단순화된 교리를 읊조리는 신앙이 아닌 것은 분명하다. 그 대신 인격적인 종교, 그리스도와 완전히 일치된 삶을 구현하는 종교임이 분명하다. 그는 무교회에서 탈퇴를 선언한 이유를 이렇게 설명한다. "그것은 정말 내놓고 버려야 할 껍질을 두고 하는 말이다. 내가 그리스도교의 이단자가 되노라 하는 것도 참 그리스도교적이기 위해서 하는 말이요, 무교회를 내놓는다는 것도 더 무교회적이기 위해서 하는 것이다."

그러니까 앞서 말한 것처럼, 그는 종교의 껍데기, 외형, 형식이라는 것을 탈피하기 위해 무교회를 넘어서려고 했던 것이다. 무교회도 역시 형식이요 가상이라고 여겼음이 틀림없다. 더 본원적이고 근원적인 '참'을 찾기 위해서 틀을 벗어던진 것이라고 할 수 있다. 이른바 전통 그리스도교 종파를 자부하는 일각에서는 함석헌을 '이단자'라고 폄훼하기도 한다. 하지만 우리는 정작 그가 그리스도교의 본질과 원형에 더 가깝게 다가가기 위해서 모든 형식과 외형적인 틀을 비판하고 초극하려고 했다는 것을 알아야 한다. 필자는 무교회가 제도, 조직, 체제, 교리 등에서 탈피하려고 하는 의지를 지닌 신앙 성격을 표방하고 있다고 말했다. 함석헌은 그보다 더 원본적인, 더 이상 환원하지 않아도 되는 순수 신앙의 본질로서 그리스도를 만나려고 했다는 것을 강한 어조로 말하고 있는 것이다.

종교가 온갖 껍데기를 자신의 종교의 본질과 원형이라고 착각하고 그것을 반복적으로 선언하고 선포하는 것을 볼 수 있는데, 그것은 예수와 전혀 관계없는 경우가 비일비재하다. 어떠한 신학이든 신학을 하는 주체의 해석학적 입장과 판단으로 예수가 이미 덧칠되어 있음을 부인할 수 없다. 물론 그것이 가리키는 해석학적 언어가 원본적이고 본질적인 예수를 복원하고 그에 부합하는 예수 실천을 위한 것이라면 수용할수 있다. 하지만 해석학적 언어로 포장된 예수라면 심각한 신앙 문제를 양산한다고 해야 하지 않겠는가. 함석헌의 무교회 탈퇴 이유를 조금 더 들어보자. "보이지 않는 것보다 보이는 것을 더 분명히 여기고, 될 것보다 된 것을 더 소중히 알며, 마음보다 말을 더 문제 삼고, 남 속에 저를 찾아내는 것보다 제 속에 남을 잡아넣는 것을 더 즐겁게 아는 사람들이 그것을 알아줄 리 없었다." 이 말에 지금의 종교들의 병폐를 이미

다 담고 있다고 해도 과언이 아니다. 정신보다 물질을, 타자보다 자아를, 마음의 변화보다 신앙 언어의 가식에 치중하는 종교는 원본적인 예수상(像)과는 거리가 멀다.

십자가를 통한 인격적 변화는 고사하고 여전히 '나'(ego)라는 존재가 관심의 초점이 되고 생각과 감정, 말만 앞세우는 종교에 무슨 희망이 있겠는가. 주체만 생각하는 종교, 자신의 감정에만 충실한 종교, 언어로 모든 것을 다 설명하려는 종교, 그러나 거기에는 타자도 없고 인격이 담긴 언어와 감성은 존재하지 않는 종교를 함석헌은 강하게 비판한 것이다. 게다가 자기 공동체성에 대한 의식, 공동체의 정체성은 왜 그리 강한가. '우리 교회'라고 하는 것이 있기는 한 것일까? 왜 자꾸 자신의 울타리를 치면서 종파제일주의 혹은 교파지상주의에 빠지려고 하는 것일까? 그것이 결국 자아, 자기를 위한 종교이기주의, 종교패권주의, 종교적 차별과 억압을 낳는다는 것을 모른다는 말인가? 가톨릭, 정교회, 성공회, 감리교, 장로교, 침례교, 성결교 등 서로 구분 지으면서 자기 우월성과 배타성을 갖는 것이 예수 신앙과 무슨 상관인가. 그렇게 구별 짓는다고 해서 그것이 곧 진리 공동체요 하느님 나라의 공동체를 표방한다고 자부할 수 있을 것인가. 함석헌이 말하듯이 그것은 "낡은 감정의 부대를 찾는 것밖에 될 것 없다." 그는 이에 반해 '내 이웃이 곧 우리 교회'라고 말한다. 이게 성서적이다. 어디를 가든지 내 이웃이 있는 곳이 바로 하느님의 교회이자 하느님의 공동체, 예수의 공동체이다.

함석헌은 종단이나 교파를 중심으로 사유하고 종교 생활을 하는 것은 역사의 진보를 방해하는 종교, 하느님의 명령을 거스르는 종교로서 이미 낡은 것이라고 단정 짓는다. 종단이나 교파를 초월하여 초월자가 말하는 의지를 실현하고 예수의 정신을 올곧게 구현하는 종교인이 되어야 한다. 그것 말고는 달리 종교가 중요한 게 무엇이 있겠는가. 종단이나 교파의 정신은 하느님의 마음, 예수의 정신에 기초해야 한다. 그것이 아니라면 그리스도교는 껍데기만 거듭 두껍게 만들어가는 종교에 지나지 않는다. 모든 종교는 함석헌이 주장하는 새로운 종교로 탈바꿈할 때가 되었다. 인격의 종교, 각 종교의 창교자의 화신(化身)이 되려고 하는 종교가 새로운 역사를 창조해나갈 것이다. 그러므로 머물지 말고 자신의 신앙과 종교의 모습을 지속적으로 통찰해야 한다. 머무는 순간 도저히 깰 수 없는 껍데기 속에 영혼이 갇히고 말 것이다.

니체는 "진리를 말할 수 있기 위해, 망명 기한을 앞당기라. 세계가 너에게 반대하도록 그리고 네가 세계에 반대하도록 내버려두라"(니체/강용수 옮김, 『유고(1876년-1877/78년 겨울), 유고(1878년 봄-1879년 11월)』, 책세상, 2005, 98쪽)고 말했다. 함석헌은 이런 니체의 격언을 그대로 실천한 종교 사상가다. 기성 종교가 그를 이단자라고 내몰면서 거북해 하는 심경을 드러내는 것은 그가 자신들의 본질에서 벗어난 치부를 비판하기 때문이다. 그런 의미에서 함석헌을 참 진리와 참 종교를 찾기 위해 종교적 망명을 시도한 사람, 즉 종교적 노마드(religious nomad)라고 할 수 있다.

종교의 집단적 배타성과 종교적 동일성의 문제

종교적 '모임'은 시간이 지나면 고착화된다. 운동성이 상실되는 것이다. 운동과 생성이 사라진 종교는 생명력이 없다. 생명력이 없는 종교가 어떻게 타자를 살릴 수 있겠는가? 그저 자신의 체제를 유지하기 위해서 조직을 만들고 아성을 쌓고서는 타자가 넘보지 못하도록 하는 배타적 집단이 되고 만다. 특히 종교적 모임에 이름을 붙일 경우, 이름(name)은 곧 이름 아닌 것을 배제한다. 그래서 이름은 그 정체성을 분명히 하는 명징함을 나타내지만 그 때문에 오히려 동일성을 갖지 못한 이름은 이름이 아니게 된다. 그로 인해 배타성과 폭력성의 극단적인 현상이 발생하든지 그렇지 않으면 굴욕적으로 동일한 이름을 받아들임으로써 동일한 영역과 안전성을 보장받는다. 동일성, 동일한 이름은 결국 폭력이 된다. 이름을 붙이는 순간 이름이 아닌 존재, 이름이 아닌 공동체는 동일한 공동체로 승인·인정받지 못하기 때문에 언제든지 타자적 존재로 규정될 수 있다. 동일성을 강요하는 종교야말로 폭력성을 적나라하게 드러내는 것이다. 거기에 무슨 사랑이니, 자비니, 인이니 하는 종교의 형이상학적 관념이 내재되어 있다고 말할 수 없다. 그것은 차후 문제다. 먼저는 동일성을 받아들이거나 어떤 일이 있든 간에 동일성을 확보해야만 한다. 이것에 대해서, 종교를 1차원적으로 표현한다면, 생존의 문제, 조직과 체제, 교리 수호를 가장한 거짓 공동체라고 말할 수밖에 없다. 인간적인 배려와 관용은 고사하고 동일성 안에 숨어, 그 동일성을 절대적 가치로 여기면서 외형상으로는 다양성을 용인하는 것처럼 호도한다. 어불성설이다. 검정색을 칠해놓고 우리는 하얀색, 빨강색, 초록색도 다 좋다, 우리의 종교 안에서는 그 어떤 종교적인 것(the religious)도 용납된다고 말한다면 그와 같은 흑색선전이 또 어디 있을까? 그래서일까, 영국왕립학회가 모토로 삼았다던 철학자 프란시스 베이컨(F. Bacon)의 말이 생각난다. "누구의 말도 곧이곧대로 받아들이지 마라"("누구의 말도 그대로 취하지 마라", Nullius in Verba). 동일성은 종교적 권위나 공동체의 권위가 될 수 없다. 이름 아닌 공동체와 개별적 존재에 대해서는 짓밟고 뭉개고 억압하는 폭력적인 종교가 무슨 권위가 있다고 그들의 말을 진리처럼 여기며 동일성을 취하려고 하겠는가. 함석헌은 강력하게 비판한다. "이름을 붙이는 것, 그것은 타락이요 물러감이다"라고.

한갓 조직을 위해서(정진홍, "제도적 절대화"), 그것을 전통이라고 하면서 타자는 알지도 못하고 들어보지도 못한 온갖 교리적인 이름, 의례적인 이름, 종교적인 이름으로 치장을 한다. "이름은 채 하지 못했기 때문에 붙은 빚의 부호다. 이름은 빚이다. 거짓이다, 허물이다." 진실로 속알맹이를 살고 있는 종교라면 굳이 이름을 붙여야 할 필요가 없다. 속알맹이, 그러니까 교조(敎祖)의 가르침이 되었든, 아니면 특별한 종교적 깨달음이 되었든 그것을 명명하려는 것은 그 실재를 파악하고 그렇게 살려고 하는 의지라는 것을 이해할 수 있지만, 시간이 흐르면 본질은 퇴색

되고 이름만 남아서 그 이름을 지키려고 또 다른 타자를 배척한다. 처음에 동일성을 띠고 있던 체제와 조직 내의 존재가 새로운 생성의 힘과 의지를 발하려고 하면 이내 억압하고 출교, 제거를 서슴지 않는다. 진리를 구현하는 공동체가 되어 동일성을 갖는 존재들이 모여 있으니 처음에는 그 이름값을 하려고 했지만 나중에는 그 이름값은 고사하고 그 이름의 명맥만을 유지하려고 안간힘을 쓴다. 그 위기는 내부와 외부에서 동시다발적으로 발생할 수 있다. 이름이 종교 그 자체 혹은 신비와 거룩함 그 자체를 이름(지칭)이 아니게 되면 이름으로 인한 동일성의 위기가 찾아오게 마련인 것이다. 함석헌이 말한 것처럼 이름 붙인 그 동일성이 거짓이라고 판명 났기 때문이다. 이름값을 하려면 이름을 붙여서 색깔을 구별하고 억지로 동일성을 확립·수립·입증하려고 하기보다는, 정형화된 이름을 비형식화하고 생성적 모임을 구축하면서 동시에 생성적 진리를 구현하려 한다면 속알은 여전히 살아 있는 채로 타자에게 암묵적인(tacit) 종교 영역으로 인정받고 승인받을 수 있을 것이다. 묵묵히 동일성의 내용을 살아내지 못한다면 이름은 채무나 다름없다. 무거운 짐처럼 여겨지는 이름이 된다는 것이다. 실제로 이름이 붙여지면 그 이름값을 단단히 해야 한다. 그렇지 않으면 그 이름은 붙이나 마나 한 것이다. 그래서 만일 이름을 꼭 붙여야 한다면 잘 붙여야 한다. 하지만 유사 이래로 이름값을 하면서 그 동일성을 질료로 충실하게 살아온 종교는 몇 되지 않는다. 되레 이름값을 하겠다고 살육을 하고 전쟁을 하는 사건이 비일비재했다. 이름 때문에, 자신의 정체성을 지칭하고 타자를 지시하는 이름 때문에 구별과 구분, 차별과 차등, 계급과 계층을 낳고 역사의 채무가 된 사례가 얼마나 많은가.

하지만 동일성을 갖춘 집단에 들어간 구성원은 그 사실을 잘 모른다.

자신을 객관화하지 못하기 때문이다. 동일성으로 인해서 동일한 사고를 하게 되고 그 습관화된 의례가 몸에 밴 사람은 동일성이 가진 문제를 잘 파악하지 못한다. 그 이름이 주는 이데올로기와 권력, 권위 때문이다. 동일성이 생성적 힘을 발휘하게 되면 동일한 공동체 전체가 발전과 진보를 이룰 수 있지만, 그렇지 않을 경우에는 그 내면을 바라보지 못하는 우둔함으로 인해서 자멸의 길을 걷게 될 수 있다. 동일성을 내면화한 사람은 자신의 문제가 무엇인지 잘 모른다. 종교의 동일성이 주는 마력이 그를 지배하고 있어서 동일성에서 쉽게 빠져나오지 못한다. 종교가 가진 맹점이 그렇다. 심지어 동일성 때문에 자신의 목숨까지도 주저하지 않고 내놓지 않던가. 함석헌은 "조직은 생명에 반대다"라고 주장한다. 달리 말해 동일성은 생명에 반대다, 혹은 동일성은 생성에 반대다라고 바꿔도 괜찮을 것이다. 동일성은 움직이고 변화하는 것을 싫어한다. 그만큼 몸과 영혼, 정신이 무거워지는 것이다. 고착화되고 자신의 동일성으로 둔해지는 것이다. '정신이 무거워진다는 것은 죽어간다는 의미다.'

이에 함석헌은 종교공동체를 그저 '모임'이라고 규정하고 어떤 종교적인 이름을 달지 않았다. 그때그때 실존적인 변화와 생성적인 의지에 따라서 모임을 하고, 다시 흩어지고 다시 모이는 시간성 안에 있는 유한적인 성격의 모임을 고집했다. 다시 말해서 현재의 모임, '지금 여기'(hic et nunc)에서 초월자를 생각하고 그 초월자의 깨달음대로 살려고 말씀을 되새기는 작은 공동체면 족한 것이다. 현재의 종교, 현재의 초월자를 자신의 실존의 근거로 삼으려고 하는 것이 중요하지 과거(그때의 저기)와 미래를 위한 종교는 소용없다. 현재를 살지 못하는 종교는 과거의 죽은 종교, 죽은 교조의 가르침을 기억하며 과거 속에서 살고 회귀하려고 할 뿐, 현재의 문제, 현재의 실존적 삶, 현재의 종교적 과제보다 항상 미래라고 하는 아직 오지 않은 시간으로만 안내한다.

함석헌의 말대로 현재는 죽은 현재가 아니라 산 현재다. 산 현재를 어떻게 살 것인가를 고민하는 종교 모임이 되어야 하지, 종교 모임에 이름을 붙이려고 하는 의지를 통해서 미래를 생각하고 과거를 기억하려고 하는 것은 생생한 현재를 살고 있지 못하고 현재마저도 죽은 시간으로 만드는 것이다. 과거는 현재적 과거이고, 미래 역시 현재적 미래로서 항상 '지금 여기'의 시간성에 충실한 모임이 되지 않는다면 무용지물이다. 그런 의미에서 지금의 종교들이 하는 행위와 발언이 과거와 미래에 초점이 맞춰져 있는 것은 큰 문제다. 함석헌은 "산 현재에 삶을 머무르자는 이 시간은 하늘에 사뭇 들어가잔 시간이다"라고 말한다. 대부분의 종교인이 삶의 시간적 가치를 미래에 두고, 아직 오지 않은 그 시간에 의식과 의지를 두고 살아간다. 하지만 종교는 늘 '지금 여기'라는 것을 명심해야 한다. 어디 진리의 사람들이 과거에만, 또는 미래에만 그 시간적·공간적 의미를 두고 살던가. 그들은 '지금 여기'라는 진리의 세계를 살려고 애를 쓴 존재들이다. 형이상학적 세계, 새로운 세계, 하늘로 향해 있는 존재는 역설적으로 이 땅의 가변적인 시간성 안에서 동일성을 유지·확보하려고 자신을 소진해서는 안 된다. 그 동일성이 자신의 정신을 죽이고 타자를 살해함으로써 본연의 이름값에 반하게 할 수 있다는 것을 한시라도 잊어서는 안 된다.

신앙 언어 '만'(sola)의 문제

    신앙 언어에 '절대'라는 것이 있을까? 절대라는 표현이 갖고 있는 독단이나 오만, 혹은 과신은 자기 자신의 이성과 경험의 범주를 넘어선다. 어쩌면 경험의 한계를 확장해서 그 경험의 절대를 그야말로 절대라는 말로 확정짓고 있는지도 모른다. 오직 그것'만'(only)으로라는 언어 표현이 갖고 있는 속뜻에는 그 한계 영역 밖으로는 인식이나 행위를 확대 재생산할 여지가 없다. 함석헌은 그 '만'이라는 말, 특히 '행함이 아니라 믿음으로만 구원 얻는다'에서 믿음으로'만'을 비판의 표적으로 삼는다. "믿음은 생각뿐이지 사실로는 없다"는 것이다. 그런데 종교인은 왜 거기에 목숨을 거는가. 오해의 소지가 있으니 조금 더 그의 생각을 들어보자. "'만'은 하느님에만 붙지, 있음의 세계에는 '만'은 없다. … 믿음은 땅에 있는 것이니 하늘에 있는 것이 아니다. 땅에서 하늘을 향하는 것이 믿음이다." 당연한 말 같지만 가만히 곱씹어봐야 할 문장이다. 믿음이라는 것, 그것은 초월자에게만 붙일 수 있는 것인데 인간이 그 언어를 자기 것으로 끄잡아 쓰고 있는 형국이다.

    믿음이 있다는 것, 신앙이 있다는 것은 그 실체의 지향성을 하늘에 두어야 마땅하다. 그런데 종교인의 어법과 행위는 믿음을 자신의 것으로 삼는다. 믿음이 있으면, 믿음을 소유하면 구원을 얻는다는 강한 신념 때문이다. 하지만 그 언어는 인간의 것이 아니다. 하늘의 것, 초월자의 것이다. 믿음의 대상이 하늘에 있다는 것은 상징적인 체계에 의해서 구성된 종교적 구조를 나타낸다. 하늘이라는 것은 인간 인식의 범주 바깥이요 한계 영역을 뜻하는 상징적인 언표이다. 따라서 하늘을 믿는다, 초월자를 믿는다는 것은 자신의 인식과 경험의 한계를 무한히 확장하는 말이기도 하다. 그런 의미에서 믿음은 인간의 것이 아니다. 거기에다 '만'을 붙임으로써 인간의 행위를 잠정 유보하고 하나의 안전장치인 것처럼 그 말에 무게를 실어 정작 해야 하는 종교적 행위를 직무유기하게 된다. 앞에 말한 것처럼 '만'은 한계를 긋는 제한어법이다. 그 울타리가 안심을 주기도 하지만 동시에 또 다른 배타성과 폭력성을 낳게 되는 언어라는 점을 직시해야 한다.

　종교 쇄신 혹은 교회 쇄신을 부르짖었던 마르틴 루터(Martin Luther)의 종교적 신념은 높이 살 만하다. 하지만 그가 새로운 교회상을 꿈꾸며 모토로 삼은 '오직'(sola)이라는 부사어는 새로운 배척과 배타를 양산했다. 그 오직 혹은 '만'이라는 것이 문법적으로 형용사가 되어 명사를 꾸며주는 역할을 할 경우에는 더욱 심각한 현상이 나타난다. 그 뜻은 '유일한', '단 하나의'라는 의미로 와전되기 때문이다. 믿음'만'으로(sola fide)는 그 이외에는 달리 다른 방법이 없다는 식으로 한정짓는 용어가 되어 버린다. 물론 그것이 시대적 상황에 따른 문제의식에서 나온 신앙적 고민의 발로였다는 것을 부인하지 않겠다. 다만 그것 역시도 인간에게 해방을 가져다주면서 동시에 구속하는 언어가 되었다는 것을 간과해서는 안 된다. 논쟁과 변론, 혹은 방어와 반박을 위해서 얼마든지 다양한 언어를 구사할 수 있다. 하지만 언어를 사용하는 주체가 발언하는 즉시 그 언어가 갖고 있는 구속력 때문에 주체와 대상 모두에게 족쇄가 되는 언어가 될 수 있다. 언어가 인간의 의식과 행동을 제한하기 때문이다. '만'이라는 구속력이 당시에는 해방의 언어가 되었음은 당연하다. 점차 시간이 지날수록 그 '만'이라는 언어도 고착화된 이데올로기 내지는 사어(死語)가 되다시피 한 구호로 전락하여 거의 역동성을 상실한 것이 아닌가 싶다.

절대가 되어야 한다는 강한 신념은 상대가 되어야 한다. 말은 절대가 아니라 상대여야 한다. 말은 시대성을 품고 있기 때문에 그 말의 시간성에 따라서 의미는 달라지게 마련이다. 하지만 종교인일수록 종교 언어를 절대화하려고 한다. 종교 언어조차도 하늘, 초월자를 다 담아낼 수 없고 묘사할 수 없어서 결국 그것을 존재 자체에게 그저 맡길 수밖에 없음에도 불구하고 말이다. 믿음은 인간의 언어가 아니다. 초월자의 것이니 인간은 다만 그 언어에 영혼을 실어 하늘을 향하는 겸손한 마음을 지니는 것밖에는 다른 방법이 없다. 그것이 믿음이 갖는 순수성이 아닐까. 신이 있음을 믿는다, 신이 도움을 주었음을 믿는다, 신이 구원을 베풀어주실 것이라 믿는다, 신이 이러저러하게 개입하실 것을 믿는다, 신이…, 신이… 등등. 여기에는 믿음을 수단화해서 이미 인간이 신을 자신의 것으로 만들었다는 게 기정사실이 되었음이 나타난다. 단언컨대 믿음'만'이 구원을 얻는다는 것은 자신의 종교 신념이 신을 좌지우지 한다는 걸 의미하는 것이 아니다. 그런데 믿음'만'이라고 하면서 그 믿음으로 초월자를 견주고, 초월자와 거래한다. '만'이라고 했으니 나의 종교적 행위와 상관없이 초월자가 위에서 아래로 복만 주기만 하면 될 일이다. '만'이 가지고 있는 덫이다. 함석헌이 경계하는 것이 그것 아니겠는가. 그래서 믿음은 땅에 있지만, '만'은 하느님에게 있다고 한 것이 아닐까.

거듭 말하지만 '만'은 나의 것이 아니다. 그것은 인간 행위를 기만하는 것이요, 초월자의 소유권을 빼앗겠다는 인간의 발상과 다르지 않다. 함석헌은 "믿음도 쌍으로 된다. 그 위 끝을 믿음이라면 그 아래 끝은 행함이다. 밑에 행함의 불을 피우지 않고 올라가는 믿음의 향내는 없다"라고 말한다. 믿음이 정말 있기라도 한다면 행위라는 상대적 몸짓으로 조화를 이루어야 한다. '만'에다 방점을 찍고 따 놓은 당상이라고 여기는 종교인의 안일함이 얼마나 오늘날의 종교 기만, 선교 기만, 세계 기만을 가져왔는지 자성해야 한다. 또한 '만'이라는 것이 있다면 그것의 지속적인 진리가 현존하고 있는지 자문해봐야 한다. 지속성이 없는 진리라면 '만'은 소용없다. 또 지속적인 진리가 있다면 종교인이 가만히 있어서는 안 된다. '만'의 존재를 이 땅에 구현해야 하기 때문에 종교인은 그에 마땅한 거룩한 몸짓을 게을리하지 말아야 한다. 이에 함석헌은 "계속 없다는 것도 진리지만 계속 있다는 것도 진리다. 계속이란 생각 없이 생명을 생각할 수 없다. 계속이 있는 이상 인간적 활동이 있을 수 없다. 그러므로 땅에서 이미 완전한 영에 이르렀노라 주장하며 모든 인간적 힘씀이 없이 단번에 다 되는 것처럼 주장하는 종교는 모두 협잡종교다"라고 비판한다.

자신과 초월자를 속이지 않기 위해서라도 믿음과 행위는 서로 균형을 이루어야 한다. 행위'만'으로가 아니라, 믿음'만'으로에 무게중심을 실은 것은 생각하고 행동으로 옮기라는 매우 단순한 신앙 논리가 아니었을까? 행위와는 무관하게 초월자에게 단순히 생각을 의탁하기만 하면 모든 것이 다 해결되는 만병통치약이 아니라는 말이다. 함석헌이 믿음은 생각뿐이라고 말한 것은 종교인들이 생각하는 믿음을 약하게 하거나 무시해서가 아니다. 믿음도 '생각'의 일환이라고 해석한 것이다. 믿음도 신앙적 사유와 생각이라는 것, 믿음도 초월자에 대해, 하늘에 대해 생각해야 생길 수 있다는 그 출발 지점을 짚어주고 있는 것이다. 믿음은 추상이 아니다. 실체가 없고 무의미한 것에 의미를 부여하는 신앙적 확신이 아니다. 상상되거나 가정된(이 말에 대해서 종교인은 거부감을 나타내겠지만) 존재에 대해 구체적인 사유와 생각을 하고 그 대상을 위해 반드시 행동으로 옮겨야 하는 것이 믿음이다. 그렇기 때문에 '만'은 자칫하면 종교적 망상이나 환상이 될 수도 있다. 또한 인간을 나약한 존재로 만들기도 하고 반대로 강력한 힘을 발휘하는 신념이 되기도 한다.

'만'의 위대함은 그것이 함의하고 있는 것처럼 어떤 절대성이 아니다. 언어에 자신감이 생기게 만드는 마약과도 같은 성격이 있는 것도 아니다. '만'은 시대의 성찰적 언어라는 점에 주목해야 한다. '만'의 성서적 언어가 다시 16세기의 서구 유럽의 종교 언어가 되었던 것은 종교와 삶의 새로운 가치와 지향을 위해서 해석학으로 만들어진 것이다. 그 언어는 지금도 유효한 언어가 되어야 한다. 열린 언어가 되어야만, 성찰적 언어가 되어야만 종교와 삶에 변화가 생길 수 있다. 곁점이 어디에 찍혀 있는지 다시 기억해야 한다. 그것은 믿음이란 신앙적 사유, 신앙적 반성, 초월자에 대한 다함 없는 지속적인 관심과 지향에서 출발해야 한다는 것을 강조한 것이다. 행동은 자유로울 수 있으나 사유를 기반으로 하지 않은 행동은 아무런 소용이 없다. 신앙적 사유가 그렇다. 믿음도 결국은 사유이다. 거룩한 사유.

사유하는 종교, 도덕적 종교

사유하지 않는 종교는 있을 수 없다. 그저 믿음만 있다고 해서 종교 생활이 다 되는 줄 알지만 생각하지 않고 어떻게 믿음이 단단한 지반 위에 설 수 있다는 말인가. 함석헌이 볼 때, 생각이란 노력함, 힘씀이다. 적어도 믿음이라는 종교적 가치를 지니고 있다고 해서 초월자에게 자신의 욕망을 투사하며 직무유기를 하는 것을 의미하지 않는다. 그는 믿음이란 인간의 노력함, 인간의 행위라는 것을 더욱 강조한다. 믿음이 신앙 행위라고 단정 짓기 전에 믿음을 가져야겠다고 마음먹는 것조차도 나의 의지와 생각이 있어야 한다. 흔히 이러한 시각조차도 내가 믿음을 갖는 것이 아니라 초월자가 믿음을 갖도록 해야 믿음을 가질 수 있다는 논리로 일관하곤 한다. 그러나 사유 이전에 믿음이 생긴다는 것이 가능한가? 믿음이 생기고 사유가 생기는 것이 아니다. 캔터베리의 안셀무스(Anselmus)는 '이해를 추구하는 신앙'(fides quaerens intellectum)을 명시적으로 주창했다. 믿기 위해 이해하는 것이 아니라 이해하기 위해서 믿는다는 것이다.

세기의 신학자 칼 바르트(K. Barth)도 "신학은 교회 공동체의 신앙을 맹목적인 수긍과는 구별되는 '지식(이해)을 추구하는 신앙'의 성격을 갖도록 해야 한다"라고 말했다. 덮어놓고 믿는 것이 아니라 이성적이고 지성적인 이해를 토대로 신앙생활을 해야 한다는 논리라고 할 수 있다. 오늘날 종교들은 무조건 믿으라고만 한다. 믿음만이 구원을 얻을 수 있다는 신앙 논리를 내세워 '무조건'을 강요하는 것이다. 그런데 이해되지 않는데 어떻게 믿을 수 있을까. 알고 있는 것이 있어야 제대로 믿을 텐데, 똥인지 된장인지 맛을 봐야 아는 게 아니라 그것의 실체를 알고 있어야 맛을 보는 실수를 하지 않고 판별하게 된다. 지성적 작용을 멈추고 믿음만 있으면 '단번에' 무엇이 이루어지는 것으로 착각하게 만드는 것, 이것이 현대 종교의 크나큰 오류다. 그래서 함석헌이 "'만'의 종교처럼 위험한 것은 없다"라고 말한 것이다. '만'은 곧바로 이성적 사유를 뛰어넘어 무사유(無思惟, thoughtlessness)의 왜곡의 나락으로 떨어뜨린다. 그것의 대표적 현상이 신앙을 빙자한 '도덕적 거세'라는 극단이다. 신앙 혹은 믿음이라는 것이 종교공동체 안에서 발언될 때는 책임 언어가 되어야 하는데, 매우 무책임한 언어가 되는 이유가 여기에 있다. 믿음만 있으면 모든 것이 다 된다, 다른 것은 생각할 필요가 없다, 도덕적 책임과 노력보다 우선해야 하는 것이 믿음이다, 라는 논리가 선언적 명제가 되면 대중은 그 논리에 취하게 된다. 믿음이면 만사형통인데 군이 도덕적 노력이나 책임이 무슨 소용인가 하는 개인주의적인 신앙으로 치닫게 된다.

생각이 멈춘 그 자리에서는 상식이나 사회공동체적 감각, 의사소통의 보편적 언어나 행위는 아예 꿈꿀 수도 없다. 함석헌은 건전한 종교는 도덕적 실천에 민감하다는 것을 강조한다. 예수도 믿음이 있다고 말로만 떠들어대는 신앙이 아니라 도덕적 행위의 실천을 중시했다. 그렇다면 '만'이라는 언어나 발언을 절대성(absoluteness)으로 인식하면 안 된다. 믿음'만'이 신앙 차원의 언어인지 아니면 개인의 신념 차원의 발언인지도 분명히 성찰해야 한다. 종교공동체 안에서 발언되는 믿음'만'이라는 언어가 도덕적 차원으로 승화되지 못하고 단지 "이상심리적"(異常心理的) 차원에 머무른다면 "협잡종교"나 다름이 없다. 인간의 도덕이성 혹은 정신을 죽이고 오로지 믿음이라는 차원을 강요하면서 종교생활을 강제하는 것은 모두 병리적 신자로 만드는 것이다. 생각이 없는 믿음은 대중으로 하여금 마음을 놓게 만든다. 믿음'만' 있으면 모든 일에 무관심해도 될 거 같은 안도감을 느끼게 한다. 하지만 도덕적 실천과 책임, 도덕적 행위는 인간이 노력하고 힘과 마음을 써야 하는 지난한 일이다. 끊임없이 자신의 도덕이성 혹은 실천이성을 통해서 삶을 점검하고 매순간 바로 서야 하는 일은 귀찮다. 그러니 대중은 종교공동체 안에서 믿음'만'이라고 하는 발언을 선호할 수밖에 없다.

그러면 그럴수록 종교는 망한다. 종교가 인격적 종교, 도덕적 종교가 되지 못한다면 구원을 확증할 수 없다. 사회공동체가 특수한 종교공동체 구성원들에게서 구원을 발견하고, 그 종교를 건전한 종교라고 승인하는 것은 그 종교의 도덕성 때문이다. 함석헌이 "이 병적인 여러 종교와 싸워 건전한 상식적인 도덕적 성격을 민중 속에 세우잔 것이 그 목적이다"라고 말했던 의중에는 무교회주의를 염두에 두고 있었다. 그러나 그보다 더 중요하는 것은 "상식적인"이라는 말이다. 상식(common sense; sensus communis)은 사회공동체가 서로 다른 생각들을 가지고 있고 행위를 한다 하더라도 서로 의사소통을 함으로써 가능한 한 보편적 합의에 이르는 것을 말한다. 상식은 공동체의 보편성과 떼려야 뗄 수 없다. 개별 종교 집단의 신앙 행위가 상식으로 통하려면 단순히 신앙적인 발언을 하는 수준을 넘어서 사회적 통념과 사회 구성원들의 생각이나 사유와 공유된 양식이 있어야 한다.

종교공동체가 상식적인 선도 집단이 되지 못하는 이유는 바로 이러한 사회공동체의 상식을 이해하지 못하기 때문이다. 인터넷과 모바일의 급속한 확산으로 대중이 공유하는 정보 양은 엄청날 정도로 많이 늘었다. 그로 인해 '만'이라는 절대는 상대로 바뀌고, 어제의 절대가 오늘에는 상대로 변하는 시대가 되었다. 대중의 종교공동체에 대한 이해 폭도 달라지면서 그들이 요구하는 상식적인 종교 수준도 높아졌다. 그럼에도 종교는 여전히 대중의 상식 수준을 따라가지 못하면서 퇴보하고 있는 것이다. 대중이 요구하는 건전하고 상식적인 수준의 종교적 특성은 바로 사회공동체보다 더 높은 수준의 도덕적 성격이다. 그것을 사회적 보편성으로 내세워서 적어도 사회가 종교공동체의 도덕적 실천과 행위를 자신의 의무와 책임으로 자리 잡도록 도와야 하는 것이다. 대중은 당대의 상식을 뛰어넘은 상식을 발언하고 생산해낼 수 있는 종교공동체를 원한다고 할 수 있다.

종교가 믿음을 신앙의 초석으로 삼는다 하더라도 현실을 망각하자는 얘기가 아니다. 그런데 종교공동체 안에서 발언하는 수위들은 오히려 현실은 아무런 소용이 없다, 오로지 하늘나라가 중요하다고 역설한다. 현실을 떠난 하늘나라, 현실의 상식공동체를 떠난 하늘나라가 과연 대중에게 설득력이 있을까? 현실을 개혁하고 현실의 고통을 외면하지 않으며, 현실을 바로 잡으려고 노력하는 종교가 대중에게는 상식적인 종교로 통한다. 현실의 문제는 아랑곳하지 않고 오직 나만 잘 먹고 잘살면 된다는 개인주의는 사회적 공통감과는 거리가 멀다. 사회공동체 구성원들이 공통적으로 느끼는 감정과 감각, 이성은 종교가 현실 사태를 제대로 직시하기를 바란다. 종교공동체도 특수성과 개별성을 지닌 사회공동체의 일부다. 따라서 특수성과 개별성이 사회공동체의 또 다른 개별적 존재들이 느끼는 소통적 감정과 감각, 이성과 부합하도록 노력해야 한다. 이것이 바로 함석헌이 말한 "현실을 건지는 것이다." 현실을 건진다는 것, 현실을 구원한다는 것은 사회공동체가 공통으로 느끼는 감정과 감각, 이성을 도덕적 상식으로 품으려고 할 때 발생한다.

함석헌은 그러려면 "가장 작은 정도의 조직이 필요하다"라고 주장한다. 물론 그 조직은 무교회라고 말할 수 있다. 사회공동체의 상식적인 합의나 소통을 끌어내기 위해서 운동의 성격을 지닌 가장 작은 공동체는 사회적 공통감을 더 건강하고 풍요롭게 하기 위한 것이다. 무교회 혹은 종교의 아나키즘적 특성을 지닌 공동체는 사회공동체의 느낌과 감정, 감각과 이성을 폭압적으로 내리누르고 강제하지 않는다. 함석헌이 말하는 가장 작은 공동체는 도덕적 성격, 도덕적 실천과 행위, 도덕적 노력을 통해 현실을 구원하려고 사회적 상식을 높이며 사회공동체를 이끌어나가는 작은 힘이 되고자 하는 데 존재 가치가 있다. 설령 무교회나 아나키즘적 종교라 하더라도 이 공동체 역시 사회공동체의 개별성과 특수성을 지닌 무리일 뿐이라고 해야 할 것이다. 규정된 공동체, 혹은 대규모의 공동체로서 사회공동체에 군림하려는 것이 아니라 가장 작은 특수한 한 공동체로서 종교 고유의 도덕성을 사회공동체와 연동(운동)하면서 무한한 리비도가 발산되도록 생성·계몽하려는 것이다. 무교회는 사유 없는 신앙을 발언하지도 않거니와 상식 없는 공동체로 퇴행하지 않는다는 점에서 한번쯤 주목해볼 만하다.

종교, 삶-짓의 다름

교회, 무엇이 문제인가? 이 물음은 교회가 문제 있다는 현실에서 출발한다. 물론 사람들이 모이는 곳이니 문제가 없을 수는 없다. 하지만 계사(繫辭, copula) '~이다'는 존재, 즉 '있음'을 나타내는 존재론적 지칭어라는 데 더 심각한 문제가 있다. 언제부터인가 교회는 무엇무엇이다, 라고 말하는 것이 아니라 교회는 무엇무엇이 문제이다, 라는 식으로 인구에 회자된다. 그렇다면 교회는 무엇이 문제인가? 환대(hospitality)가 사라졌다. 환대라는 말은 환영(welcome)이라는 의미 이상의 것을 품고 있다. 돌보고 품는 역할 그리고 타자가 공동체 안에 들어왔을 때는 어떤 경우에도 '적'(hostis)으로 간주하지 않겠다는 의지이다. 공동체에 들어온 모든 사람(그리스도인뿐 아니라 익명의 그리스도인조차도)은 다 하느님의 자녀요 동일한 식구(한 솥밥을 먹는 사람들)이다. 그런데도 그 사람이 공동체에 득이 되는지 실이 되는지, 헌금을 많이 내는지 적게 내는지, 일을 잘하는지 못하는지, 양적 성장에 도움이 되는지 방해가 되는지 등을 꼼꼼히 따져가면서 구분하고 구별하고 차별한다. 예수가 어디 그런 분이셨던가? 그런데 이상하게도 제도적, 전례적 교회들은 내부 배타성이 심하다. 관용과 포용, 이성이라는 좋은 신앙적 모토가 있음에도 그 색깔이 전혀 드러나지 않는다. 타자가 공동체에 왔을 때 환대받지 못하는 것은 그 사람이 내부 사람이 아니기 때문이다. 이상한 논리다. 반드시 동일한 색깔의 사람이어야 환대받을 수 있다. 다양한 신앙 색깔을 인정한다고 하면서 오히려 하나의 색깔이 아니니 당신은 발언권도, 공동체 구성원으로서 권리도, 심지어 의례를 드릴 때 배려 받을 권리도 없다는 식의 대우가 특수한 종단 내부에 팽배하다.

교회가 선교(mission)를 말하지만, 이것은 양적 성장을 일컫는 개념이 아니다. 그저 파송(missa; mitto)이다. 삶의 자리에 나가서 예수의 말씀대로, 하느님의 말씀대로 사십시오, 라는 의미가 강하다. 그렇게 살다보면 예수의 말씀이 몸-짓이 되고 몸-짓이 삶-짓이 되고 삶-짓이 신앙-짓이 된다는 사실을 알게 된다. 하느님의 선교는 그렇게 몸-짓, 삶-짓, 신앙-짓이 따로 분리되어 있는 것이 아니기 때문이다. 삶-짓으로 보여주어야 할 신앙-짓이 가볍게 되고 신앙-짓을 말하는 발화자가 책임을 지지 못하는 비이성적, 비논리적, 심지어 비신앙적 말을 늘어놓을 경우 교회 공동체 구성원의 의식은 삶-짓과 신앙-짓이 일치되지 못하고 마는 것이다. 그러므로 교회의 몸-짓에서 신앙-짓에 이르기까지 모든 과정에 1차 책임은 사목자에게 있다. 발언의 수준, 다시 말해 발화자의 해석학적 능력에 따라서 종교인들의 교회관 혹은 교회론이 정립된다고 해도 과언은 아닐 것이다. 그런 의미에서 본다면 발화자의 해석학적 능력 혹은 텍스트를 보는 깊이와 콘텍스트를 연결 짓는 넓이에 따라서 그 공동체의 정신, 의식, 신앙 수준, 삶의 행위의 수위가 달라진다고 말할 수 있다. 그러나 불행하게도 교회에서의 직접적인 발화자 혹은 주된 발화자는 그러한 능력을 갖추고 있지 못하다.

이것이 교회 선교에서 그저 강압적이고 표피적인 양적 성장을 강요하는 이유이기도 하다. 삶-짓도 모르면서 매번 신앙-짓만 강요하는 것은 몸-짓이 그렇게 연출되지 못하도록 한다. 사목자가 공동체를 일정한 목적과 목표를 가지고 이끌어가는 것은 중요하다. 하지만 그것이 자신의 이익과 영달, 혹은 명예를 위한 것이라면 문제가 심각하다. 충실하고 진실하게 물어야 할 것은 그것이 과연 성서적인가, 하는 것과 나의 사욕과 전혀 무관한 교회 공동체의 현실적인 자리를 개선하기 위한 예수 운동의 연속성을 갖는 교회를 만들기 위한 것인가, 하는 것이다. 그렇지 않고 자신의 자리와 지위, 권위만을 생각하는 경우 어떤 공동체나 교회라고 해도 본질적인 신앙의 목적을 달성하기 어렵다. 교회가 진정한 교회가 되려면 신자들의 삶-짓이 달라지도록 만들어주어야 한다. 만족할 만한 이성적 합의, 의사소통 구조를 가지고 삶-짓의 수준이 높아지도록 해준다면 그게 곧 예수가 말하는 예수 따르미의 진정한 삶을 실현하는 것이다. 교회의 존재 이유는 한 사람이라도 더 전도해서 교회를 채워야 한다는 이른바 건축물적 교회 성장이 아니다. 사람들이 처한 삶의 자리에서 그리스도인이라면 예수의 시선을 가지고 어떻게 삶-짓을 달리할 것인가를 고민하게 만들고 그 고민을 승화해나가도록 힘을 북돋아주고 교육하는 것이 교회의 선교여야 한다. 칼 바르트는 다음과 같이 말했다. "교회 공동체(die Gemeinde)가 하느님의 말씀을 설교하고 성경적 증언들을 해석하며 신앙하는 일에 있어서 잘못 이해하고 잘못 말할 수도 있으며, 하느님의 일에 대하여 세상에 도움을 주기는커녕 방해를 줄 수도 있다. 교회 공동체는 이것이 일어나지 않도록 매일 기도해야 할 것이요, 자신의 임무를 진지하게 수행하지 않으면 안 된다. 이 작업이 바로 신학적 작업이다. … 신학은 교회를 섬기되 특히 교회 내에서 설교, 교육, 목회상담을 떠맡은 지체를 섬긴다. 신학은 이들의 인간적인 말이 하느님의 말씀과 올바른 관계를 가졌는가를 항상 새롭게 물어야 한다. 이 하느님의 말씀은 저들의 말의 근원이요, 대상이요, 내용이기 때문이다."

프랑크푸르트학파 철학자 허버트 마르쿠제(H. Marcuse)는 "주관(die Subjekt)은 이성의 소재지이며, 주관에서부터 객관(Objektivität)은 이성적으로 되어야 했다"라고 비판했다. 교회 공동체 안에도 암묵적으로 주관과 객관 혹은 주체와 대상이 있어서 마치 발화자는 늘 주체이지만 경청자는 대상의 관계로 설정되어 있다. 발화자는 이성 곧 권력자로 군림하고 지시하고 감독하는 사람이 되는 셈이다. 그런데 기실 교회 공동체 안에서는 성직자와 평신도 모두 다 주체이자 대상이다. 하느님 앞에서 당신의 말씀대로 몸-짓을 형성해야 하는 존재이기에 대상이고, 삶의 자리에서 어떻게 신앙-짓과 삶-짓을 조화해나갈 것인가를 고민한다는 차원에서 보면 주체이기도 하다. 주객이분도식의 교회 공동체 모습을 타파해야 성직자와 평신도가 신앙-짓을 위해서 함께 고민하고 하느님 나라의 공동체를 함께 꾸며갈 수 있을 것이다.

전통적인 위계구조를 가지고 있는 종단일수록 이분도식의 수직적 신앙 체계로 운영한다. 대부분의 종교가 그러한 모습을 띠고 있을 때 발화자와 경청자 사이의 권력 작용에 따른 종속 관계가 성립될 수밖에 없다. 말을 한다는 것은 권위와 권력, 권리와 권한을 지니고 있다는 뜻이다. 그렇지 않으면 말할 자격조차 없다. 거기에서는 수평적인 의사소통이 이루어질 수 없다. 아무리 제도상으로 의사소통 창구가 마련되어 있다고 말은 하지만 실상은 자본과 권력을 지니고 있는 사람들의 발언권이 강하다. 거기에서 교회의 민주적 방식의 발언과 신앙의 서술은 불가능하다. 이것이 교회가 병들어가고 있고 사람들에게 외면을 당하는 이유 중 하나이다. 공동체도 중요하고 그 조직을 운영하려면 최소한의 체제와 제도가 있어야 하는 것은 사실이지만, 여전히 중세적 방식을 고수하고 고답적이고 때 지난 전통을 고집한다면 현대의 민주주의적 신앙-짓, 삶-짓과 괴리가 발생하다 못해 개인의 자유로운 신앙의 서술과 행위를 통제하게 된다.

이것을 극복하려면 권위주의, 중세주의, 위계주의, 권력주의, 자본주의(함석헌은 이를 강하게 비판한다)를 벗어나서 개인의 자유를 존중하는 민주적 종교공동체를 지향해야 한다. 성직자와 평신도의 이원화되어 있는 구조는 환대하는 교회, 하느님의 선교, 질적 성장(삶-짓의 성숙)을 가져오기 어렵다. 성직을 없애자는 얘기는 아니지만, 성직이 곧 권위, 주체, 권력, 자본을 상징하는 자리가 되어서는 안 된다는 의미이다. 성직자도 평신도와 마찬가지로 자신의 삶의 자리에서 동일하게 삶-짓을 고민하는 사람이다. 전문가 정도는 될 수 있어도 자신의 발언을 마치 절대적인 양 호도해서는 안 된다. 자신의 해석학적 능력의 한계를 인정하고 해석학적 언어에 따라서 종교인들이 함께 그 방향을 바라보면서, 설령 다르더라도 설득의 언어를 구사하여 종교공동체가 나아가야 할 신앙의 목적지를 함께 사유하는 사람이 되어야 한다. 그런 측면에서 우리가 물어야 할 것은 이분 위계구조에서 '나를 따르라'고 발언하는 성직자의 현존재의 근본문제일지도 모른다.

한국 사회는 고령사회가 되었다. 그런데도 여전히 종교공동체가 양적 성장에 매달린다면 사람들은 종교를 버거워할 것이다. 이럴 때 종교공동체는 그들의 삶-짓의 질을 어떻게 충족해줄 것인가를 생각하면서 사목을 계획해야 한다. 사목적 서비스가 고루해서는 안 된다. 또 종교공동체 구성원의 의식도 현대 사회가 요구하는 삶의 방향성과 어떻게 조화를 이룰 것인가를 고려하면서 성직자와 평신도가 서로 부담을 주는 신앙-짓과 몸-짓이 되어서도 안 될 것이다. 먹고 살기 위해서 그리고 단순히 하늘나라에 가기 위해서 사목-짓이나 신앙-짓을 하는 게 아니다. 지금 여기에서의 삶-짓을 행복하게 하기 위해서 하는 것이다. 종교가 그것을 진지하게 고민할 때가 되었다.

민중의 수신과 종교적 현실 인식

　민중(씨ᄋᆞᆯ)은 어떤 존재일까? 어떤 존재의 상태에 있는 것일까? 민중이 외마디 소리도 지르지 못하고 그저 굴종적으로 살아가는 것은 아닐까? 함석헌은 그런 민중을 두고 죽은 민중이라고 말한다. 자각이 없는 민중, 한숨 쉬는 민중, 굳센 성격이 없는 민중으로 대변되는 이 시대에 더더욱 산 민중이 요구되는 것은 기이한 일도 아니다. 『대학』(大學)은 수신(修身)이란 정심(正心), 곧 마음을 바르게 함이라고 가르친다. 자신의 몸과 마음을 닦는 가장 기본이 되는 것이 마음을 바르게 함인데, 민중은 거센 정치경제적 세파에 자신의 수신도 할 수 없는 지경이 되지 않았나 하는 생각을 해본다. 민중이라고 해서 수신이 없이 자신의 이익만을 생각하고 대의를 위한답시고 물불 가리지 않는 막무가내식 행동주의자를 의미하지 않는다. 함석헌이 생각하는 '밝은 판단과 굳센 의지'는 민중의 성격이어야 한다. 그런데 이 성격은 그냥 만들어지는 게 아니라 바로 수신, 곧 마음을 바르게 함에서 비롯된다. 민중이 민중으로서 분명한 정체성을 가지고 민중으로서 힘을 발휘하려면 결코 후한무치해서는 안 된다. 민중도 민중 나름의 수신이 이루어져야 민중의 언어와 행위를 평가절하당하지 않는다.

특히 이러한 민중을 혹세무민하게 만드는 것이 종교다. 구원을 앞세운다는 명분으로 종교가 현실에 대해서는 등한시하거나 회피하는 것은 민중으로 하여금 관념의 세계에만 머무르게 하기 때문이다. 세계가 어떻게 민중을 지배하려고 하는지, 정치나 경제가 어떻게 민중의 자유를 억압하는지 잘 간파하지 못하고 관심도 기울이지 않는 종교가 피안의 세계를 말한다는 것이 얼마나 허망한 일인가. 그러므로 영혼이 구원을 얻으려면 먼저 도덕적인 인격을 갖춘 자유의 사람이 되어야 한다. 도덕적 인격의 자유의 사람이 된다는 것은 현실의 문제를 외면하지 않는 종교인이 된다는 것을 뜻한다. 전통적인 도덕심리학에서 도덕적 반성이란 곧 이성의 실행을 뜻한다. 다시 말해서 스스로 해야 하는 것을 결정하는 것은 도덕적 반성을 요구한다는 것이다. 여기서 중요한 것은 자신의 이성을 통한 자기 결정력이라는 부분이다. 도덕적 행위를 한다는 것은 도덕적 규칙에 얽매이는 것이 아니라 오히려 자기 자신의 이성을 자유롭게 사용할 수 있는 권리를 획득하는 것이다. 함석헌이 말하는 도덕적 인격을 갖추고 자유로운 인간이 된 민중이란 이를 두고 한 것이라고 할 수 있다.

민중이 현실을 인식하는 데 좀더 정확하고 분명한 시각을 가질 수 있도록 도와주는 역할을 종교가 해야 한다. 종교는 민중이 도덕적 인격을 갖춘 존재가 되도록 기능해야 하는데 오히려 민중의 눈을 더 가리고 현실에 대한 판단을 흐리게 만드는 아비투스(Habitus)를 체득하게 한다. 종교는 민중이 가진 이성을 통해 스스로 사유하고 판단할 수 있게 그 이성의 성숙을 꾀하도록 도와주어야 한다. 종교가 이성을 억압하고 특수한 종교적 관념으로 무장시킨다는 것은 사회적인 보편 이성과 충돌을 야기한다. 보편 이성과의 만남 그리고 도덕적 인격으로서의 행위가 상호 소통이 이루지지 않으면 종교는 민중을 우민화하는 것밖에 되지 않는다. 종교 혹은 종교인이 도덕적 인격을 표상한다고는 하지만 그것이 설득력이 없는 이유는 개별 인격을 무시한 보편적이지 않은 발화와 행위를 하기 때문이다. 종교적 회개나 회심 그리고 거듭남 혹은 신독(愼獨), 무아(無我)를 깨닫는다고 하더라도 결국 수신의 경지, 마음을 바르게 함으로 귀착되지 않는다면 도덕적 인격과 자유로운 인간상으로 변했다고 말할 수 없다. 그런 의미에서 민중이 무지렁이라 지배하기 쉽다는 지배계층의 통념을 뒤엎고 민중의 힘을 폄훼하지 않도록 하기 위해서는 민중의 수신은 반드시 필요하다. 이에 종교는 제대로 된 수신을 가르칠 의무가 있다. 그렇다고 해서 수신은 개별 종교인이나 민중의 내면만 강조하고 자기중심주의 사유와 행위만을 지향하지 않는다. 『대학』의 〈팔조목〉(八條目)에서 알 수 있듯이 수신은 현실의 삶과 세계 지평의 무한한 확장을 위한 기본 덕목이다. 수신은 민중이 현실을 인식하고 현실 세계에 적극 참여하기 위한 첫 발판이다. 이에 대한 함석헌의 생각은 이렇다. "목적은 하늘에 있으나 일은 땅에 있다. 땅을 박차지 않고 날아오르는 새는 하나도 없다. 이 의미에서 예수께서 기도를 가르치실 때에 '나라가 임하옵시며 뜻이 하늘에서 이룬 것 같이 땅에서도 이루어지이다' 하셨지, 땅을 버리고 곧 하늘로 올라가게 해주십사 하시지 않은 것은 깊이 새겨 알아야 할 말씀이다. 현실을 피하고 구원은 없다."

현실을 외면한 민중과 종교는 결국 지배자의 논리와 권력을 합리화해주는 것밖에 되지 않는다. 민중이 현실의 고통과 모욕, 제국주의자들의 횡포에 대해서 말하지 않는 것과 종교가 그것을 묵인하는 것은 직무유기나 다름없다. 말하고 행동하는 것, 자신의 인격과 자유로 세계의 인격화와 자유화를 위해서 분노하고 투쟁하는 것이야말로 민중과 종교가 해야 할 일인 것이다. "정말 종교는 민중을 취하고 잠들게 하는 것이 아니요, 불러일으켜 싸우게 하는 것"이다. 그래야 죄악에 눈감지 않고 맞서 겨룰 수 있다. 압제와 지배, 거짓과 위선의 정치경제에 저항하고 이 땅의 유토피아를 위해서 구원을 현실화하는 것이 종교요 민중이다. 구원을 관념화하고 종교공동체를 개인의 영달을 위한 피안의 장소로 인식하는 순간 현실 세계는 혁명과 개혁의 장소가 아니라 자기이익과 목숨을 위한 임시 세계가 될 뿐이다. 대부분의 종교가 이 세계는 영원한 세계가 아니라고 가르친다. 참된 세계, 이데아의 세계는 다른 곳에 있다는 논리로 가시적 세계와 비가시적 세계를 나누는 이분법적 신앙 체제를 들이댄다. 종교가 민중으로 하여금 이 세계를 치열하게 살도록 만들지 못하고 자신에게 있는 힘에의 의지, 세계에의 의지를 발현하지 못하는 것도 그러한 이유이다.

종교의 순기능을 비판하는 것이 아니다. 종교의 순기능만 오로지 강화되면 체제에 순응하게 되고 삶의 모순을 타파하려는 의지가 약화된다. 그렇다고 민중이 니체가 말한 운명애(Amor Fati)처럼, "이것이 인생이더냐, 좋다! 다시 한 번"과 같은 당돌한 자세를 가진 것도 아니다. 종교가 삶의 목적을 알려주며 깨우쳐주기도 한다. 민중 스스로가 자신의 무지의 알을 깨고 나오지 못할 때는 종교가 그렇게 해주는 것이 마땅하다. 하지만 종교가 민중의 자의식과 자기 인식을 타율화하는 데 일조해서는 안 된다. 종교생활을 하면 할수록 자율적 인간, 수신적이고 수양적 인간이 되어야 하는데, 종교만이 구원의 담지자라고 생각해서 종교적 체제에 순응하고 자신을 타자의 의식과 욕망에 따라서 형성되도록 하면 안 된다. 종교가 구원을 가져다주는 것이 아니라, 민중 안에 있는 구원을 스스로 깨닫도록 하는 것, 구원을 스스로 인식하도록 하는 것, 자기 안에서 살아나도록 하는 것이어야 참되다고 할 수 있다. 누가 누구를 계도할 수 있는 것은 아니다. 민중이 민중으로서 노릇을 못하는 이유는 그들이 우매해서가 아니라 민중이 지니고 있는 자의식, 이성, 판단능력 등을 스스로 깨닫지 못하기 때문이다. 그런 의미에서 구원이라는 것도 제도 종교들과 제도 성직자들에 의해서 좌지우지될 수 있는 것이 아니다. 구원은 누구에게나 열려 있다. 다만 스스로 깨닫고 자기 안에서 피어나게 하고 살게 하느냐 하는 것이 관건이다. 그것을 자꾸 덮으려고 하는 종교가 민중을 우매하게 만들 뿐이다.

그렇게 민중이 순응적인 존재가 될 때 사회악, 사회구조적인 모순과 현실에 눈을 돌리고 관심을 기울여 고쳐나가려는 몸-짓을 버거워한다. 이미 그렇게 고착화되었기 때문이다. 이제라도 종교는 민중으로 하여금 스스로 깨인 이성과 인격, 자유를 가지고 사회적 구원을 위해서 맞서라고 말해주어야 한다. 삶의 현실과 국제적·사회적 현실의 악에 대해서 민중의 결사체인 종교, 민중의 조직적 활동인 종교가 나서야 한다. 자본에 의해서 배부른 종교는 결코 그렇게 못 할 것이다. 하지만 반드시 알아야 한다. "현실의 죄악과 싸워 이김으로 나타나는 하느님, 그것이 곧 그리스도"라는 사실과 "우리 종교는 현실적 과학적이어야 한다"는 것을 말이다. 그리스도는 관념이나 가상이 아니라 현실을 분석비판하고 적극적으로 개입하는 실제요 실재(real)이다.

종교, 도덕적 결벽증의 저항
— 번스타인과 사르트르의 논리를 중심으로

왜 우리는 종교인이면서 다른 비종교인이 혹은 심지어 종교인이 실수나 죄책이나 범죄를 저질렀을 경우에 격한 분노를 표현하며 비판하는가? '나는 종교를 가지고 있으면서 적어도 윤리적이고 도덕적이다'라는 자신감 때문인가? 그것도 아니면 내가 믿는 신 앞에서 나는 당당하다고 믿기 때문인가? 자신은 의롭다고 여기는 바리사이파 사람과 죄인이라고 감히 얼굴도 들지 못하는 사람들의 이야기를 통해서 진정한 신앙의 자세를 언급하신 예수님의 이야기를 읽어보지 못했는가?

복음서에 보면 예수님은 무한한 용서를 말씀하셨다. 예수님조차도 무한한 용서와 관용 그리고 관대함을 실천하셨는데 왜 용서를 해야 할 인간이 같은 인간에 대해서 그렇게 모진 비난과 비판을 쏟아내는 것일까? 그럴 경우 마치 그가 희생양이라도 된 듯이 그를 비판의 도마 위에 올려놓고 심할 정도로 난도질한다. 그에 대해서 본질 환원을 거쳐서 순수 의식과 순수 자아를 통해서 그 사태를 잘 인식하지도 못하면서, 나의 일이 아닌 듯이 쉽게 말을 쏟아내곤 한다. 그것이 객관적인 분석과 통찰이라고 말하지만 실상은 자신도 주관적 평가에서 자유롭지 못하다. "우리는 볼 수 있는 것만 본다." 유명한 책 『지각의 현상학』을 쓴 프랑스의 철학자 모리스 메를로-퐁티(Maurice Merleau-Ponty)의 말이다. 사람과 사태를 부분만 보고 전체를 판단한다는 말인데, 현상학적인 환원을 통해서 전체를 읽어내는 훈련이 된 사람이 아니라면 사실 본질을 호도하기 십상이다. 종교적이 된다고 해서 도덕적이어야 한다는 논리는 타당하지 않다. 오히려 도덕적이 된다고 하는 것이 종교적일 수 있는 가능성이 있다고 말하는 것이 보편적인 판단일 것이다. 도덕의 외연이 종교의 외연보다 더 넓은 것이다. 그러나 흔히 종교인은 자신의 종교관이나 신앙관으로 타자를 판단한다. 자신의 종교적 관념이나 신념이 절대적이라 생각하기 때문이다. 이에 대해 미국의 철학자 리처드 번스타인(Richard J. Bernstein)은 "종교적 신앙이 선과 악을 알기 위한 충분한 기초라고 무비판적으로 가정한다면, 이는 세계 종교에서 가장 중요한 점을 모독하는 것이다. … 칸트는 도덕적 진술들의 정당화는 우리의 종교적 신념과 무관한 것이어야 한다고 주장했다. 우리는 우리의 도덕—옳은 것과 그른 것, 좋은 것과 나쁜 것에 관한 우리의 생각—을 종교적 양육을 통해 배울 수 있다. 하지만 이것이 곧 우리의 도덕에 대한 정당화가 종교적 신념에 기초해야 한다는 것을 의미하지는 않는다"라고 주장했다. 이보다 앞서 칸트는 "도덕은 그 자체로 종교를 전혀 필요로 하지 않는다. … 그것은 순수실천이성에 의해서 자기 충족적이다"라고 단언했다.

우리는 종교를 가지고 있거나 혹은 종교생활을 하면서 과도한 반복 강박에 시달린다는 사실을 잘 모른다. 도덕적 강박증, 혹은 도덕적 결벽증에 빠져서 다른 사람을 판단하고 비판하는 일에 매우 적극적이다.

그것도 자신의 종교적 신념을 절대화해서 말이다. 계속해서 리처드 번스타인은 "우리는 자신의 종교적 신념이 자신의 도덕적 확실성에 분명하고도 단일한 정당화를 제시한다고 생각하면서 자신의 종교적 신념에 호소하는 사람들에 대해서 비판적이어야 한다"라고 말한다. 도덕적 정당성은 인간의 보편 이성에 기초해야 하는 것이지 특수한 종교의 신념 체계를 따라서는 안 된다는 말이다. 종교도 가류주의(fallibilism), 즉 절대적이고 교정이 필요 없는 지식이 아닐 수 있다는 사실을 겸허하게 받아들여야 한다. 다시 말해서 적어도 종교인 자신도 가류주의적 회의주의(fallibilistic skepticism)에 시선을 돌릴 수 있어야 한다. 종교적 신념이 항상 옳다, 혹은 종교적 신념만이 타자를 판단하고 재단하는 데 절대적인 도덕규범으로 작용한다는 지나친 확신은 타인에게 심리적 상처를 주며 인신공격과 테러까지도 불사하게 만든다. 그래서 번스타인은 "우리는 종교적 신앙과 이데올로기적 광신주의를 혼동해서는 안 된다. 그리고 우리는 이데올로기적 광신주의가 나타날 때마다―그것이 종교적인 형태를 보이든 아니면 비종교적인 형태를 보이든 상관없이―그것에 열정적으로 맞서야 한다. 우리는 적을 악마화하고, 잘못된 이분법을 강요하면서 복잡한 현실을 지나치게 단순화하며, 확실성에 대한 허울 좋은 주장을 하고, 비판적 사고를 훼손하는 가운데 이루어지는 악의 남용에 열렬히 반대해야 한다"라고 강변한다.

타자를 사적으로든 공적으로든 비판하고 비난하는 것은 자신의 주관적 신념과 판단에 따라서 이루어지는 행위다. 그런데 거기에는 알게 모르게 우리 자신이 타자를 악마화하고 있다는 사실을 간과하고 있다. 그 저의에는 올바른 신앙관보다는 이데올로기화되어 있는 종교적 신념이 흐르고 있기 때문이다. 잘못을 저질렀다는 타자는 악이 되고, 그 반대편에서 적어도 그런 행위를 하지 않았다고 자부하는 자신은 선이 되는 이분도식의 인식이 타자를 몰아세우게 되는 것이다. 이것은 거듭 번스타인이 말하듯, "주관적인 도덕적인 확신(subjective moral certitude)이 추정된 객관적 도덕적 확실성(objective moral certainty)으로 치달아 내려가는 오류의 비탈길"적 사유인 셈이다. "정말 위험한 것은 악을 절대화하는 것이다."

사르트르는 "도덕의 내용은 변할 수 있지만 그 도덕의 일정한 형태는 보편적인 것이다"라고 말했다. 보편성과 형식주의는 그 도덕성을 담아내기 위한 철학적·종교적 장치이다. 그렇다면 종교에서 그 보편성과 형식주의의 기초는 무엇이 되어야 하는가? 사랑과 용서와 관용이다. 타자가 어떠한 사태와 행위를 발생시키더라도 용서와 관용이라는 그릇에 담을 때는 그에 대한 평가와 비판이 자못 신중할 수밖에 없다. 타자가 잘못이나 오류, 심각한 범죄를 저질렀다고 하더라도 나도 그럴 수 있다, 나도 그러한 한계를 지닌 인간이다, 나도 그렇게 취급당할 수 있는 타자가 될 수 있다는 것을 잊지 말아야 한다. 경험을 하지 않은 이들의 이론과 실천적 한계는 사변에 그치거나 남의 일로 여기는 데서 드러난다. 도덕적 절대주의도 문제지만 종교적 신념을 가장하여 마치 자신이 신의 대리자인 양 타자를 재단하는 종교적인 도덕적 절대주의가 더 심각한 문제다. "한나 아렌트에 따르면, 판단 작용(judging)은 타인들과 세상 공유하기(sharing-the-world-with-others)를 실현시켜주는 중요한 활동이다. … 판단 작용은 우리가 '모든 이의 처지에서 생각하게' 해주는 '확장된 멘탈리티'(enlarged mentality)를 요구한다고 말한다." 이제는 종교인의 멘탈리티, 즉 정신이나 마음이 타자에게 얼마나 열려 있느냐가 관건이다. 타자에게 무한히 확장된 멘탈리티는 가능한 한 타자에 대한 평가나 판단, 재단, 비난, 비판에서 자유로워질 때 가능하다. 자유롭다는 것은 언제든 타자의 처지에 서서 생각할 여지가 있다는 것이다.

타자에 대해서 온당한 평가를 하려면 도덕적 결벽증에서 자유로워야 한다. 되레 도덕적 결벽증과 강박증에 저항해야 한다. 그것이 종교 본연의 모습이다. 깨끗하고 숭고하려고 하면 할수록 배타적이고 이분법적인 인간, 이분법적인 종교가 될 수밖에 없다. 사르트르는 "앙가주망이 생기자마자 나는 나의 자유와 동시에 타인의 자유를 원하지 않을 수 없으며, 내가 또한 타인의 자유를 목적으로 삼아야만 나의 자유를 목적으로 삼을 수 있는 것이다"라고 말했다. 우리가 할 수 있는 일은 타자를 수단이 아니라 목적으로 대우하는 일이다. 그것은 내가 어느 누구로부터도 판단이나 비판, 비난을 받지 않을 권리와 자유를 가진 것처럼 타자 역시 나와 똑같은 목적적 존재로 바라보아야 한다는 것을 의미한다. 이쯤해서 함석헌의 말을 새겨보자. "사회악과 싸우기 위해 우리의 겨누어야 할 목표는 둘이다. 하느님과 민중, 둘이 하나다. 하느님이 머리라면 그의 발은 민중에 와 있다. … 하느님 섬김은 민중 섬김에 있다." 그렇다면 하느님과 민중은 떼려야 뗄 수 없다는 말일 터인데, 민중, 곧 타자에 대한 판단작용을 그렇게 쉽게 할 수 있는지 의문이다. 신중에 신중을 기해야 할 것이 타자에 대한 도덕적 비판과 판단이다. 그러기 전에 타자의 안타까운 심정과 현실이 하느님의 고통이라고 생각해보면 안 되는 것일까? 설령 그것을 내 이성으로 이해할 수 없을지라도 말이다. 언제 단 한 번이라도 타자와 공유하는 세계를 다 파악한 적이 있었던가?

초월자에 대한 지향 의식과 존재론적 삶

  신은 하나-임(님), 즉 하나이신 님이다. 하나이기 때문에 그는 하나
님 혹은 하느님이다. 모든 존재자는 그 하나에서 흘러나오고 그 하나로
다시 흘러 들어간다. 따라서 그는 하나라고 불러야 마땅하나 규정할 수
없는 존재이기에 또한 님(임, Being: 任)이라는 지칭이 따라 붙어서 존재
그 자체이면서 동시에 무규정자에 대한 존칭으로 표상되어야 할 존재
이기도 하다. 그런데 님을 님답게 만드는 것은 님 자신에 의해서 존립하
는 것이 아니다. 그 존립을 가능하게 하는 타자인 민중이 있어야 한다.
님을 지시하고 그것이 존재 자체라는 것은 언어로서가 아니라 운동의
방향성을 늘 민중에게 두고 있기 때문이다. 민중의 운동성과 민중의
언어에서 존재 그 자체는 바로 임(Being) 혹은 존재의 있음(being)이 드
러난다. 함석헌은 그것을 "하느님이 머리라면 그의 발은 민중에 와 있
다. 거룩한 하느님의 발이 땅을 디디고 흙이 묻은 것, 그것이 곧 민중이
다"라고 말함으로써 님과 민중의 필연적 관계를 적시하고 있다.
  함석헌은 하느님이 님이 되고 또한 그 님이 존재 그 자체와 있음을
나타내는 것은 민중 안에 현존하기 때문이라고 말한다. 민중에게는 님

이 되고 님은 민중에게 추상이 아니라 구체적인 삶과 현실에 개입할 때 그는 임, 즉 존재가 된다. 있음은 막연하게 사변적인 추론이나 논증으로 님이 되는 것이 아니라 바로 민중의 현장, 민중의 모습 안에 현존하고 있을 때에 알아차릴 수 있다. 그렇기 때문에 민중을 학대하는 자는 님을 욕보이는 것이고 민중을 더럽다 하는 자는 님을 더럽히는 것이며, 민중을 업신여기는 자는 님을 깔보는 것이고 민중을 아프게 하는 자는 님을 고통스럽게 하는 것이다. 민중에 의해서, 민중 안에서 이미 님으로 존재하고 있기 때문에 민중을 존중하지 않고서는 하나이신 분을 님으로 받들 수가 없다. 하나이신 분은 스스로 높이 있으면서 하늘에 있는 나, 즉 하나라고 자기를 증명해내는 존재인데, 유한자의 눈은 그 높은 곳을 향해, 그 존재를 향한 지향작용 혹은 의식작용(노에시스, noesis)을 통하여, 민중을 통하여 님이라는 인식(의식)의 대상(노에마, noema)을 확신한다.

님에 대한 의식(bewußtsein von Being)은 항상 민중을 통한 의식일 수밖에 없다. 민중은 땅에 있는 님이며, 하나이신 분은 하늘에 있는 님이다. 님이라는 말의 함의에는 하느님과 민중을 떼어놓고 생각할 수 없는 존재론적 개념이 담겨 있다. 님을 의식하려면 민중의 존재를 간과할 수 없다. 그래서 함석헌이 "하느님 섬김은 민중 섬김에 있다. 가장 높음의 가장 낮음에, 가장 거룩함이 가장 속됨에, 가장 큼이 가장 작음에 와 있다. 진리는 민중에 있다"라고 단언한 것이다. 민중에 대한 의식이나 민중을 향한 노에시스는 그 민중에게서 거룩한 노에마를 보기 위한 것이다. 노에시스는 지금까지 종교적 편견과 아집으로 둘러싼 모든 의식을 일시에 배거하고 오직 순수한 노에마를 만나려고 하는 의지이다. 여기에서 노에시스는 단순히 순수한 노에마만을 추구하지 않는다. 속된 노에시스를 통하여 거룩한 노에마를 접할 수 있고, 반대로 거룩한 노에시스를 통해서 속된 노에마를 확보할 수 있다. 노에시스와 노에마는 성과 속의 모든 이분도식을 넘어선 인간 의식의 가장 근본적인 태도인 셈이다. 민중의 노에시스라고 하더라도 님의 노에마를, 님의 노에시스라 할지라도 민중의 노에마를 상호주관적으로 표상하게 된다.

자연주의나 심리주의, 과학주의는 님의 있음과 민중의 존재를 계량적이고 경험적이며 실증적인 것으로 판단하려고 한다. 하지만 님의 있음과 민중의 존재는 그렇게 실증적으로 환원될 수 없다. 지금까지 민중과 하나이신 님을 수치화하고 도구화한 결과들이 님의 자기 자신성을 무시하고 민중의 생활세계를 파괴한 결과를 가져오지 않았는가. 님의 존재 자체는 원본적이며 선험적인 의식으로 모든 양적 세계관을 넘어서 있다. 마찬가지로 민중의 존재는 양적으로 파악하고 지배하고 통제할 수 있는 존재가 아닌 것이다. 생활세계에서 신체 의식을 가지고 있는 민중은 자신의 감각적인 경험을 통해 존재 자체를 드러내는 역할을 수행한다. 그러므로 민중의 신체나 의식을 억압하는 것은 결국 님에 대한 인식과 행위를 억압하는 것이나 다름없다. 생활세계 체험은 민중의 신체 감각과 의식에서 님의 현존을 드러내는 것이기 때문에 민중을 섬기는 것이 하느님을 섬기는 것이라는 함석헌의 논리는 하나의 현상학적 태도를 입증하는 발언이라고 할 수 있다. 따라서 진리는 민중에게 있다는 말은 님을 지시하는 몸짓과 현존의 의식이 민중에게서 비롯된다는 것을 증명한다. 진리는 감추어진 것(알레테이아, aletheia)인데 그것을 지시하는 민중의 신체 의식과 감각은 생활세계적 지반과 지평을 통해서 가능한 것이기 때문에 민중을 살펴야 그 지시체 혹은 노에마를 제대로 인식할 수 있다. 또한 민중의 신체 의식과 감각도 생활세계적 지평에 있지만 여러 편견과 선입견으로 오염되었기에 진리를 갖고 있지만 그것을 원본적으로 드러낼 수 있는 순수성이 상실되었다고 할 수 있다. 그 오염을 걷어내고 오로지 순수한 의식, 선험적 의식을 통하여 님이라는 노에마를 지향하도록 도와주어야 한다.

그러기 위해서는 민중을 왜곡된 시선으로 바라보는 판단을 중지해야 한다(에포케). 민중을 가능한 한 순수한 시선에서 바라보도록 현상학적 환원을 통해 민중을 있는 그대로 직관해야 한다. 민중이 이러저러하다는 발언과 평가조차도 오염된 나의 종교적 태도, 사회적 태도, 정치적 태도 등에서 기인한 것이다. 그것을 현상학적으로 환원하고 태도를 변경하여 민중의 신체 의식과 감각도 순수한 노에마, 즉 하나이신 분, 하느님의 현존을 보여줄 수 있는 눈을 가져야 한다. 보나벤투라가 "올바르게 이성적으로 사유하는 자들의 불빛은 바로 그 진리에 의해 불붙는 것이며 그 '진리'를 향해 나아가고자 한다"라고 말한 것처럼 본질 직관을 가능케 하는 이성적 사유로 진리를 향해 나아가려는 열정이 있어야 한다. 그렇게 민중의 노에시스를 통한 순수 노에마를 인식하려는 의도에는 있는 그대로의 민중을 보려는 목적도 있지만, 전체로서 민중 자체를 보기 위함이다. 다시 말해서 그 민중의 신체 의식과 감각은 공의(公義)의 실현을 위한 것이다.

민중과 님의 관계와 둘의 일치는 공의라는 전체의 의로움이 현실이 되게 하기 위해서이다. 함석헌은 이 전체를 다시 불가지론으로 이끌면서 하늘, 하느님과 같은 맥락으로 바라본다. 어쩌면 공의의 주체는 스스로 하나이고 그 하나가 나 자신이라고 일컫는 하나이신 분일지도 모른다. 동시에 전체는 땅으로 내려온 존재이기도 하다. 하나이면서 둘이요 둘이면서 하나인 민중 안에서 현존하고 있는 전체요 하나인 하느님이 민중을 통하여 공의를 실현한다. 따라서 만일 공의가 실현되는 데 민중의 오염이 심각한 문제라면 그 오염을 씻어내야만 한다. 민중을 통해 공의를 펼치겠다는 님의 의지가 확고하다면 민중은 그 의지가 실현될 수 있도록 준비해야 한다. 전체로서의 의지, 하나로서의 의지는 모든 것의 바탈이 되는 민중이기 때문이다. 민중은 교회, 나라, 문화, 세계의 바탈이다. 그 바탈이 견고하게 서야 한다. 민중이 깨끗해져야 생활 세계가 바로 설 수 있다. 이 점에서 민중은 하나이신 님처럼 하나이어야 한다. 자기 자신을 나라고 지칭했던 하나이신 분이 스스로 거룩하신 분이듯이 민중도 그 님처럼 거룩하고 깨끗한 존재가 되어야 하나가 될 수 있다. 민중이 깨끗하고 하나가 되어야 교회, 나라, 문화, 세계가 썩지 않고 쇠하지 않는다.

그런데 지금 민중의 신체 의식과 감각이 더럽혀졌다. 앞에서 말한 것처럼 이 민중은 전체다. 그러므로 전체에 문제가 발생했다는 것이다. 전체인 민중이 사분오열되어 있는데 어떻게 교회, 나라, 문화, 세계를 일으킬 수 있겠는가. 민중의 신체 의식과 감각이 생활세계에서 깨어나 하나의 목표, 하나의 이상, 하나의 믿음을 가져야 한다. 그것은 하나이신 분과 공유된 하나이다. 결코 전체주의가 아니다. 상호 섬김의 하나이다. 상호 섬김과 하나이신 분의 정신을 공의로 표현하려는 민중이 도덕과 종교와 정치를 살릴 수 있다. 통일 문제도 정당 문제도 종교적 교파 문제도 학벌 문제도 민중이 하나 되지 않고서는 해결되지 않는다. 모든 것이 지리멸렬(支離滅裂)하고 말 것이다. 그러므로 님과 민중이 하나라면 지금이 바로 그 하나-임, 하나의 정신을 어떻게 회복할지 고민해야 할 때다.

3부

종교 시민을 향하여

평일의 종교를 위한 종교적 망명자

    종교적 삶을 향유하는 데 불확실한 주체, 즉 모래알 같은 민중이 되어서는 아무것도 할 수 없다. 이른바 종교적 노마드나 종교적 망명자로서 자기 자신의 고착을 포기하고 종교적 주체로 공동체적 결집을 이루지 않고서는 힘을 발휘할 수가 없다는 말이다. 함석헌은 그러한 주체와 대비되는 권력자들에 대해 "천당 저승 종교꾼"이라는 극단적인 표현마저도 서슴지 않고 사용한다. 오늘날 민중으로 하여금 종교적 노마드나 종교적 망명자로 표류하게 만드는 것은 바로 종교꾼, 신학꾼 때문이라고 말할 수 있다. 그들은 말할 수 없는 것에 대해 모른다고 솔직하고 정직하게 말해야 하지만 자신도 인식하지 못하는 사실에 대해서 발언하고 민중을 그릇된 길로 인도한다. 그럼으로써 민중 또한 자신의 신앙적 인식과 이성적 인식에 따른 주체적인 신앙을 찾지 못하고 있는 게 현실이기도 하다. 종교꾼과 신학꾼이 발언한 것은 인식의 한계 너머에 있는 세계, 관념, 혹은 순수 현실태, 순수 실체성에 관한 것인데, 이 영역은 현실과 반대되는 것이기 때문에 늘 위험 요소가 내재되어 있다. 따라서 알지 못한다. 아니 알 수가 없다. 그럼에도 발화자는 주관적 확실성을 가지고 그 영역에 접근하지만 결국 모순과 거짓, 심지어 알지 못하는 논리적 개념을 풀어낸다.

종교란 순수 현실태에 대해서 인간의 이성 능력으로 해명하는 작업이다. 문제는 초월자와 이성이라는 두 모순된 영역이 상존한다는 가정이다. 두 영역 사이에 가로막혀 있는 심연과 장벽이 존재함에도 이성을 통해서 초월자를 규명할 수 있다는 논리는 설득 가능하지 않다. 그렇기 때문에 순수 학문적 관심사에서 초월자를 매순간 잘못 설명하고 잘못 이해했다가는 민중을 혼란에 빠뜨릴 수 있다. 종교꾼이나 신학꾼이 되지 않으려고 겸손해야 하는 이유가 여기에 있다. 하지만 종교 집단에는 종교꾼이나 신학꾼의 발언이 가진 힘을 이용하여 민중을 현혹하는 행태가 비일비재하다. 이단이나 사이비만의 문제는 아니다. 전통적인 제도권 종교도 마찬가지다. 네오 마르크주의주의자인 카렐 코지크(Karel Kosik)는 신들과 성인들, 성당들은 사회적 산물이지 자연적 산물이 아니라고 말했다. 초월자를 비롯하여 종교적 내용이나 질료를 이루는 것들은 사회적 관계에서 빚어진 결과물이라는 것을 간파하고 있는 것이다. 따라서 종교꾼이나 신학꾼으로 전락하기 쉬운 종교가들은 사회적 관계망 속에서 발견된 초월자 그리고 초월자에 대한 의식을 정직하게 전달할 필요가 있다. 자신이 마치 초월자인 양 발언의 카리스마를 사용하여 민중을 오로지 천당과 저승으로만 안내할 경우에는 그야말로 종교꾼이나 신학꾼이라는 비난을 면키 어려울 것이다.

종교꾼이나 신학꾼이 될 수밖에 없는 현실에는 아마도 민중을 신앙을 욕망하는 주체라고 보기보다는 결핍된 주체로 보기 때문일 수 있다. 종교꾼들은 민중 스스로 종교를 욕망하고 종교적 의미를 실현할 수 있는 의지를 지닌 존재로 보지 않는다. 그래서 민중이 자신의 발언 내용에 확신을 가지고 따라주기를 강요하고 그 틀거지에서 벗어나는 것을 용납하지 않는다. 종교꾼이나 신학꾼도 개별적으로 볼 때는 매우 미약하고 한계가 있는 존재이다. 그런데 민중이 자신의 의식을 종교꾼과 신학꾼에게 빼앗기거나 아예 양도를 함으로써 비판과 반성의식을 가지고 고민하면서 종교 생활을 할 필요가 없는 매우 나태한 생각을 하고 있는 것도 부인할 수 없다. 그렇기 때문에 사르트르가 말한 것처럼 민중을 즉자존재(Ansichsein), 즉 사물성의 존재처럼 규정짓고 아예 자아나 주체의식이 없는 존재로 매도하면서 민중의 신앙의식을 인위적으로 조작하고 있는 것이 아닌가. 종교꾼이나 신학꾼이 착각을 하는 지점이 바로 여기이다. 사르트르는 인간이 의식하는 존재, 즉 대자존재(Fürsich-sein)이면서 나아가 타자를 인정하고 의식하는 대타존재(Sein-Für-An-ders)라고 말했다. 민중을 단순히 즉자존재로 볼 것이 아니라 주체의식을 가진 대자존재이자 그 대자존재가 바로 타자를 필요로 한다는 점에서 대타존재라는 것을 인정할 때에 진정한 종교공동체를 구현할 수 있는 것이다. 그래서 함석헌은 "민중을 건지기 위해 최소한도의 조직을 가져야 한다"라고 말한다. 물론 이 최소한의 조직이라는 것은 그가 하냥 말했던 무교회주의임이 틀림없다. 민중을 하나 되게 하고 또 민중의 신앙을 올바르게 갖게 하는 이상적인 새로운 조직은 민중을 즉자존재로 몰아붙이는 공동체가 아니라 대자존재와 대타존재가 가능하도록 노력하는 공동체를 지향한다는 것은 당연하다 할 것이다.

앞에 언급한 카렐 코지크에 따르면 "인간은 인식의 주체이고 체험의 주체이며 동시에 행위의 주체"이다. 주체성을 가진 인간을 사물적 존재로 여기고 민중을 피동적이고 수동적인 존재로 몰아세우는 종교적 행태는 바로 종교꾼의 전형이라 할 수 있다. 극단적인 생각으로는 민중을 마치 아무런 몫이 없는 자들이라고 폄하하기 쉽다. 미학자이자 철학자인 자크 랑시에르(J. Ranciere)는 민중을 일컫는 '데모스'란 말은 아무것도 아닌 자들을 의미하며, 이 말은 정치 의견을 표현할 수 있는 특별한 자격을 갖추지 못한 사람들을 지칭한다고 본다. 종교꾼이나 신학꾼이 노리는 것도 이와 다르지 않다. 민중은 신앙적 표현을 적극적으로 하지 못한다고 단정 짓고 그들을 인격자로, 목적으로 대우하기보다 질료가 없는 텅 빈 수단으로서 존재, 의식 없는 존재로 치부한다. 대형 종교, 큰 규모의 종교 집단일수록 그 조직을 유지하기 위해 종교인들을 더 수단화한다. 종교꾼들에게는 그들이 자신의 직업을 유지하게 해주는 수단에 지나지 않는 것이다. 이를 극복하기 위해서 함석헌은 "마지못해 하는 엉터리기 때문에 작게 할 수 있는 데까지 작게 하는 조직이 참 조직이다. 복잡한 조직은 속이는 조직 죽이는 조직이요 살리는 조직은 간단한 조직"이라고 말하면서 작은 조직을 주창한다.

제도적, 체계적, 교리적 종교를 넘어서는 조직은 민중을 위한 새로운 삶의 형식(Lebensform)을 만들어간다. 종교공동체에서 민중이 의식이나 주체적인 삶의 형식도 없이 종교를 단지 소비만 하는 대상이 아니라 삶의 종교, 진정한 삶을 가능하게 하는 종교를 형성하는 무교회주의적인 조직이 절실하게 요구되고 있는 것이다. 그래야만 민중과 민중이 서로 일치하고 하나가 되어 하느님 안으로 들어갈 수 있다. 하느님 안으로 들어가자는 것이 민중이 바라는 종교의 참 모습이라면 그것을 추구하는 조직은 싸우는 이성(Konflikvernunft, Karel Kosik), 싸우는 신앙을 가진 민중들의 모임이어야 한다. 지금의 소비 종교, 종교꾼이나 신학꾼이 형성한 종교를 타파하고 어떤 구속과 강제도 배제된 자유로운 신앙을 가지고 하느님 안으로 들어갈 수 있도록 해야 한다. 싸우는 신앙인, 민중을 흩어버리는 종교꾼에 저항하는 민중이 되어야 한다. 싸우는 신앙인은 분노하는 신앙인이다. 분노할 수 없다면 싸울 수도 없다. 하느님 안으로 들어가는 주체적인 신앙인이 되는 데 방해되는 모든 장애에 대해서 분노하고 신앙의 일상성(Alltäglichkeit)을 새롭게 재조직해야 한다.

주체적인 삶의 일상성을 매일 매일의 시간성 안에서 재편성해야 한다. 일상성은 이른바 '평일의 종교'가 되는 것이다. 주일의 종교, 혹은 특정한 시간의 종교가 아니라 평일의 종교를 통해 민중의 삶과 부합하는 새로운 형태의 종교가 탄생해야 한다. 이미 평일의 종교가 될 수 없도록 강제하는 자본주의 시대에는 지배자 계급 혹은 부르주아 계급이나 '주일의 종교'를 향유할 뿐이다. 그로 인해서 민중은 자신의 리비도(li-bido)나 주이상스(Jouissance; orgasm)를 끊임없이 억압하면서 신경증과 강박증에 시달린다. 종교를 통해서 고착화된 삶의 에너지를 분출하고 승화할 여유조차 얻지 못하는 것이다. 그런 의미에서 종교도 차이의 정치학의 단면을 보여준다. 종교시장을 자유롭게 향유할 수 있는 계층은 지배계층이지 피지배계층이 아니기 때문이다. 주이상스가 마치 자본가의 것인 양, 혹은 종교꾼에게만 해당되는 것인 양 착각하고 왜곡하는 현상은 민중에게 싸우는 이성을 더더욱 요청하고 있다는 것을 뜻한다. 한병철에 따르면, "분노는 어떤 상황을 중단시키고 새로운 상황이 시작되도록 만들 수 있는 능력"이다. 민중을 사물성으로 퇴락시키고 의식이 없는 존재로 만드는 상황에 대해서 반기를 들어야 할 때이다. 파르메니데스(Parmenides)는 '길에 관한 이야기(mythos), 그것은 있다(est)라는 길'이라고 말하면서 그 있다는 것은 생성파괴되지 않으며 소멸되지도 않고 온전한 종류의 것이고 흔들림이 없는 완결된 것을 의미한다고 말했다. 그러면서 그 있다는 길이 철학의 진정한 시작이라고 말했다. 민중에게는 이제 새로운 뮈토스가 요청된다. 그 뮈토스가 가능하게 하려면, 그래서 그것이 민중의 철학으로 자리매김하려면 싸워야 한다. 독일의 극작가 베르톨트 브레히트(B. Brecht)는 "싸우면 질 수 있다. 하지만 싸우지 않으면 이미 진 것이다"(Wer kämpf, kann verlieren, wer nicht kämpf, hat schon verloren)라는 유명한 말을 남겼다. 민중은 새로운 조직, 새로운 종교를 위해서 싸워야 한다. 그러려면 싸우는 이성, 싸우는 신앙을 가져야 한다.

그리스도교의 선조들도 난민들이었다!

함석헌은 '종교란 하나라는 생각'을 강하게 피력한다. 그러면서 그는 이렇게 덧붙인다. "이단이니 정통이니 하는 생각은 케케묵은 생각이다. 허공에 길이 어디 따로 있을까? 끝없이 나아감, 한없이 올라감이 곧 길이지. 상대적인 존재인 이상 어차피 어느 한 길을 갈 터이요, 그것은 무한한 길의 한 길밖에 아니 될 것이다. 나는 내 가는 길을 갈 뿐이지, 그 자체를 규정할 자격은 없다. 이단은 없다. 누구를 이단이라고 하는 맘이 바로 이단이라면 유일의 이단일 것이다"(함석헌, 『함석헌전집 4—죽을 때까지 이 걸음으로』, 1984, 197쪽). 종교적 난민이든 정치적 난민이든 우월과 열등의식에서 기인하는 편 가르기는 동일한 인간을 인종주의적 지평에서만 바라본 데서 기인한다. 더욱이 종교적 중립지대 같은 것은 존재하지도 않는다. 정통 아니면 이단, 그리스도교 아니면 비그리스도교라는 이분 잣대만 절대화될 뿐이다. 유럽의 경우 대부분 그리스도교가 신앙 경험의 절대성을 갖고 있기 때문에, 비그리스도교 시민들에게는 동등한 주체적 인권의 담지자로 인식한다는 것도 대단한 용기가 필요하다. 비그리스도교의 가치, 파트너십, 국제적 지위나 위상은 그리스도교 국가들의 통념에 따라 달라진다. 그들은 종교적·경제적·정치적·문화적 후진성을 면치 못하기 때문에 유럽의 정통성과 역사성에 의해서 지배받아야 하고 계몽되어야 한다. 유럽중심주의 사유는 여전히 권력이기에 그것을 정통 이데올로기로 규정할 때 나머지는 이단이 되고 만다. 더 이상 비그리스도인은 동류와 동질의식을 가진 존재가 아닌 것이다. 별종이요 이단이다. 이와 같은 비그리스도교 국가를 평정과 지배와 정복의 대상으로 삼는 유럽중심주의적 사고는 우리나라와 별반 다르지 않다.

유럽이 난민들로 몸살을 앓고 있다는 소식이 심심치 않게 들린다. 그것을 접하고 있는 국가들에서는 두 가지 태도 중 하나를 취하고 있는 것 같다. 하나는 난민을 인도적인 차원에서 수용해야 한다는 주장, 또 다른 하나는 난민을 받지 말자는 강력한 거부 의사가 그것이다. 후자의 견해를 곰곰 생각해보면, 그 이유는 자국의 이익 추구와 그에 따른 이웃 국가에 대한 배타성, 종교적 충돌에 의한 이견과 극단적 방식의 테러리즘 때문이다. 유럽을 향한 테러리즘도 용납할 수 없는 행위이지만, 그것을 난민이 발생한 나라 시민들에 대한 고착된 이미지로 규정해서는 안 된다. 또한 가시적인 국경보다 더 심각한 문제가 바로 심리적인 경계선인 것 같다. 모든 국경 문제는 포함과 배제의 관점을 반영할 수밖에 없다. "난민이 '자기를 받아들여주었다고 해서 결코 유럽인에게 감사하지도 않을 것'이라는 지적은 단적인 진실이다. 그들의 눈에 자신의 조국을 등지게 만든 참상을 빚어낸 원흉은 바로 유럽이기 때문이다." 지젝(S. Zizek)이 지적한 말은 바로 유럽과 이슬람 국가의 국제적인 역학 관계를 잘 드러내준다. 유럽의 심리적 왜곡과 종교적 트라우마, 배타성은 스스로 자초한 것이나 다름없다는 것이다. 하지만 유럽은 난민의 욕망-희망을 좌절시킬 수 있는 권리가 없다. 난민들이 살고자 하는 욕구와 의지를 동일한 차원의 인간의 보편적인 문제로 접근해 바라보아야 한다.

지금의 유럽의 정신적 유산을 가능하게 한 것이 그리스도교라고 한다면, 그 그리스도교를 태동하게 만든 유대교의 역사를 간과할 수 없을 것이다. 그런 의미에서 과거 이스라엘 백성이 이집트의 폭정에서 탈출하여 가나안 땅으로 들어갈 때, 그들은 이미 난민이었다는 것을 기억해야 한다. 하지만 가나안 땅에는 그들을 받아줄 공유지가 없었다. 결국 이방 민족에 대한 축출과 전쟁, 학살이 신의 이름으로 자행되었다. 신적 폭력을 통해서 이스라엘 스스로 살 땅, 즉 사유지를 탈취한 것이다. 이방 민족에게 받아들여질 수 없고 생존을 위해서 경쟁해야 할 바에는 그들을 제거하고 점령해야 한다는 발상이었는지 모른다. 과거를 들추는 것은 역사가 반복된다는 걸 말하고자 함이 아니다. 요점은 유대인조차도 난민 경험을 했다는 것이고, 그 난민의 트라우마와 상처의 유전자는 그리스도교도 고스란히 가지고 있다는 것을 뜻한다. 그렇기에 그와 똑같은 신경증을 유발하지 않기 위해서는 타자의 욕망을 억압하지 말고 수용해야 하고 건강하게 전이(transference)하도록 도와주어야 한다.

정신분석학자 카렌 호나이(Karen Horney)는 "신경증은 반드시 삶에 대한 분개를, 혼자 버려진 데 대한 깊은 분개를, 말하자면 니체(Friedrich Nietzsche)가 말한 '삶에 대한 질투'(Lebensneid)를 잉태하고 있다. 자기와 타인들을 향한 적대감과 경멸이 여러 이유로 아주 강할 수 있으며, 그 때문에 자기 자신을 산산조각 내버리는 것이 세상을 향해 복수하는 아주 매력적인 길인 것처럼 보인다. 삶이 제시하는 모든 것에 대해 '노'라고 말하는 것이 유일하게 남은 자기주장의 길처럼 보인다"라고 말했다. 그렇다면 난민들이 삶에 대한 질투와 분노를 발하기 전에 유럽을 비롯한 그리스도교 국가들은, 설령 다른 종교문화를 가지고 있다고 하더라도 난민들에게 지리적 국경과 심리적 경계를 평화적으로 열어주어야 한다. 이에 대해서 지젝은 "유럽은 자신의 의무를 자각하고, 난민의 인간적 생존에 필요한 수단을 제공해야 한다. 여기에 타협은 있을 수 없다"라고 강하게 말한다. 동일한 욕망-희망을 지니고 있는 인간으로서 난민들의 생존하려는 의지를 꺾지 말고, 신의 긍휼의 시선으로 보듬어야 한다. 그들은 강자가 아니라 바로 지구의 약자들이기 때문이다.

한나 아렌트(H. Arendt)는 "'사적'이라는 말은 본래 '박탈'이라는 의미를 갖고 있었다. 이 '사적'이라는 말은 공적 영역의 다양한 의미와 관련되면서 중요해졌다. 완전히 사적인 생활을 한다는 것은, 무엇보다도 우선 진정한 인간적인 삶에서 본질적인 것이 박탈되고 있음을 의미한다. 즉, 타자에게 보이고, 들릴 수 있는 경험에서 생기는 리얼리티를 박탈당하고 있음을 의미한다. 사적인 삶에서 박탈당하는 것은 타자의 존재다. 타자의 시점에서 본다면 사적인 삶을 사는 사람은 나타나지 않을 것이고, 그러므로 그는 존재하지 않는 것처럼 될 것이다"(『인간의 조건』, 이진우 옮김, 한길사, 2002, 112쪽 참조)라고 말한다. 타자에게 보이고 들릴 수 있는 경험을 박탈당한다는 것은 이방인, 혹은 난민이라는 집합적 표상에게는 폭력이다. 그들은 와세다 대학교 사회학자인 이토 마모루(伊藤守)가 말한 이른바 "장소 없는 자들"이다. 그들은 "타자로 인식되지도 않고 '마치 존재하지 않는 듯' 살아가는 것"이며, 세계동포주의 혹은 세계의 이웃과의 단절 속에서 살아가는 "타자에게 보이고 들리는 경험을 박탈당한" 사람들이다.

따라서 지젝은 "단순한 관용을 넘어서서 타인과 진정으로 공존하고

자 한다면 이 막다른 상황을 돌파할 유일한 방법은 이것이다. 단순하게 서로 존중하는 선에 그치지 말고 함께 투쟁하자고 제안하자. 오늘날 우리의 문제는 공동의 문제다!"라고 설파한다. 지금의 난민 문제는 단순히 유럽 대륙의 문제만은 아니다. 지구 곳곳에서 벌어지고 있는 인종차별주의와 학살, 방관적 전쟁, 자본주의에 의한 신경증은 백인을 중심으로 한 선진국이 자행하고 있다. 그러므로 유로파스탄(Europastan, 유럽과 이슬람권이 하나가 돼버리는 것)이 될 것이라는 우울한 목소리로 일관할 것이 아니라, 범유럽주의를 넘어선 난민 수용에 대한 공감적 행동을 형성해나가야 한다. 동시에 우리는 다시 공존과 공생, 평화 그리고 인간으로서 동일한 지위를 획득하기 위한 분노와 투쟁을 해야 한다. 그뿐만 아니라 인종과 종교를 떠나서 세계적 차원의 연대와 협력이 필요하다. 난민 문제에 대해서 오늘날 한국교회가 아무런 발언을 하지 않는 것은 난민들의 종교가 대부분 이슬람교이기 때문이 아닐까 하는 생각을 해 본다. 이는 종교적 이기주의, 종교를 빙자한 인종차별주의나 다름없다. 그럼에도 한국교회가 이슬람에 대한 공포와 두려움을 시민적·종교적 신경증으로 유도하고 있는 것은 매우 위험한 발상이다.

이제부터라도 한국교회는 난민을 위해서 국제적 연대와 구호, 호소와 환대를 선언해야 하는 것이 마땅한 일이다. 그것이 한때 난민이 되었던 유대인과 연대 감정을 공유하는 것이고, 이방인에게 신적 폭력을 행사했던 것에 대한 회개의 표시이기도 하다. 그저 신의 정의라는 신학적 장치로만 치부하기에는 오늘날 난민이 안고 있는 그들의 신경증과 그 신경증이 유럽과 전세계인에게 전이되는 상황이 심각하기 때문이다. 지구적 차원에서 전세계인이 신경증과 불안, 공포의 병리를 앓기 전에 인류 문제를 함께 해결해나가는 지혜가 시급하다.

평화 공동체는 현실(태)적 이성의 완전한 구현이다!

에리히 프롬(E. Fromm)은 "평화는 전쟁이 없는 상태일 뿐만 아니라 모든 인간이 공통의 이익을 위하여 자유로이 협력한다는 적극적인 원리라고 생각한다"(에리히 프롬/홍순범 역, 『반항과 자유』, 문학출판사, 1983, 105쪽)고 역설했다. 평화를 위해서는 전쟁 없음과 폭력 없음, 공통의 이익이라는 측면이 고려되어야 하는데, 이 공통의 이익이라는 것은 종교 간에도 적용된다. 종교는 자신의 종교적 전통과 영성을 통해서도 발전할 수 있지만, 타자의 종교를 통해서 더 성숙할 수가 있다. 그럼에도 지금 우리 사회 및 종교는 공동체 내부는 물론이거니와 공동체 간의 갈등 또한 심화되고 있다. 이러한 현실과는 달리 공동체는 본시 개별자들이 함께 동일한 몸을 이루면서 살아간다는 의미를 품고 있다. 서양의 코뮌(commune)이라는 말 역시 동양적 사고와 다르지 않다. 공동체가 그 의미대로 기능을 하려면 개별자와 개별자 사이의 합의를 위한 의사소통이 전제되어야 하며, 타자를 수용하기 위한 넉넉한 자세와 거리가 있어야 한다. 그런데 공동체라는 것을 빌미 삼아 이성을 쌓으면서 타자에 대해 배타성을 띠고 있는 것을 왕왕 목격하게 된다. 이것은 공동체의 비본질성이라고 할 수 있는데, 일정한 공동체 구성원이 되려면 적어도 같은 색깔의 옷을 입지 않으면 안 되는 암묵적인 규칙 같은 것이 있다. 공동체 내의 배타성을 넘어서 공동체와 공동체 사이의 소통과 갈등 문제도 결국은 색깔 문제이다. 색깔이 다른 것을 인정하기보다 색깔을 피아식별의 중요한 전제로 여기기 때문이다. 자신의 공동체성을 유지하려면 일정하고 독특한 조건에 부합해야 하는 동시에 사유 또한 같아야 한다.

이것은 정치공동체, 종교공동체, 학문공동체 등 사회의 다양한 공동체로 규정되고 있는 공동체의 기이한 속성이기도 하다. 문제는 그 공동체가 자신의 독특성을 드러내려고 색깔론을 지나치게 강하게 주장하는 데 있다. 타자는 그 공동체의 색깔과 동화하지 못할 경우 받아들여지지 않거나 심지어 추방당하기도 한다. 따라서 적어도 평화라고 하는 것이 우리 사회에 정착되려면 다름의 공동체성을 인정하는 데서부터 출발해야 한다. 함석헌이 현대를 '주체성을 가진 씨올의 시대'로 확신한 바와 같이 공동체성 안에 개별성 혹은 주체성이라는 것을 인정하고 공존하는 방법을 고민해야 한다. 개별성을 중시하는 사회가 되는 만큼 공동체성을 지나치게 강조하다 보면, 개별적 존재의 자유가 축소되거나 말살될 수 있기 때문이다. 그렇기 때문에 공동체의 색깔을 운운하는 것은 시대착오적인 생각일 수 있다. 공동체 내부의 개별적 존재들이 서로 다름을 인정하고 그것을 포용력 있게 받아들일 때 공동체 내부의 삶의 생태계나 사유의 생태계가 건강할 수 있다. 더 나아가서 공동체와 공동체 사이의 주체성과 개별성에 대한 상호인정이 이루어질 때 공동체 간의 갈등이 완화되고 평화가 존속될 수 있다.

하지만 오늘날 공동체 간의 갈등은 타자를 자신과 완전하게 동일화하려는 데서 발생한다. 종교든 정치든 교육이든 문화이든, 공동체의 특수성에 대한 이해에서 출발하려고 하지 않는다. 서로 다른 공동체의 특수성에 대해 진지한 고려와 배려 없이 자신의 공동체를 인정받으려고 하는 독선과 아집이 이웃 공동체의 빈축을 사게 된다. 자신의 공동체의 특수성을 인정받으려면 타자의 공동체의 특수성을 존중해야 한다. 자신의 잣대로 이웃의 공동체성을 재단하는 어리석음을 범하지 말고, 가능한 한 보편적인 잣대와 시선으로 이웃 공동체를 바라보려고 노력해야 한다. 동일한 시공간을 공유하기 때문에 그 동일한 시공간을 마치 사적인 것으로 인식하게 되는데, 동일한 한반도라는 시공간, 지구라는 시공간은 결코 사적인 것이 아니라 공적인 것이다. 평화는 자신의 시공간을 사적인 것이 아니라 공적인 것이라고 인식을 전환할 때 가능하다.

만일 공동체 내 혹은 공동체와 공동체 사이의 평화가 정착되지 않고 있다면, 이것은 현실(態)적 이성을 지닌 인간의 모습이라기보다 가능(態)적 이성을 지닌, 아직 완전하지 않은 인간의 모습이라고밖에 달리 설명할 길이 없다. 다시 말해서 평화는 완전한 인간의 이성적이고 도덕적 합의요 표현이다. 앞에서 말한 주체적인 씨올의 이성이 전체를 생각하는 방향으로 틀 지워지게 되는 것이다.

요즈음 국가 공동체에 대한 불신이 극에 달하고 있다. 국가 공동체는 공동체의 구성원인 국민을 자유를 지닌 개별적인 특수 인격체로 여기지 않는다. 국민은 국가 운영의 도구나 소모품에 지나지 않는다. 세월호 희생자들에 대해서 침묵하고 있고, 자본주의의 희생자요 약자가 되어버린 노동자들이나 청년들의 죽음에 대해서 책임을 지지 않으며, 지배와 두려움, 불안과 무의식의 억압으로 인한 살인에 대해서도 아무런 소리도 내지 않는다. 또한 구조조정으로 벼랑 끝으로 내몰린 노동자들에 대해 슬퍼해주지 않는다. 이렇듯 국가의 평화(peace)와 안녕 그리고 국민(민중)의 행복은 조각나(piece)버린 지 오래다. 공동체의 평화는 민중이 억압과 불안, 굴종과 두려움 등으로 상처 나고 찢어진 마음들에 평정을 갖게 될 때 이루어진다. 시인 윤동주는 "슬퍼하는 자는 복이 있나니… 저희가 영원히 슬플 것이요"라고 노래했다. 수많은 공동체적 사건에 대해서 애도를 표해달라고 요청할 힘도 없는 것은 물론이거니와 이런 무기력에 빠져 있는 공동체의 각 개별 존재들이 애도할 여유도 갖지 못하는 것이 현실이다.

여기에 무슨 평화가 있을 수 있을까? 공동체와 평화의 관계가 요원한 이유가 여기에 있다. 함께 괴로워하고 함께 슬퍼하고 함께 기뻐해줄 수 있는 존재자만이 평화를 가져올 수 있다. '동일성'이나 '동일시'(同)까지 바라지도 않는다. 최소한 '함께'(共)라도 해야 그것이 공동체요 평화라고 말할 수 있지 않겠는가. 이러한 때에 종교공동체가 더 자본화되고 권력화되면서 민중의 개별적 자유와 고통에 대해서 외면하고 있는 것은 공동체 내의 민중과 공동체 의식을 달리하겠다는 의지나 다름없다. 오히려 종교공동체는 자신의 종교 교리 잣대로 이웃의 행위를 판단하고 마치 자신의 교리나 경전이 최고 가치나 도덕적 판단 기준인 양 사정없이 재단한다. 종교(적 교리)도 여러 판단 기준 중 하나라는 겸허한 생각을 하는 것이 아니라, 자신에게 불리하거나 또는 상충되는 사건이 발생하면 그 이웃이 누가 되었든 아랑곳하지 않고 비판과 비난의 화살을 쏘아댄다. 종교 역시 공(共)의 개념은 없고 다만 자신과 동일(同)하지 않으면 적으로 간주하는 것이다.

평화는 공(共)이 먼저여야지 동(同)이 먼저여서는 안 된다. 타자가 자신과 같지 않으면 평화로울 수 없다, 혹은 평화롭게 지낼 수 없다고 말하면서 타자에게 자신과 동일하게 되기를 원한다면 그것은 폭력이다. 같지 않더라도 같지 않기 때문에 일어날 수 있는 상황 속의 타자가 겪는 특수한 문제를 공감(共感)해줄 수 있는 종교가 되어야 한다. 다르기 때문에 더 아파할 수 있고, 더 사랑할 수 있으며, 더 슬픈 그들 곁에서 괴로워할 수 있는 것이 진정한 평화이다. 평화는 동일하기 때문에 존속되거나 실현되는 것이 결코 아니다. 되레 서로 다르기 때문에 실현되어야 할 이상적인 가치이다. 그것이야말로 진정한 연대요, 연대를 통한 평화인 것이다. 동일하기 때문에 연대한다는 것은 그저 권력의 무리나 형성하겠다는 발상과 다르지 않다.

이제 평화의 혁명이 시작되어야 한다. 되짚어 원래의 자리로 돌아가도록 하며, 모든 민중이 어깨를 나란히 할 수 있으며, 삶의 근본적인 욕구에서 어느 누구도 배제하지 않는 사회를 모색해야만 한다. 누가 그 일을 할 수 있을까? 민중이 해야 한다. 민중이 평화를 사유하고 외쳐야 하고 몸으로 실현해야 한다. 그러기 위해서는 민중은 욕망 덩어리라는 편견을 불식시켜야 한다. 민중은 각 개별 민중을 환대하고, 서로 다른 공동체를 배려하고 인정하는 성숙한 계몽의식을 견지해야 한다. 지도자가 보여주지 못한다면, 구태여 거기에 기댈 것이 아니라 민중 스스로 그 평화를 쟁취하고 혁명의 깃발을 높이 치켜 올려야 한다. 민중은 서로 지배하지 않고 종교 때문에 서로 구속하지 않으며, 국가 공동체의 힘에 자신의 삶의 의지를 빼앗기지도 않는 힘을 스스로 보여주어야 한다. 국가주의 혹은 국가적 배타성을 넘어선 세계주의를 표방하고 있는 함석헌의 평화로운 공동체주의는 정녕 불가능한 것은 아니리라.

천국, '만인을 위한' 존재론적 공간 서술

    함석헌은 일찌감치 보편 종교를 생각했던 것 같다. 개별과 특수, 개인이라는 주체를 앞세우는 시대에 왜 갑자기 보편 종교인가, 하는 의문을 품을 수도 있다. 모든 종교를 하나로 통일하자는 것인가? 그렇다면 그것은 전체주의의 폭력이 아닌가, 하고 반문을 할 수도 있다. 하지만 그것은 함석헌의 종교관에 대한 단편적인 이해에 지나지 않는다. 그가 그 누구보다도 자신의 주체적인 믿음이나 신앙을 갖기를 원했다는 것을 생각해볼 때, 모든 종교를 하나로 통합하자는 혼합주의(syncretism)를 말한 것은 아닐 것이다. 그것은 다음 말에서도 확인할 수 있다. "나는 내 믿음을 가지고 생(生)의 대행렬(大行列)에 참여할 뿐이다. 혼자서 안락하기보다는 다 같이 고난을 받는 것이 좋다. 천국이 만일 있다면 다 같이 가는 데 아니겠나?" 앞에서 말한 것처럼, 이 세 문장에서 알 수 있는 것은 우선 그가 자신의 주체적인 신앙 관념을 통해서 삶을 살아야 한다는 점을 분명히 했다는 것이다. 두 번째는 종교인, 특히 그리스도인이 천국, 천국 하는데, 그 천국이라는 것이 왜 꼭 그리스도인에게만 국한된 것이어야 하는가, 하는 문제의식을 가지고 있었다. 천국을 달리 말해 하느님 나라라고 할 수 있는데, 이것은 우리가 일반적으로 생각하는 내세관과는 다르다. 그리스도교는 천국을 죽은 뒤에 가는 안락한 장소나 공간 개념으로 상정하고 구원의 궁극 목표를 바로 그 내세의 장소를 확보하는 것으로 여긴다. 그리고 그 내세 공간은 그리스도인이 아니면 절대 갈 수 없는 배타적이고 폐쇄적인 장소로 믿는다. 하지만 복음서를 보면 "하느님의 나라는 이미 와 있다" 혹은 "너희 가운데 있다"(루가 17: 21)라고 말하면서 내세적인 공간으로 보지 않고 마음의 상태나 신앙의 결단에 따른 실존의 의미임을 분명히 한다. 더군다나 이 세상을 그 하느님 나라의 정의와 사랑이 실현되는 이상적인 세계로까지 해석하고 있음을 간과해서는 안 된다.

그런 의미에서 현재 그리스도인이 믿고 있는 천국이라는 관념은 우리나라의 토착신앙적인 내세관이 반영된 것이다. 죽으면 당연히 영혼은 하늘의 안락한 장소로 간다는 뿌리 깊은 신앙과 그리스 철학적 이원론적 사유가 결합하면서 그리스도교적인 천국관으로 굳어진 것이다. 설령 그렇다 하더라도 함석헌은 그 안락한 장소인 천국이라는 곳은 그리스도인만 갈 수 있는 공간이 되어서는 안 된다고 지적한다. 이것은 천국이 있고 없고, 그 천국을 믿고 안 믿고의 신앙 차원 문제가 아니다. 만일 천국이 있다면 그곳은 모든 사람이 갈 수 있고 참여할 수 있으며 향유할 수 있는 곳이어야 한다는 것을 강변하고 있는 것이다. 마치 천국이 그리스도인의 전유물인 양 호도하는 것을 도저히 지켜볼 수만은 없다는 그의 의지가 투영된 논리일 것이다. 물론 "천국이 만일 있다면"이라는 가정법을 사용하고 있기 때문에 그가 천국에 대해서 불신하고 있는 것이 아니냐, 하고 반론을 제기할 수 있다. 그러나 그것은 되레 그리스도교적 입장인 천국이 '있다'고 하는 전제에서 출발하기에 같은 논리에서 되짚어 가정법을 사용한 것이다.

그렇게 좋은 공간이 있는데 왜 그리스도교만의 전유물이 되어야 하는가에 대한 비판으로 받아들인다면 "다 같이"라는 함석헌의 말을 이해할 수 있을 것이다. 좋은 공간, 좋은 기분, 좋은 상태는 그리스도인만의 것이 아니라, 모든 사람을 위한 것이어야 한다. 그래서 에리히 프롬(E. Fromm)은 제2차 세계대전 당시 유대인 대학살의 책임자였던 아돌프 아이히만(Adolf Eichmann)을 언급하면서 그를 "조직인간의 상징"이요 "남자나 여자나 아이를 번호로서 보는 소외당한 관료의 상징"이라고 적시한다. 그러면서 "모든 것을 의심하라"(de omnibus est dubitandum)고 말한다. 그의 논리를 천국이라는 신앙 관념에 적용한다면 동일한 시각으로 바라볼 수 있을 것 같다. 천국은 하나의 조직적이고 관료적인 개념이며 이데올로기나 다름없다. 조직적이고 관료적인 종교는 인간을 숫자, 번호로 인식한다. 서열화하고 구별하고 구분한다. 조직사회, 관료사회에서는 저항과 반항, 나인(Nein)이라고 말하면 불이익을 받는다. 그 사회에서는 언제나 긍정과 수용만이 있을 뿐이다. 천국에 들어가려면 그리스도교라는 특정 종교에만 머물러 있어야 하고, 그 조직과 관료의 논리에 복종해야 한다. 그렇지 않으면 천국이라는 혜택과 수혜로부터 영원히 멀어질 수밖에 없다. 하지만 그러한 순간에도 의식이 있고 이성이 살아 있는 사람이라면, 삶의 해방과 자유를 꿈꾸는 사람이라면 의심에 의심을 거듭해야 한다. 의심할 수 있어야 한다. 그리스도교에서는 의심을 구원과 정반대의 부정적이고 불신앙적인 마음이라고 치부한다. 그리스도교의 신앙의 본질과 논리를 따져 물어 조직과 관료의 지도자, 즉 조직과 관료의 집단을 이끄는 종교 수장들의 잘못된 학습은 아닌지 의심해봐야 한다. 그들이 조직과 관료 집단을 운영하려고 자신들도 알지 못하는 관념을 대중에게 이식한다면 그것은 폭력의 종교와 교리에 지나지 않는다. 천국에 들어가기 위해서 줄을 서야 한다, 그리스도교라는 종교맥(종교줄)을 잡아야 한다고 위협이나 협박을 한다면 그것은 미신이고 악습이며 권력이 아닌가, 하는 생각도 품어보아야 한다. 천국 운운 하는 것도 사실상은 권력일 수 있다. 조직인간, 관료인간을 양성하기 위해 권력을 휘두르는 것이다. 다시 에리히 프롬의 말을 인용해보면, "국가·교회·여론 등의 권력에 복종하고 있는 한 나는 안전하며 보호받고 있는 것처럼 느낀다." 그런 착각에 빠진다. 그런데 실상은 그리스도교에서 말하는 천국이라는 개념, 이상적인 공간을 위해서 사람을 숫자화하고 구별, 차별하는 것은 신앙의 본질이나 그리스도교의 가치와 전혀 어울리지 않는다.

함석헌은 그것을 거부하고 그리스도교가 갖고 있는 신앙과 교리의 내적 모순에서 벗어나야 한다고 강하게 피력한다. 그는 그런 안락한 곳이 있다면 자기 혼자만 가는 곳이 되어서는 안 된다, 다 같이 가야 그것이 진짜배기 참 신앙이요 참 종교라고 암시적으로 말한다. 천국은 개별 주체들의 신앙에 의해서 실존적으로 주어지는 공통의 존재 상태이다. 그러한 공통의 공간, 공동의 장소는 만인이 공유해야 할 곳이지 사적이고 내밀한 곳이어서는 안 된다. 특정한 종교에게만 주어지는 공간이라면 너무 이기적이지 않은가. 이기적인 공간을 자신들의 신앙에 따라서 소유하겠다면 그 종교를 어찌 사랑의 종교라 말할 수 있겠는가.

이제 천국을 다 같이 향유할 수 있는 실존적인 상태로 재해석해야 한다. 살아 있는 동안에 종교적 구원이 사유화되고 욕망의 대상이 되는 것도 모자라, 죽어서까지도 안락한 이상 세계가 사유화(私有化)되는 장소로 전락한다면, 그 공간의 사사화(私事化)를 위한 욕망과 지리적 위치를 점유하기 위한 갈망은 끝이 없을 것이다. 그렇게 장소에 대한 유혹과 욕망에서 자유로우려면 지리적 장소 관념을 해체해야만 한다. 그곳은 갈 곳이 아니라 올 곳이요, 받아야 할 것 아니라 이루어야 할 것이라는 신앙의 전환이 필요하다. 장소에 대한 해체와 재인식이 가능하게 되면 그것을 소유하려는 욕망보다 이 세상이 천국이 되도록 노력하는 개별 주체의 행동과 방향 정위가 달라질 것이다. 사람들이 천국이라는 언어에 집착하고 그 언어를 발언하는 것이 고백과도 같아서 마치 그 천국을 차지하기라도 한 듯한 환상에 빠질 수도 있다. 그런데 그 언어는 뜻을 담고 있는 지시어에 불과한 것이지 그 실체가 공간이나 장소를 품고 있지 않다는 해체 구성적 인식이 있어야 세계에 대한 책임적 삶을 살아가게 된다.

그런 의미에서 천국을 이상 세계의 상징화(Symbolisierung)라는 차원으로 해석해야 한다. 현실 세계에서는 나타나지 않으나 이상 세계의 구체성을 띤 어떤 지리적 장소로 그것을 정위함으로써 사람들의 삶이 훨씬 가치가 있도록 승화하는 장치와도 같은 것이다. 따라서 앞에서 말했던 것처럼 그것은 욕망의 대상이 아니다. 그것은 마치 실제로 존재하는 듯이 인식하면서 거기에 방향을 맞추며 살도록 하는 상징인 것이다. 상징세계에서는 누구나 그곳을 향하여 참여할 수 있고 꿈꿀 수 있다. 배제되지 않고 누구라도 안락할 권리가 있다는 가능성과 희망을 갖고 살아갈 수 있는 곳이 바로 천국이 되어야 한다. 현실은 그렇지 않더라도 천국이 있음으로 해서, 그 장소의 극단적인 반대 개념인 지옥을 연상하기보다 무의식적인 관념 속에 항상 천국이라는 공통적인 사고가 모두에게 점유되고 자리 잡도록 하는 것이 종교가 해야 하는 올바른 역할이 아닐까? 괜스레 천국으로부터 배제되는 사람이 되는 것은 심리적으로 분열을 초래하면서 또 다른 히스테리를 발생시키는 고통을 안겨주는 것은 아닐까? 설령 지옥을 가지 않는다 하더라도 그 고통 자체가 이미 현실에서 지옥을 경험하는 것이나 다름없을 것이다. 천국도 지옥도 특정 종교의 전유물이 아님을, 단순히 조직화되고 관료화된 종교의 산물로 계륵이나 이물질과도 같은 것임을 알아야 한다.

만인의 종교, '뜻'의 종교

지금의 종교는 너무나 많은 종단과 종파로 나뉘어 있다. 다양성으로 치자면 좋은 종교 생태계라고 자임할 수도 있다. 하지만 단순히 다양성과 다원성의 장점으로만 치부하기에는 종교적 갈등과 자기 종교의 우월성·정통성을 주장하는 종교 전쟁이 이 시대의 큰 문제로 떠오르고 있는 실정이다. 그리스도교, 불교, 유교, 천도교, 이슬람교 등 여러 종교의 각축장이 된 상황에서 각각의 종교 안에서조차도 교리적인 논쟁으로 골머리를 앓고 있다. 게다가 내가 옳으니 네가 그르니 하면서 갑론을박으로 소모전을 펼치는 모습은 종교 본연의 자기 정체성과 그 본류를 파악하여 분명히 하고자 하는 태도로 비칠 수 있으나 속을 들여다보면 본질과는 전혀 관계없는 논쟁에 불과하다. 종교가 정신의 계도에 힘을 쓰고 그 영성을 통해서 세계와 사회에 기여하는 것이 마땅하다면, 현재 지구적으로 처해 있는 문제들에 대해서 한 목소리를 내야 제 역할을 다하는 것이다.

그리스도교만 하더라도 각각의 종단 안에서 유신론과 무신론을 가지고 해묵은 쟁투를 벌이고 있다. 함석헌은 이렇게 신이 있느냐 없느냐 혹은 신을 믿느냐 안 믿느냐 하는 논리를 넘어서 새로운 종교를 말한다. 이른바 '뜻'의 종교이다. 신을 믿는다 혹은 안 믿는다는 것은 적어도 신이라는 개념어를 상정하는 순간, 둘 다 유신론을 전제로 할 수밖에 없다. 신이라고는 공통분모는 이미 동서양의 철학적·신학적 전통 안에서 존재해왔던 개념이기 때문에 모두를 아우를 수 있는 제3의 언어가 필요하다고 생각했던 것 같다. 다시 말해서 신이 없다고 생각하는 사람이나, 신이 있다고 생각하는 사람, 더 나아가서 신이 있는 것 같기도 하고 없는 것 같기도 하다는 애매모호한 입장을 취하는 사람까지도 동의할 수 있는 종교가 있어야 한다는 것이다. 물론 여기에서 종교라는 종래의 개념을 사용할 수밖에 없는 한계가 있지만, 어쩌면 종교를 대체하는 새로운 인식과 실천을 유도하는 제3의 언어라고 할 수 있다. 그래서 함석헌은 이도저도 아닌 단지 '뜻'이라는 말로만 표현한다. 뜻은 모두에게 있다. 뜻은 존재자가 살아 있다면 존재한다. 현존재가 살아 있다면 뜻은 항상 존재한다. 그러니 뜻이 없었던 적이 없고 앞으로도 뜻은 사라지지 않을 것이다.

그런 의미에서 함석헌은 '뜻'이라는 보편적인 용어를 통해서 인간이 생래적으로 가진 의지, 혹은 초월 이성의 실현을 가능케 하는 의식으로의 전환을 꾀한다. 뜻이 없는 사람이 있을 수 있을까? 하물며 상업 행위를 하더라도, 공부를 하더라도, 잠을 자더라도 뜻은 현존재나 일상인에게 상존한다. 여기에서 한 걸음 더 나아간다면 뜻은 하나님, 하느님, 한울, 알라, 상제 등으로 호명될 수 있을 것이다. '마음에 뜻을 두고 있다'거나 '뜻깊은 인생을 살고 싶다'는 말에서 뜻이란 일상어인 뜻을 의미할 수도 있지만, 그것의 성취와 형이상학적 가치를 실현하겠다는 어떤 이상적 가치를 지칭한다. 함석헌이 거듭 강조하면서 "하나님은 못 믿겠다면 아니 믿어도 좋지만 '뜻'도 아니 믿을 수는 없지 않으냐?"라고 말한 것은 누구라도 수긍하고 받아들일 수 있는 보편 종교, 보편적인 힘을 상정한 것이다.

사람들은 어떤 종교를 선택하느냐를 두고 갈등하고 고민한다. 종교 생활을 했던 사람일수록 선택 갈등의 범주에서 빠져나오기 어렵다. 가톨릭, 개신교, 혹은 유교, 불교, 이슬람교 등에서 소속감을 가지고 종교 활동을 해야 할 것만 같은 강박관념에 빠져 있는 경우도 왕왕 목격된다. 종교가 없는 사람은 특별한 계기가 아닌 이상 종교 건물에 발을 들이기가 쉽지 않다. 반면에 종교 생활을 했던 사람은 명명되거나 전통적으로 검증된 개념어가 함축된 종교에 가입하지 않으면 안 될 것 같은 불안 신경증이 있는 것 같다. 이와 비슷한 맥락에서 에리히 프롬은 이런 말을 하였다. "국가, 교회, 여론 등의 권력에 복종하고 있는 한 나는 안전하며 보호받고 있는 것처럼 느낀다." 종교조차도 권력 기관이며 거기에 복종하는 사람이라면 안전감을 느끼게 된다는 말인데, 그 이유는 매우 단순하다. "복종에 의해서 나는 자신이 숭배하는 권력의 일부가 될 수 있으며, 그 때문에 자기도 강해졌다고 생각한다. 권력이 대신 결정해주므로 내가 잘못을 범할 리가 없다. 권력이 지켜주고 있기 때문에 내가 고독해질 리가 없다. 권력이 허락하지 않으므로 내가 죄를 범할 리가 없다. 또 가령 죄를 범했다 하더라도 전능의 권력에 복귀하게 하기 위한 수단으로 벌이 주어질 뿐이다." 매우 명료한 분석이 아닌가! 그러므로 종교인이든 비종교인이든 간에 종교를 통해서 어떤 형이상학적 권력을 쟁취하려고 하는 의지가 아니라면 인간의 보편적 심성을 지칭하고 그것을 발현하는 보편 종교, 보편적인 종교적 관념을 품는 것이 낫지 않겠는가. 굳이 명명된 종교에 머물러야 할 필요가 없다면, 아니 어떤 전통적 역사성이 그 종교의 가치를 입증해주는 것이 아니라면 뜻의 종교에 합류하라는 함석헌의 바람이 담겨 있다고 볼 수 있다. 그리스도교, 불교, 유교, 도교, 이슬람교 등의 종교 꼬리표를 넘어선 보편 종교 혹은 유신론이니 무신론이니 하면서 신의 유무를 따져 물어야 직성이 풀리는 종교 관념을 넘어선 보편 종교, 뜻의 종교를 따르라는 것이다.

그런데 함석헌은 여기서 더 나아간다. "뜻이라면 뜻이고 하나님이라면 하나님이고 생명이라 해도 좋고 역사라 해도 좋고 그저 하나라 해도 좋다." 이 말의 골자는 종교가 만인의 종교, 만인을 위한 종교로 탈바꿈해야 한다는 것을 말하는 것이다. 종교, 좁게는 각 종단의 특수성에 따라서 인식과 삶, 관계와 사유 등이 달라져서 서로 불통이 되는 세상이 아니라 보편적인 언어, 보편적인 관념으로 통용되는 그런 사회가 되어야 한다는 데 목적이 있다. 종교를 해체하자는 것이 아니라 모든 종교가 보편 종교, 혹은 보편적 종교 관념으로 소통할 수 있는 환경을 만들어보자는 것이다. 그것을 좀더 구체적 용어로 표현한다면 어떤 것이 적합할까? 필자는 에리히 프롬의 '휴머니즘적 양심'이라는 말이 그럴 듯하다고 생각한다. "이것은 모든 인간에게 존재하는 목소리이며, 외부의 제재나 보수(報酬)에 좌우되지 않는다. 휴머니즘적 양심의 기초가 되는 것은 우리들이 인간으로서 무엇이 인간적이며, 무엇이 비인간적인가, 또 무엇이 생명을 가져다주고, 무엇이 생명을 파괴하는가를 알고 있다는 사실이다. … 그것은 우리를 자기 자신에게로, 스스로의 인간성에로 되부르는 목소리이다."

또한 에리히 프롬은 휴머니즘적 인간을 지향하면서 다음과 같이 말한다. "인물, 제도, 또는 권력에 대한 복종(타율적 복종)은 굴복이다. 그것에는 나의 자율성을 포기하고, 나의 의사나 판단을 대신해서 남의 의사나 판단을 받아들인다는 뜻이 내포되어 있다. 나 자신의 이성 또는 신념에 대한 복종(자율적 복종)은 굴복 행위가 아니라 확인 행위이다. 나의 신념 및 나의 판단은 그것이 만약 진정으로 나의 것이라면 나의 일부이다. 타인의 판단이 아니라, 나의 이성 및 신념에 따른다면 나는 나 자신이 되어가고 있는 것이다." 종교는 결단코 권력이 될 수 없다. 권력을 내놓자고 하는 것이 종교인데, 현실의 종교는 권력을 갖고 또 스스로 세속적 권력과도 결탁한다. 그러면서 인간으로 하여금 타율적 존재로 살아가게 만든다. 종교는 모름지기 깨달음을 통해서 스스로 독립적인 인간이 되어서 주체적으로 살아가라고 하는 가르침이 아닌가. 그런데도 종교 제도, 교리, 체제, 공동체라는 울타리, 조직 등을 통해서 권력을 행사하고 인간의 정체성을 심어준다는 명분으로 구속과 속박, 굴종으로 이끌어간다. 뜻의 종교를 표방하는 이유가 여기에 있다. 뜻은 보편성이다. 그리스도교, 불교, 유교, 도교, 이슬람교, 천도교 할 것 없이 뜻이 없는 종교는 없다. 구태여 각각의 종교적 정체성을 따지며 나의 종교가 옳으니 너의 종교가 그르니 하면서 싸울 필요가 없고, 나의 종교에 구원이 있고 너의 종교에는 구원이 없다느니 하면서 배타성을 내세울 이유도 없다.

인간이라면, 생명이라면 모든 존재자는 모두 뜻을 갖고 있다는 전제에서 뜻을 묻고 그것을 실현하려고 하는 종교가 되어야 한다. 인간의 가장 깊은 가치를 품고 있는 말, 그것을 단 한 자로 풀어 밝힌다면 '뜻'이 가장 적당할 것이다. 그 뜻이 다만 파시스트적 동물성으로 변질되지만 않는다면 공동의 종교, 공통의 종교로서 이 사회에 좋은 가치를 드러낼 수 있는 에너지가 될 수 있지 않을까? 종교라는 개념과 관념은 이제 이질적인 언어가 되어버렸다. 그것을 대체하고 사람들의 의지와 행동을 불러일으킬 말이 필요하지 않겠는가? 그것이 '뜻'이라는 말로 치환되어도 좋을 것 같다. 순수정신을 의미하는 '뜻', 흥분되는 언어다.

자폐·폐쇄적 종교 비판

　오늘날 종교 현상만 놓고 본다면 더 이상 순기능은 찾기 어려운 상황이 된 듯하다. 분명히 종교는 있는 것 같은데, 종교의 본질에 걸맞은 행위나 실천은 온데간데없고 자본화되고 물질화된 종교기업 집단만이 남아 있다고 해도 과언은 아닐 것이다. 이러한 현상을 오래전에 에리히 프롬이 비판한 바 있다. "종교는 증가했지만 우리들은 더 한층 물질주의적으로 되었다." 이 말을 이중적으로 해석할 수 있다. 종교가 자본주의에 노출됨에 따라 스스로 자본화되었다는 것과 동시에 종교의 비물질화 논리를 사회가 더 이상 주목하지 않는다는 것이다. 그러면서 종교는 경쟁적인 종교 입점과 독점을 위해서 생존 논리를 학습하고 점점 더 자기 폐쇄적 성격으로 치닫고 있다는 것을 모른다. 다원화된 사회에서 홀로 사는 것은 어렵다. 타자와 어떻게 공존할 것인가를 모색해야 함에도 외형적으로는 공존과 공생을 외치지만 내면적으로는 철저하게 자폐·폐쇄적 집단이 되고 있는 것이다. 살아남기 위해서라는 명분은 가당치도 않다. 스스로 자폐·폐쇄적인 병리, 히스테리 집단이 되면서 자폐·폐쇄적 논리와 공격성에 합당하지 않은 구성원을 더 가혹하게 밀어붙이며 집단의 붕괴를 미연에 방지하려고 한다.

자폐나 폐쇄는 외부 구성원이나 심지어 같은 자폐를 가지고 있는 구성원과도 교감하기 어렵다. 오로지 자기 마음, 자기 처지, 자기 환경에 몰입되어 타자는 보이지 않는다. 자폐적 존재, 폐쇄적 존재는 언어를 사용하지만 자기중심적 언어를 사용하기 때문에 타자에게 전혀 공감을 불러일으키지 못한다. 자기 욕망적 언어가 만족될 때까지 수없이 자기 욕망을 분출하는 음성과 감정을 토로한다. 타자의 욕망마저 자신의 욕망으로 만들려고 하는 자기애적 성향을 강하게 드러낸다. 마찬가지로 자폐·폐쇄적 종교 집단은 타자와 공감하는 언어를 사용하지 않는다. 자기의 욕망적 언어만을 타자에게 강요함으로써 자기 권력으로 타자의 의지를 자기 의지로 동일화하려고 할 뿐이다.

함석헌의 종교 언어는 어떠했는가. 그는 부정철학 혹은 부정신학적 언어를 사용한다. "참은 빔(empty)"이라고 말함으로써 언어 바깥의 존재에 대해서 말한다. 참된 존재, 참이라고 하는 실재는 언어를 뛰어넘어 언어를 언어이게 하는 존재이다. 종교 언어는 언어 바깥의 존재를 진리대응설처럼 일대일 대응관계로 명확하게 표현해낼 수 없다. 그러므로 초월자를 욕망의 실재로 인식할 수 없고, 자기 욕망의 대상으로 끌어올 수 없다. "하나님은 아니 계신 것이다"라는 선언도 바로 언어의 해체요 자기 욕망적 대상에 대한 온전한 파악을 위해서 규정과 판단, 편견을 걷어내고자 하는 시도라고 봐야 할 것이다. 영도 정신도 비어 있는 실재, 시간성에도 얽매이지 않는 존재, 무한 실재는 소유의 대상이 될 수도 없다. 그저 자유로운 존재이다. 그 자유로운 초월자를 믿는 이들은 자유로운 정신과 영혼을 가지고 타자를 자유 그 자체로 볼 수 있어야 하는데, 무언가 하려고 하기 때문에(人爲) 타자를 작위적 존재로 만들려고 하는 것은 아닌지 자기비판을 해봐야 한다.

참을 참으로 보는 존재자, 나는 스스로 있는 자라는 신의 자기 언명을 믿는 성직자라면 초월자를 자기 욕망의 대상으로 개념화하거나 자의적으로 해석할 것이 아니라 근본 원리로, 단지 하나로서의 존재 인식으로 만족해야 할 것이다. 더 나아가서 그와 같은 자존자로서 자기 언명의 신을 믿고 그에 대해서 발언하는 성직자는 타자를 자기 욕망을 투사하고 자기 권력의지를 행사하려는 수단으로 인식하지 말아야 한다. 그것이 신에 대한 영성적 비판이자 이성적 비판이요 자기 자신에 대한 신앙적 비판이다.

독일 신학자 게르하르트 에벨링(G. Ebeling)은 신앙에도 비판과 이해가 필연적으로 동반되어야 함을 강조했다. 건강하고 건전한 종교를 지향하려면 외부의 비판을 겸허하게 수용할 뿐만 아니라 내부적으로도 엄격한 자기비판을 수행해야 한다. 실상 자기 종교에 대해서 잘 이해한다고 자부하는 사람일수록 자기 종교를 잘 이해하지 못하는 타자에게 얼마나 친절하고 자상하게 배려하는지 자문할 필요가 있다. 신앙이란 '자기가 믿는 바를 이해하기 위한 것'이라는 고전적인 증언을 굳이 언급하지 않더라도, 이제 자기만의 이해가 아니라 타자도 함께 이해할 수 있는 종교 집단의 자기 성찰이 있어야 한다. 그것이 없이 이해하라는 명령과 강압의 종교는 더 이상 쓸모가 없다. 그러한 배려심도 갖지 못한 종교가 이 사회에서 무슨 종교성을 표현하다고 자임하면서 타자를 계도하고 사랑과 자비로 이끈다고 자부할 수 있겠는가. 성직자 중심주의, 교파나 교단 중심주의 종교일수록 자신의 전통에 입각하여 타자를 판단하고 재단하는 얄궂은 버릇들이 있다. 그런데 누가 누구를 판단하고 심판한다는 말인가. 유한성과 이성의 한계를 지니고 있는 동일한 인간인데도 집단의 자폐성과 폐쇄성을 통하여 자기밖에는 그 누구도 판단할 능력이 없다는 듯이 개인과 사회에 대해서 칼날을 휘두르며 난동을 피운다. 조계사의 외국인 스님에 대한 배제와 배타적 태도나 각 종단의 성직자 관용성에 반하는 배타성 문제도 이와 다르지 않은 양상을 띠고 있는 게 사실이다.

조직이나 체제, 제도나 전통 등을 종교 집단의 척도라고 생각하는 오만에 빠진 종교일수록 배타성이 강하다. 정체성을 유지하기 위한 일정한 규칙이 마치 공동체 구성원이 될 수 있는 전통 절차라도 되는 듯이 지속적인 자폐 증상과 히스테리 병리를 드러낸다. 프랑스 실존주의 철학자 가브리엘 마르셀(G. Marcel)은 "이웃이란 인간의 정신적 환경"이라고 말했다. 인간에게는 자연환경도 있지만 개별적 인간을 둘러싸고 있는 무형의 (비)가시적 환경인 이웃이 존재한다. 그들은 알게 모르게 자신에게 영향을 끼치고 있으며 같이 더불어 살아가는 존재이다. 그들에 대한 신뢰, 그들이 나에게는 타자이지만 동시에 주체로 인정받아야 할 이웃이라고 인식하지 않는다면 우리는 자신을 둘러싼 모든 존재자를 적으로 간주해야 한다. 실제로 타자를 이웃으로 인정하지 않기 때문에 살인과 폭력, 테러와 전쟁이 일어난다. 하지만 그것이 일상으로 벌어지는 일이라면 이미 지구상의 인간은 자멸했을 것이다. 분명히 같은 인류의 종으로서 존재하지만 적으로만 간주하지 않고 이웃, 즉 나에게 정신적으로 영향을 끼치며 어떤 방식으로든 그들의 정신은 곧 자신의 정신이자 인류의 정신이라고 생각하기 때문에 인류는 지금까지도 존속하고 있는 것이다. 이와 같이 종교는 정신적 환경으로서 이웃 범위를 개별 인간에게까지 매우 광범위하게 포용해야 한다. 다른 전통과 신념 체계를 가지고 있다고 하더라도 그들의 정신은 다른 기표, 기호로 표현된 것뿐이지 결코 다르지 않다. 종교 창교자들이 독특한 언어와 사상, 신념과 행위를 통해서 나타날 때 당대의 기성 종교들이 이단으로 낙인찍거나 배척했다는 것을 잊지 말아야 한다. 불교와 그리스도교, 이슬람교 등 우리가 알고 있는 굵직한 종교들이 모두 같은 전철을 밟았다.

그런데 그러한 종교에서 파생된 여러 종단 그리고 그 종단에 속한 개인들이 서로 이단 운운하면서 타인을 자신과 완전히 동화하거나 바꾸지 않으면 안 된다고 생각하는 잘못을 범하고 있는 것은 뭔가 잘못되었어도 한참 잘못되었다. 어쩌면 그것은 신이 존재하느냐 존재하지 않느냐 하는 논쟁과는 하등 관계없는지도 모른다. 그저 자폐성, 폐쇄성으로 일관할 뿐 다른 그 무엇도 아니다. 자폐성과 폐쇄성도 또 하나의 권력이다. 그것은 타자에게 넘을 수 없는 장벽이기 때문이다. 그 종교적 권력은 자기를 보호하기 위한 장치라는 것을 잘 안다. 자기 보호가 지나치면 타자가 들어설 자리가 없다. 자기 시선을 최고의 힘으로 생각하기 때문에 그 시선의 권력을 타자를 위해 분할할 여지가 없다. 자기 자신을 향한 시선과 타자를 위한 시선을 분할할 수 있어야 권력의 몫이 분배된다. 그래야 자기 자신과 타자를 평등한 시선에서 바라볼 수 있다.

에리히 프롬은 "오늘날의 문제는 신이 죽었는가 안 죽었는가 하는 것이 아니다. 문제는 인간이 죽었는가 안 죽었는가 하는 것이다. 인간이 문제인 것이다. … 정신적으로 죽었는가 안 죽었는가 하는 것이다"라고 말했다. 종교를 두고 신 죽음을 운운하는 것은 니체를 떠올릴 수도 있으나, 현대는 인간(성, human/nature)이라는 존재 자체도 죽음을 맞이한 것이다. 이것이야말로 총체적 난국이다. 자기 자신이 죽었는지 살았는지조차 모르면서 종교적 실존을 살아내려고 자폐적·폐쇄적 인간으로 변모하는 것은 더욱 위험천만한 일이기 때문이다.

종교의 나르시시즘

　나르시시즘이란 자아와 타자의 차이를 받아들이지 못하고 자아가 확대되어 그 둘을 하나로 인식할 때 생기는 병리현상이다. 정신분석학에서는 자기 자신에게 리비도(libido)가 쏠리면서 육체가 성적 대상이 되는 상태를 말한다. 인간의 충동이 외부 대상과 결합하지 못하고 자아에 애정을 느끼게 되면 퇴영 현상이 발생한다. 이것은 인간의 심리 세계에서만 일어나는 일이 아니다. 종교 세계에서도 비일비재하게 나타난다. 종교가 자신의 세계에만 몰두하면 타자적 종교의 인식이 결핍되고 타자의 종교로 향한 리비도 에너지를 거두어들이면서 자신의 종교만 바라보게 된다. 마치 자신의 종교만을 제일 완벽하며 우월한 것으로 보게 되는 것이다. 이러한 자기 성애적 종교는 인격 성숙을 가져오지 못한다. 리비도가 자신의 종교나 신앙에만 고착화되어 타자와의 건전한 관계를 형성하지 못한다. 이 리비도에 대해서 자크 라캉(Jacques Lacan)은 다음과 같이 말한다. "그것은 순수한 생명 본능, 즉 불멸하는 생명, 억제할 수 없는 생명, 어떤 기관도 가질 필요가 없는 생명, 단순화되고 파괴 불가능한 생명으로서의 리비도다."

함석헌은 이와 같은 자기 성애적 종교관에서 탈피한다. 그는 자신을 "한 종교의 특수성에 사로잡힌 것이 아니라 보편주의에 선 사람이라는 것을 밝"힌다. 나아가 "꼭 그리스도교에만 진리가 있다든지 그런 입장이 아니라"는 것을 분명히 한다. 종교의 특수성에 집착하는 종교적 나르시시즘에 빠지는 것을 경계하는 말이라고 할 수 있다. 우리 사회의 종교들은 여전히 나르시시즘에 빠져 있다. 이런 상황은 그나마 포용성을 강조하는 불교도 예외가 아니다. 엄격한 신앙 행위를 강조하면서 메카를 향해 하루에 다섯 번 기도를 올리는 이슬람교 역시 나르시시즘에 도취되어 있다. 종교의 개별성 혹은 특수성에 대한 존중을 논하는 것이 아니라 그것의 절대성만을 강조하는 게 문제이다. 나르시시즘은 자신의 절대성에서 기인하는 것이다. 타자와의 관계성과 건전한 비교를 통해서 자신의 장단점을 발견하는 것이 아니라, 아예 타자를 인식하지 못하고 자신이 전부라는 착각에 빠지게 될 때 리비도는 분산, 분출하지 못하고 만다.

　　리비도의 고착화는 내외적인 질병으로 나타난다. 정신적 질병은 말할 것도 없거니와 육체적 고통까지도 찾아온다. 자신의 종교만이 절대성을 담지한 것이라고 인식할 때 리비도의 에너지는 자신을 괴롭히는 동시에 타자를 힘겹게 만든다. 함석헌은 "종교라는 것은 어느 종교나 자기네들을 절대화해서 우리에게만 절대적 진리가 있다고 했는데 이런 생각은 성립할 수 없어요. 왜냐하면 진리란 누구에게서도 완전히 표시될 수 없으니까"라고 말한다. 대부분의 종교는 진리를 언어로 매개한다. 내부의 신자 사이는 말할 것도 없거니와 외부의 타자와도 언어로 소통한다. 자신의 정신세계를 언어로 표현하지 않는 이상 무의식의 잔존물이 무엇인지 알 수가 없다. 정신분석의 가장 기본이 되는 것이 바로 이 언어적 소통이다. 무의식이 언어화되기 전까지 내담자의 문제를 알수 없는 것이다. 각 종교의 진리 체계도 마찬가지이다. 서로 언어로 진리를 말하지 않고 의사소통을 하지 않는 한 그것은 결국 자폐적 종교가될 수밖에 없다. 진리의 깨달음은 자기만의 깨달음이 아니라 타자와의관계성에서 이루어져야 온전한 진리라고 할 수 있다. 그런데 여기에서진리를 완전하게 전달할 수 있는가? 쉬운 일이 아니다. 정신분석에서무의식을 언어로 완전하게 묘사하기 어렵듯이 말이다.

그렇기 때문에 자신의 진리를 절대화하면 안 된다. 자신의 진리를언어로 풀어내어 그 무의식의 잔존물이 무엇인지 파악하기 전까지는속단하면 안 된다. 더욱이 그것을 타자에게 말할 수 있고 말한 것을 타자가 인정할 때 더 확실한 이성적이고 의식적인 지평이 열리게 된다.진리는 타자의 인정이 동반되어야지, 자기 혼자 주장한다고 해서 진리가 되는 것은 아니다. 타자와의 깊은 의사소통을 통해서 진리를 관계적측면으로 풀어내는 용기가 필요하다. 자기만 알고 있다면 진리를 진리인 줄 누가 알겠는가. 진리는 관계이고 소통이다. 자칫 진리를 자기만가지고 있다고 생각한다면, 이 또한 심각한 나르시시즘의 병폐이다. 진리는 상호 조명을 통해서만 그것이 진리인지 아닌지 구분할 수 있다.자신에게 진리인 것이 타자에게는 진리가 아닐 수 있기 때문이다. 오강남은 이에 대해 진리는 말로 표현할 수 없다는 언표불가능성을 말하면서, 진리는 오직 자유와 해방을 주는 것이라고 확언한다. 그러면서 진리는 실재 그 자체를 꿰뚫어보는 방법이며, 그 실재를 만나기 위한 열림의 길이라고 주장한다(오강남, 『종교란 무엇인가』, 김영사, 2012, 28-31쪽).

나르시시즘적 진리에 입각하여 타자의 진리를 보지 못할 경우에는오히려 그 진리 때문에 화를 자초할 수 있다. 그것은 자기 종교의 진리

절대성으로 타자를 유도하여 자기와 타자의 진리를 동일화하는 것이다. 이것은 모든 종교의 본질은 하나라는 주장과는 다르다. 종교의 본질은 하나이지만, 각 종교의 진리나 진리 체계는 차이가 있다. 진리를 담고 있는 형식이나 언어, 역사, 배경, 철학, 사상 등이 다른 것인데, 그 특수한 차이를 동일성의 폭력으로 강제할 수 있다. 동일한 것은 종교의 본질이지, 각 종교가 표방하는 진리의 내용이 아니다. 각 진리의 내용 차이는 인정해야 한다. 반면에 종교 나르시시즘 관점에서 보면 자신의 잣대로 타자의 진리마저도 자신의 종교적 진리에 종속할 수 있다. 나아가 아예 흡수하여 일치시키려는 욕망마저 엿볼 수 있다.

　종교의 나르시시즘의 또 다른 병폐는 지나친 배타성이다. 자기의 절대성은 곧 타자의 배타성과도 맥을 같이 한다. 자기만 알고 자기만 인식 가능하다고 하는 종교관을 갖고 있는 사람일수록 타자에 대해서는 영 무지한 경우를 보게 된다. 다른 종교에 대해서는 하나도 모르면서 타자에게 투영된 자기의 얼굴 이외에는 무관심한 것을 볼 수 있다. 그들은 하나의 신념 체계와도 같은 종교의 성격을 여러 종교가 공유한다는 것을 인정하지 않는다. 그저 자신의 종교만이 특수한 종교성을 갖고 있다고 절대적으로 내세우는 것이다. 배타적인 발언과 행위는 결국 자신의 무의식의 실재계(the real)가 무엇인지 잘 모르기 때문에 그것을 상징적인 언어로 풀어내지 않는 한 자신의 종교 세계가 어떤 그림을 가지고 있는지 인식하지 못한다. 상상계(the imaginary)의 자기 인식은 자기애에 빠져서 되고 싶은 나, 타자가 그렇게 봐주기를 원하는 모습, 곧 이상적인 나(Ideal-Ich)를 강화하는 방향으로 틀을 잡아 종교관을 형성한다. 따라서 종교의 나르시시즘은 주체적인 나의 모습이 아니다. 타자의 욕망으로 만들어진 허구의 산물일 뿐이다. 그럼에도 각 종교는 마치 자신의 주체적이면서 자주적인 의지로 타자를 마주 대하는 것처럼 생각한다. 이에 라캉은 욕망에 따라 행동하는 욕망의 법을 추천한다. 전통과 교리, 교육을 통해 내면화한 자아 이상과 욕망의 법을 적절하게 조화할 수 있는 종교가 필요하다. 지나친 초자아(Über-Ich) 때문에 유죄를 선고받은 종교는 자신을 학대하고 착취하기 마련이다.

이에 대한 대안으로 니시타니 게이이치(西谷啓治)의 종교관이 도움이 될 것 같다. 그는 임마누엘 칸트의 윤리학을 빌려서 종교의 목적의 왕국으로서 인격 공동체를 주장한다. 종교는 자아에 대한 인식과 더불어 타자에 대한 인식을 하면서 서로가 결코 둘이 아니라 하나라는 자타인격(自他人格)의 존엄에 대해서 존경할 수 있는 형제애(fraternity)가 필요하다는 것이다. 더군다나 자기 목적으로서 인격은 인간 혹은 종교의 주체적 본질, 자주성을 표현하는 것임을 인정해야 한다고 역설한다. 리비도적인 자기 주체성만을 완고하게 고집하지 말고 타자의 인격적 주체성에 대해서도 상호 인정을 해야 한다. 더 나아가서 자기를 종으로 보고 타자를 주인으로 삼는 용기도 필요하다. 항상 자기를 중심으로 종교적 사고를 했다면 이제는 "타자를 타자의 근본에서, 타자가 타자 자신으로 실현되어 있는 그곳에서, 타자의 있는 그대로를 사랑하는 것이다." 이것은 무차별적인 사랑, 사랑의 평등을 설파하는 것으로 타자 자신 밑에서 자기 자신과 같이 타자를 사랑하는 이른바 무아의 실존 혹은 자타불이적 실존의 삶이 중요함을 일깨우는 것이다(니시타니 게이이치/정병조 옮김, 『종교란 무엇인가』, 대원정사, 381-389쪽). "… 실제로 사람을 짐승과 가장 구별해야 하고, 또 이성적 피조물인 사람을 짐승 이상으로 가장 각별히 고양해야 하는 종교에서 종종 사람이 가장 비합리적이며, 짐승 자체보다 더 지각없는 것처럼 보인다. 나는 그것이 불가능하므로 믿는다(credo, quia impossibile est, 테르툴리아누스)는 것은 훌륭한 사람에게 열정의 재담으로 간주될 법하지만, 사람들이 자신의 의견이나 종교를 선택하는 아주 나쁜 규칙임이 입증될 것이다"(존 로크, 『인간지성론 2』, 정병훈·이재영·양선숙 옮김, 한길사, 2014, 415쪽). 존 로크의 말처럼 좀더 인격적 이성에 입각하여 자신의 종교와 타자의 종교를 합리적으로 바라볼 수는 없는 것일까? 설령 차갑고 날선 논증적인 정신이 개입된다고 하더라도 말이다.

성과주의 사회와 종교임금노동자

성스러운 임금노동자를 착취하는 종교에서 탈피

애초에 종교를 사회병리적 문제로 인식한 칼 마르크스(K. Marx)는 『공산당 선언』에서 이렇게 주장한다. "부르주아지는 이제까지 존경받으며 경외의 대상이었던 모든 직업에서 그 신성한 후광을 걷어내었다. 부르주아지는 의사, 법률가, 성직자, 시인, 학자 등을 자신들에게서 돈을 받는 임금노동자로 바꿔놓았다." 자본주의 사회에서 성직자조차도 이미 임금노동자로 전락했다는 사실은 부인하기 어려울 것 같다. 정치경제적 메커니즘과 직간접적인 영향을 주고받는 종교가 자본을 배제한 채 집단을 운영하는 것은 사실상 불가능하다. 그러다보니 현대 사회에서 성직자도 자본가에 귀속된 임금노동자가 되었다. 그런데 칼 마르크스의 시선에서 보면 임금노동자의 삶이란 어떤 것인가? 그는 『공산당 선언』에서 노예와 프롤레타리아를 구분하고 있는데, 전자는 한번에 팔려가는 것과는 달리 후자는 매일, 매시간 자신을 팔아야 한다고 말한다. 그러면서 노예는 경쟁 밖에 있지만, 프롤레타리아는 경쟁 속에 있으며 경쟁의 모든 동요를 느낀다고 적시한다. 이렇게 동료와 선후배, 그

외 다양한 계층에 있는 약자들과 경쟁을 함으로써 자신의 쓸모, 즉 사용 가치가 있다는 것을 반드시 증명해내야 한다. 게다가 노동자가 받는 임금이라는 것은 실상 노동자 자신이 노동력을 유지하고 노동자 계급이 모두 죽어 사라지지 않도록 하는 데 필요한 만큼의 생활 수단 정도에 지나지 않는다. 다시 말해서 노동자의 임금은 생계에 필요한 최저치에 불과한 것이다. 이것은 비단 일반적인 사회 노동 시장에서만 발생하는 현상이 아니다.

어쩌면 이와 같은 노동자의 임금, 즉 노동의 생산 비용을 현대 자본주의 사회의 성직자 임금과 단순 비교를 한다는 것이 무리일 수도 있다. 다만 이 임금을 지급하는 주체의 권력 계급, 또는 마치 대자본가 계급이 생활 수단을 생산하는 데 필요한 도구인 기계와 공장, 원료를 소유하는 것처럼, 종교적 건물을 소유하는 종교권력 계급(교종, 주교, 담임목사, 장로 등)은 생계에 필요한 식료품을 얻기 위해 자본가에게 노동을 파는 임금 노동자인 프롤레타리아, 즉 무산자 계급과 다를 바 없다. 그들도 끊임없이 종교임금노동자 간의 경쟁을 유발시켜서 긴장을 야기하고 생산적인 성과를 내놓으라는 강압과 강제, 지배와 통제를 하기도 한다. 그들은 이른바 종교제국주의를 확장하기 위해서 혈안이 되어 있는 지배자처럼 독과점을 마다하지 않는다. 그래서 계속해서 무산자 계급을 착취하여 성과급 교회, 성과 종교가 되어가는 것이다. 개척하라, 선교하라, 사찰을 지어라, 포교하라 등등은 산업사회의 성과주의와 전혀 다르지 않다.

자본이 있는 종교가 호황을 누리는 것이 당연시되었다. 자본가들은 대부자본(대출로 받은 초기 자본금), 지주자본(토지를 임대하고 대가로 임대료〔지대〕를 챙기는 자본), 산업자본(회사와 같은 제조업체 등), 상업자본(유통 분야에서 전문적으로 활동하는 자본) 등으로 이윤을 낸다. 이것이 앞에서 말한 종교제 국주의로 가는 지름길이다. 종교시장에서 시장을 석권하는 거대기업처럼 독점자본적인 교회는 자본 집적(벌어들인 이윤으로 생산수단과 노동력을 추가로 구입하여 생산 규모를 확대해나가는 것을 확대재생산이라고 하고, 확대재생산 과정을 통해 자본의 크기를 불려나가는 과정)과 자본집중(경영이 악화되거나 도산한 기업은 다른 기업에 인수합병되기도 한다. 이런 과정을 통해 자본이 덩치를 불려나가는 방법)을 통해서 끝끝내 살아남는다. 그러나 상승국면을 타면 호황이 지속되고 단순히 종교 상품을 너무 많이 생산하는 정도가 아니라 종교 소비자들의 구매력으로 소화하기에 너무 많은 상품을 생산하게 된다. 이른바 종교 과잉 생산이다. 공황은 생산의 무정부성과 종교 소비자의 구매력이 부족해서 기업의 창고에 재고가 쌓이는 종교 과소소비로 이어진다. 그래서 불필요하게 남아도는 잉여인간이 되거나 잉여교회가 되어버린다. 결과적으로 지금의 문제처럼 종교적 산업예비군(실업자)이 많이 발생할 수밖에 없는 것이다.

야성을 지닌 종교가 되어야 한다!

"예언자는 거의 다 야인이다. 예레미야, 엘리야, 아모스, 호세아, 세례 요한은 다 그중에서도 두드러진 사람들이요, 예수는 순수한 들사람이었다. 그는 들의 백합을 솔로몬의 옷보다 더 아름답게 보았고, 생활방식을 공중에 나는 까마귀에 배웠으며, 그의 눈엔 당시에 서슬이 시퍼런 헤롯도 한 마리 여우로밖에 아니 보였다. 무엇을 먹을까, 무엇을 입을까, 걱정하지 말라 할 때 그는 온전히 문화인의 테두리 밖에 섰다. … 예언자의 공로는 거기 있다. 기독교가 서양 문명의 등어리뼈 노릇을 했다면 그것은 문명긍정주의로서가 아니요, 문명부정주의로서일 것이다. … 미국 기계를 가져다 공장을 시설하는 사람은 한때 돈을 모으겠지만, 우리 경제는 반드시 파괴된다. … 지금 우리나라엔 영리한, 약은 문화인만 있고 어리석은 들사람이 없어 이 꼴이다. 교사도 목사도 다 약다. 다 제 몸을 보호할 줄 안다. … 소크라테스처럼, 세례 요한처럼, 예수처럼 어리석은 사람이 없다." 함석헌의 말이다. 산업문명과 서구식 자본주의 문화로 인해서 정신세계가 잠식당하는 한국 사회를 통렬하게 비판하는 그를 보고 있노라면 자본가에게 빌붙어 사는 종교가 오늘날의 민중들을 계도하기는커녕 더 자본화되고 양적 팽창을 하려는 자본축적형 종교가 되고 있음을 반성하게 된다. 자본축적형 종교는 먹고사는 문제, 당면한 현실 문화를 비판적으로 바라보기보다는 야합하고 타협하는 종교가 되어버린다. 그러면서 하층 계급, 고용인, 프롤레타리아와 같은 취약한 계급을 착취하는 종교 권력 집단이 될 수밖에 없는 것이다. 노동자가 자본가에게 빼앗긴 시간, 즉 온전히 자본가의 이윤을 위해 일한 시간을 잉여노동이라 하고 잉여노동을 통해 창출된 교환가치를 잉여가치(Surplus Value)라 부른다. 잉여노동을 통해서 끊임없이 잉여가치를 산출하는 무산자 계급의 신분을 가진 고용된 성직자, 사무원(장), 집사(사찰) 등이 그런 임금노동자, 임금노예가 되는 것이다. 문제는 그들이 자신의 몸만 착취당하는 것이 아니라 정신까지도 착취당한 데에 있다.

　들사람이 되어서, 야성을 간직한 종교가 되어서 성과주의에서 벗어나 자기를 배려하고 동시에 타자를 배려하는 종교가 되지 못하는 이유가 여기에 있다. 종교 상품—그것이 설교이든 경건이든 선행이든 간에—을 그럴듯하게 포장하고 속임수를 동원하여 어떻게든 시장에 온전하게 내다 팔려면 '거룩'이라고 하는 물건을 잘 만들어내야 한다. 이것은 자본주의이든 교회이든 간에 돈이 전부라고 생각하는 물신주의와 똑같다. 그러다 보면 한병철이 지적한 성과사회(Leistungsgesellschaft)라는 기이한 종교적 노동사회가 도래할 것은 뻔하다. 자본주의 내에서 이익의 극대화를 가져와야 한다는 논리는 자연스럽게 동일한 종교임금 성직자 계급에게 잉여노동을 강요할 수밖에 없고 그것은 결국 그들을 임금노예로 부리게 되는 것이다. 종교 집단에서 성과를 만들어내기 위해서 '아니오'라고 말할 수 없으며 무엇이든, 어떤 일이든 할 수 있다는 능력(Können)의 긍정성을 통하여 생산성 향상에 과도할 정도로 기여하는 노동자가 된다. 따라서 종교임금노동자는 자기 자신이 되지 못하고 성과를 위한 압박에 시달리다 못해 마침내 우울증 환자, 탈진한 영혼이 되고 마는 것이다. 한병철의 날카로운 비판처럼, "우울한 인간은 노동하는 동물(animal laborans)로서 자기 자신을 착취한다." 그뿐만 아니라 그는 "파괴적 자책과 자학"을 하면서, "성과주체는 자기 자신과 전쟁 상태"로 돌입하게 된다.

이때 종교적 노동 시장에서 자기 착취를 하는 성과주체인 종교임금 노동 성직자는 '아니오'라고 말할 수 있는 힘을 길러야 함과 동시에 스스로 자기 자신이 되는 길을 택해야 한다. 그것이 함석헌이 말한 야인이 되는 것이요 들사람이 되는 것이다. 야성, 즉 '아니오'라고 말할 수 있는 임금노동자라야 자기 노예 상태에서 벗어날 수 있다. 오늘날의 자본주의 사회에서 먹고 사는 문제, 입고 사는 문제, 몸을 뉠 곳을 마련하는 문제에서 해방되는 순수한 야성이 과연 제 기능과 제 역할을 발휘하는 힘이 될 수 있을까, 하는 의문을 가질 수도 있다. 그러나 모름지기 종교는 항상 반문명적·반문화적·대항적·저항적(resistere/re-sisto, 멈추다) 성격을 지니고 있었다. 그와 같은 종교적 힘을 토대로 스스로 자기 자신이 되는 길을 마련하면서 성과주체가 되어야 한다는 강박관념과 우울증, 신경증, 과다피로를 일으키는 끊임없는 성과를 내야 한다는 생각(Fortdenken)에서 벗어나서 아무 생각도 하지 않는 관상적 삶(관조적 삶, vita contemplativa)을 지향할 필요가 있다. 이탈리아의 철학자이자 미학자인 조르조 아감벤(G. Agamben)은 이렇게 말한다. "인간의 궁극적인 행복은 신을 관조하는 데 있다." "관조의 완성을 위해서는 사실 육체의 무사안전이 필요하며 이 육체의 안전에 삶이 필요로 하는 모든 생산품들이 종속된다." 또한 프랑스 철학자 가스통 바슐라르(G. Bachelard)도 "관조능력은 본질적으로 창조력이다. 관조하는 우리는 우리의 내면에서 태어나는 관조의지를 자각하고, 관조의지는 그렇게 태어나자마자 거의 곧바로 우리가 관조하는 대상의 운동에 동참하려는 의지로 변이한다"라고 말한다.

(종교)임금노동자는 대자본가 계급을 위한 엄청난 성과를 내려고 쉼없이 생각에 생각을 거듭해야 한다. 하지만 종교적 노동자는 본래의 소임대로 생각을 멈추고 자기 자신이 되고자 사유하는 성직자가 되어야 한다. 종교 또는 종교적 임금노동자가 현대의 지배적인 자본주의 문화에 대해서 '아니오'라고 용기 있게 말할 수 있는, 예수와 같은 문화부정주의자가 되어 성과 압박으로 인한 탈진과 소진에서 벗어날 때, 이 사회와 세계를 느슨하고 여유로운(otium/licere), 인간다운 세계, 정신의 가치를 소중하게 생각하는 세계로 만들 수 있을 것이다. 더불어 지금도 중세와 다름없이 자행되고 있는 성직 세습 및 종교(교회) 세습을 통한 물질적·정신적 생산수단(종교시설, 종교건축물 등)의 사적 소유를 폐지하고 공동소유, 공동계획, 공동이용, 공동합의를 원칙으로 하는 새로운 종교 코뮌(commune)을 모색해야 할 것이다.

4부

인간의 절대적 자유를
위한 종교

공동의 세계를 상실한 개인과
혁명의 기억을 말살하는 재앙공동체

오늘날 인간의 개별성에 대한 인식이 커지면서 공동체성이 희박해지는 것은 아닌가 하는 물음이 제기되기도 한다. 그러나 공동체성이 강조된다고 해서 나의 주체적인 의지로 공적 이익이나 공공성, 혹은 나아가 공동선을 앞세우는 것도 아니다. 타자에 의해서 나의 의지가 공동체성을 욕망하도록 한다면 그것은 공동체성을 내가 욕망했다고 보기 어렵기 때문이다. 스피노자(Benedictus de Spinoza)는 일찌감치 신을 경건성 및 공공선과 연결 지으면서 타자를 고려하지 않은 공동체성은 무의미하다고 지적했다. "게다가 개인의 경건의 실천—이것은 모든 사람의 의무이다—이 공공의 선과 일치하지 않는다면, 아무도 올바르게 신에게 복종할 수 없다는 것을 우리는 안다. … 따라서 누구라도 자신의 경건과 종교가 공공의 선과 일치하지 않는다면 신의 명령에 따라 자신의 이웃을 향한 경건을 실천할 수 없다." 스피노자의 요지는 간단하다. 개별적인 인간의 종교성이나 경건이 공공선과 일치하지 않는다면 그것은 거짓이고 타자인 이웃을 위한 것이 아니라는 점이다. 우리가 공동체성을 강조하는 이유는 개별적 인간의 삶을 집단 안에서 안전하게 보장 받고 그것을 위해서 나뿐만 아니라 타자에게도 위해를 가하지 않으면 서 타자와의 상호 이익을 증진하려는 것이다. 이와 같이 종교의 공동체 성에는 개인의 이익보다 경건성과 종교성의 탁월한 보존과 그 특성을 집단적으로 강화하고 확산하려는 데 목적이 있다. 그것은 공동체의 이 익과는 다르다. 반드시 타자의 정신과 물질의 이익을 위해서 존재하는 것이지 개별적인 인간의 안위를 위한 무슨 비의적인 낯선 문화를 향유 하는 집단이 아닌 것이다.

정진홍은 이것을 종교의 '감동'과 '공감'이라는 핵심어로 표현한다. 종교란 감동의 확산과 공감의 전이로 이루어진 것이다. "종교공동체란 감동의 경험 주체에 의하여 그 감동이 의도적으로 전이되고 확산되면 서 이루어지는 감동공동체입니다. 감동은 스스로 확산되면서 공감을 낳고, 그 공감은 '공감하는 감동의 공동체'를 낳는 데 이릅니다. 이러한 감동공동체가 다른 공동체들과 더불어 커다란 공동체의 구조 안에서 하나의 작은 구조로 현존하는 것입니다." 또한 그는 "의례는 감동의 원 천"이라고 말하면서 "감동의 재생산"의 종교성에 주목한다. 사실 지금 의 종교는 '무관심성'의 재앙 속에 있다고 해도 과언이 아니다. 무관심 성이라는 다소 중립적인 미학 용어를 사용하는 이유는 사람들이 종교 에 대해서 관심을 거둔 듯한 데다 종교 안에서 정신적 이익의 극대화를 추구하려는 적극적인 시도도 하지 않기 때문이다. 다시 말해서 사람들 은 종교에 어떤 사적 이익도 바라지 않는다는 말이다. 따라서 이러한 묵시적 재앙이라 말할 수 있는 시대에 종교가 공동체의 면모를 재확인 해주려면 감동을 불러일으키는 감성적 종교, 공감을 불러일으키는 연 민의 종교, 타자의 삶에 깊숙이 들어가는 종교가 되지 않으면 안 된다.

사람들은 종교의 공동체성 안에서 그러한 종교의 본질을 다시 보기 원하는 것인지 모른다. 반복적 의례는 매너리즘에 빠져 있고 각 개별 신자에게는 어떤 삶의 방향성도 제시하지 못하는 종교는 신앙을 통해서 정신과 물질적 가치의 재생산을 기대하기 어렵다. 물론 종교가 물질적 가치를 재생산한다는 의미는 신앙한다고 해서 물질적 삶에 경도되고 페티시즘의 향락에 도취되도록 해준다는 뜻과는 다르다. 과거의 전통 혹은 창교자의 순수한 삶의 열정과 정신 그리고 물질적 가치에 대한 시각을 오늘의 시각에서 다시 기억하게 하고 새로운 삶의 방향성을 찾도록 만들어준다는 것으로 해석해야 한다.

더군다나 사람들은 성과사회에서 공동체적 존재로 살아가기보다는 점점 더 개별적 존재로 고립되면서 타자와 경쟁해서 타자를 밀어내고 심지어 자신의 이익과 생존을 위해서 자기를 착취하는 존재로 살아갈 수밖에 없다. 사회적 공동체성이 무너지는 지점이 바로 여기에 있다. 한병철은 성과사회를 비판하면서, 자기착취적 존재로서 우울증에 빠질 뿐만 아니라 살아도 산 목숨이 아니고 죽어도 죽은 존재가 아닌 듯이 살아가는 현존재에 대해 연민의 시선을 보낸다. 종교는 이러한 상황에서 무엇을 할 수 있을까? 종교마저도 자본주의와 성과주의에 편승해서 자율적인 경쟁을 통해 타자의 생존권을 유린하고 자신의 생존 의지를 불태워야 한다고 말할 수는 없는 노릇이다. 종교는 종교공동체 안에서 추구하는 삶의 방식처럼 개별 의지를 무시하지 않고 도리어 개별 의지를 공동체 의지로 확대할 수 있는 가능성들을 제시해주어야 한다. 과거 종교공동체의 이상이 개별성을 말살하는 경향이 있었던 것은 사실이다. 소승불교가 그러했고 가톨릭이 그러했기 때문에 대승불교와 개신교가 탄생한 것이 아니겠는가. 개별성을 억압할 때 종교의 무의식은 또 다른 리비도를 통해서 종교의 의식화와 승화의 의지를 불태웠다. 따라서 개별 의지의 존중과 공동체 의지의 상호 조화는 종교가 종교 노릇을 제대로 할 수 있는 좋은 방편이다. 그것을 올곧게 보여줄 때 사회나 국가가 공동체의 의지를 통해서 개별 존재의 의지를 억압하거나 강제하지 않을 것이다. 종교가 사회공동체를 통합하고 계도한다는 측면에서 순기능의 역할을 해왔다는 것은 감동과 공감의 감성 인식을 통해서 더불어 사는 삶의 모습을 보여주려고 했다는 것을 말한다. 따라서 자아와 타자, 개별 존재와 공동체 존재가 어떻게 더불어 살 것인가 고민하면서 그 정신과 이상을 가르쳐주어야 한다.

우리의 국가나 사회는 지나칠 정도로 공동체성을 강조하면서 개별 민중의 삶을 짓밟고 파시즘으로 일관하고 있다. 전체주의의 바탕에서는 공동체를 위한 희생과 죽음, 투쟁과 갈등만이 존재할 뿐 화해와 사랑, 배려와 관용, 평화와 자비 등의 형이상학적 가치는 철저하게 파괴되고 있다. 이러한 가치들이 단지 종교적 가치만은 아니다. 국가나 사회 그리고 수많은 공동체를 유지하는 방향타 역할을 하는 훌륭한 초월적 가치라는 사실을 직시해야 한다. 외형적 가치나 효율성의 가치가 최우선인 양 호도하는 국가나 사회에서는 미적 가치와 같은 비효율적인 감성 가치는 하등의 이익이 되지 않는다. 더군다나 개별 민중의 아름다운 마음 같은 것은 안중에도 없다. 다만 있다고 하더라도 그것은 정치의 수단으로서 감성을 선동하는 것에 지나지 않는다. 어느 때는 한 사람의 의지나 자본의 의지가 마치 공동체의 의지를 대변하는 듯이 보인다. 개별 민중은 그 의지에 유희(Spiel)와 즐거움의 감성으로 화답하는 듯이 보이지만, 실상은 자신의 주이상스(jouissance)에 치중할 뿐 모든 것을 거세당한 민중은 공동체의 의지에 의한 트라우마로 아파하기만 한다.

그래서 공동체의 합의가 없는 감성은 개별 민중에게 상처만 주게 된다. 그렇다면 거세당한 개별 민중의 의지를 공동체 의지와 조화를 이루면서 살아가게 할 수 있는 방법은 없는 것일까?

우리는 학교공동체, 종교공동체, 정치공동체, 국가공동체, 민족공동체 등 수많은 공동체 속의 개별 존재로 살아간다. 그런데 정작 각각의 이러한 공동체의 속성이 갖고 있는 의지들이 개별 민중의 의지를 소멸시키고 있는 것은 아닌지 식별해야 한다. 이데올로기는 종교와도 같아서(religionlike) 그것에 중독이 되면 헤어 나오기 어렵다. 개별 민중의 의지가 약하게 된 이유도 스멀스멀 올라오고 은연중에 파고드는 그러한 이데올로기를 잘 간파하지 못했기 때문이기도 하다. 여기에서 중요한 것은 공동체적 이성과 감성 그리고 개별 민중의 이성과 감성을 어떻게 재분배하고 분할할 것인가, 하는 것이다. 재분배와 분할은 결국 '몫'의 문제이다. 공동체를 위해서 이성과 감성, 정신과 물질을 양도하라고 개별 민중에게 강요할 수는 없다. 또한 개별 민중 자신의 이익을 위해서 공동체의 이성과 감성, 정신과 물질을 다른 타자보다 더 많이 가질 수도 없다. 또 그렇게 주장해서도 안 된다. 이것이 오늘날 개별 존재와 공동체의 문제를 정치미학적 측면에서 다루어야 하는 이유이다.

따라서 향후 공동체는 개별 민중의 의사를 존중할 뿐만 아니라 공동체 고유의 타자성을 저해하지 않는 윤리적 공동체를 지향해야 한다. 정치공동체가 해방의 공동체가 되어야 하고, 종교공동체가 사랑과 자비의 공동체가 되어야 하며, 학교공동체가 이성과 감성을 조화시키는 공동체가 되어야 한다는 것은 공동체가 결코 권력이나 폭력, 지배의 공동체가 되어서는 안 된다는 근본 성격을 규정하는 것이다. 앞에서 말한 것처럼 모든 공동체는 근본적으로 집단적 해방을 기획하는 '윤리적 공동체'(자크 랑시에르)가 되어야 한다. 집단적 해방은 개별 민중의 의지와 공동체의 의지가 다투는 것이 아니라 끊임없이 합의하고 조정하면서 가장 이상적인 형태의 삶의 모습을 상상하는 것이다. 모든 공동체는 특수한 기능을 하며 특수한 공간을 부여 받는다. 그럼으로써 공동의 세계를 분할하는 새로운 형태를 구성한다. 그러나 반드시 고려해야 할 것은 공동의 세계가 상업적·자본적으로 분할되는 것이 아니라 관계망에 따라서 분할되어야 한다는 것이다. 공동체와 개별 존재는 그런 의미에서 공동의 세계에 함께 있으면서 자신의 역할을 수행해야 하는 존재이기에 윤리적 공동체 내에서의 이성과 감성의 재배치를 필요로 한다.

그 외 개별 민중의 의지와 공동체의 의지 사이에 어떤 동맹이 요구되는 것일까? 원거리의 대립이 아니라 근접성의 독특성을 인정하는 것이다. 하지만 우리는 정치적·종교적 공동 세계의 분할에서 합의의 재구성을 해야 하고, 공동 세계의 분할 이전에 공동의 공간에서 함께 존재하고 있다는 것을 잊지 말아야 한다. 이견(dissensus)에 대해서는 갈등하고 반목하는 것이 아니라 서로의 공통 감각을 가지고 충분한 시간과 공간을 두고, 삶의 현실을 정치나 종교 현실과 분리된 영역으로 보지 말고 항상 '자유로운 공동체', '자유로운 개인'이 양립할 수 있는 길을 모색해야 할 것이다. 개별 민중에게 특수하면서 이상적인 공간을 약속하는 것이 공동체의 의지여야 하고, 공동체의 의지나 공동체의 공간이라 할지라도 결단코 개별 존재의 공간을 소유하고 사유화할 수 없다는 것을 인식해야 한다. 그것은 삶의 자율성과 밀접히 연관된다. 개별 민중의 삶의 양식의 자율성을 확보해주지 못하는 공동체의 의지는 폭력이 될 수밖에 없기 때문에, 그 공동체 안에 존재하는 개별 민중은 자신의 분할된 감성을 자유롭게 표현할 수 없는 것은 당연하다. 종교는 공동 신앙을 전제로 하면서 개별 민중에게 그 공동체의 공동의 존재 양식을 표현하기를 바란다. 하지만 개별 민중의 분할된 종교적 감성이 어떻게 담기게 할 것인가를 고려하지 않는다면 공동의 존재 양식이 오히려 폭압으로 기능할 수 있다. 마찬가지로 종교공동체는 철저하게 자율과 자유, 해방 공동체(3·1혁명의 이념과 정신의 외현과 동일한 맥락)여야 한다. 그것을 통해서 국가와 사회 등의 여러 공동체에 분할과 존중, 평등과 정의의 목소리를, 무관심의 관심성을 아방가르드의 종교성으로 보여줄 수 있어야 한다. 그러한 아방가르드는 항상 위협의 대상이다. 이질적인 형이상학적 감성이 국가와 사회 그리고 여러 공동체에 허용될 수 있도록 해야 하고 공동 세계의 정직한 분할을 위한 감성의 메타 담론, 메타 저항 담론이 되어야 한다.

자크 랑시에르는 "미적 쾌감은 인간 의지가 물질을 지배하는 쾌감이다. 여기에서 물질은 인간 의지의 고유한 작용에 대한 반영으로 관조된다"라고 말한다. 물질을 지배하는 쾌감은 관조에서 비롯한다. 미적 쾌감은 물질을 전제로 하지 않는 이상 느끼기 어렵다. 물질세계라는 말이 더 정확할 것 같다. 물질세계를 공유하는 공동의 세계에서 감성적 관조는 인간의 해방을 뜻한다고 할 수 있다. 인간의 개별 의지가 이렇듯 물질적 관조에 의한 쾌감으로 선회할 수만 있다면 공동체적 의지와 공동 세계에서의 감성의 분할과 이성의 분할이 결코 어려운 일도 아닐 것이다. 자본의 세계, 공동의 세계에서 국가의 죽은 메커니즘에 맞서 새로운 공동체를 구현하고 새로운 공동 세계를 꿈꾸려면 더욱더 개별 민중의 이성의 분할, 감성의 분할을 통한 (정치)미학적 혁명, (정치)미학적 해방이 절실하게 요청된다.

신성한 것들의 이중성의 화(禍)

　　함석헌은 "종교는 사람 살림의 밑둥이요 끝이므로 이것이 문제 중에
도 가장 긴한 문제"라고 말한다. 이 글귀만 봐도 종교의 목적은 사람을
살리는 데 있다는 것을 알 수 있다. 그런 의미에서 사람 살림, 즉 사람의
정신을 어떻게 살릴 것인가, 사람의 마음을 어떻게 살릴 것인가, 사람
의 먹고 사는 문제에 대해서 어떤 관심을 쏟을 것인가, 하는 것이 종교
의 존재 의미와 역할이다. 구원이나 해방, 열반의 문제도 결국 살림의
문제가 아니던가. 종교가 성(聖, sacred) 혹은 누미노제(numen; numinose)
의 문제에 관여한다는 것도 알고 보면 살림의 총체적인 영역에 개입하
여 개인의 살림살이와 우주적인 살림살이에 책임을 지는 자세를 어떻
게 취할 것인가와 밀접한 연관이 있다. 에밀 뒤르켐(E. Durkheim)은 "신
성한 것들이 우리가 신 또는 영(靈)이라 부르는 인격적 존재들로만 한
정되는 것은 아니다. 바위, 나무, 샘, 조약돌, 나뭇조각, 집을 비롯한 그
어떤 것이든지 신성한 것일 수 있다"라고 말한 바 있다. 이처럼 우리는
삶의 모든 영역에서 신성한 것들을 발견하고 느끼게 마련이다. 그래서
뒤르켐이 "종교가 없는 사회는 없다"고 주장하고 있는지도 모른다. 신

성함의 확장을 통하여 종교의 우주성이 종교성과 종교심성을 지닌 범사물로 넓혀지는 것은 좋은 일일 것이다. 이는 초월적 대상이나 인격적 존재로부터 연원하는 신성함에 의존하는 것을 넘어서서, 편재하는 종교적 믿음의 대상으로 그 자유로움을 표현할 수 있으니 어느 한 대상에게만 굳이 구속될 이유는 없는 듯하다.

인격적 존재나 고등종교를 빙자하여 자신의 종교에만 구원과 해방이 존재한다고 발언하는 것은 편견에 지나지 않는다. 그러므로 종교성을 지닌 것들이 도처에 존재한다는 발상을 다만 원시종교나 하등종교에서만 볼 수 있는 종교 인식이라고 치부하면 안 될 것이다. 이미 이러한 범재신론적 신관과 신성성이 오늘날에 와서 매우 고무적으로 평가받는 것을 감안할 때 종교의 신성함이 고정적이거나 교리적이며, 더욱이 그리스도교적이어야만 한다는 것은 아집에 불과하다. 하지만 신성함의 확장이 결단코 종교의 본질이나 종교의 건강함의 지표가 되지는 않는다. 신성함을 지나치게 일반화할 때 그 신성함과 신성함의 기표(시니피앙, signifiant)를 모든 것(everything)에 해당한다고 주장하는 문제가 발생할 수 있기 때문이다. 종교의 신성함은 어느 것(anything)도 가능하지만, 그렇다고 모든 것이 신성하다고 말한다면 지나친 일반화의 오류에 지나지 않는다. 자칫 그것은 신성함을 빙자하여 성스러운 것 자체, 성스러운 순수한 본질까지도 신성함 일반에 포섭하려는 욕망으로 작용할 수 있다.

우리는 여기서 현상학적 윤리학자인 에마뉘엘 레비나스(E. Levinas)의 말을 상기할 필요가 있다. "저는 언제나 스스로 묻곤 했습니다. 성스러움이, 즉 분리 또는 순수함이, 영(Esprit)이라 불리면서 유대교에 생명력을 부여하는―또는 유대교가 염원하는― 오염되지 않은 본질이, 탈신성화되지 않은 세계에 거주할 수 있을지를 말이지요. … 신성함의 누이 또는 사촌누이인 마법은, 최고의 세계에 받아들여진 오빠와의 관계로 인해 가족 가운데서 수혜를 입는 다소 타락한 친척으로서, 겉모습 꾸미기의 달인입니다. 따라서 진정으로 탈신성화된 사회는 마법의 이 불순한 책략이 사라진 사회겠지요. 이 책략은 도처에 퍼져 신성함에 생명을 줍니다."

성스러움은 탈신성화된 세계에 머물 수 없으며, 이 세계에 신성함이 사라져야만 성스러움이 존재할 수 있다. 신성하다고 하는 세계가 성스러움을 질식시킬 수 있다는 논지가 아니겠는가. 사람들은 신성함에 물들고 길들어지게 되면 무의식적으로 성스러움에서 등을 돌리게 마련이다. 정치나 경제를 신성하게 여겨서 그것의 마법화가 개인과 집단에게 주술로 작용하면 결국 무비판적인 최면 상태가 될 수 있다. 개인과 집단, 세계를 신비화하고 신성시함으로써 성스러움과 성스러운 것 자체에 대한 식별이 결여된다는 것을 간과해서는 안 되는 이유가 여기에 있다. 자칫하면 신성함을 대신하는 팔루스(phallus)의 기표를 마치 성스러운 것인 양 무의식에 자리 잡게 하고 그것을 자신의 욕망으로 인식해 그 욕망을 향유할 경우에는 타자의 의식에 지배당하고 있는 자신도 객관적으로 바라볼 수 없게 된다. 조지 산타야나(G. Santayana)가 말하듯이, "경건은 정신이 정신 그 자체를 인정하는 것이다." 자신의 경건함을 증명해내는 것은 욕망을 신성함의 자리에 올려놓고 그 신성함과 자신을 동일시하여 경건하다고 주술을 거는 것이 아니다. 오히려 경건은 건전한 정신을 배제하지 않는다. 다시 말해서 신성함의 자리에 있다거나 그렇게 인식하는 종교 의례의 주체는 성숙한 정신을 견지해야 한다.

더 나아가서 분명히 명심해야 할 것은 성스러움이란 자아 바깥의 것이라는 점이다. 성스러움과 신성함을 동일시하게 되면 그야말로 신성함을 마법화해서 그것을 소비하게 된다. 신성함의 주술적 소비의 정치 행태가 자신을 마법화하고 그래서 종국에는 사람들을 마법화하는 것이다. 자신이 신을 만들고 신성함을 부여하고 마법화하면서 타자를 종속시키게 된다. 이처럼 어느 순간부터 모든 것에 신성함을 부여하여 종교를 만들면서 그 종교의 의례를 통하여 개인과 국가집단, 세계를 마법화하는 것이 일상이 되어버렸다. 일상과 종교의 성스러움의 본질은 성격이 다르다. 만일 일상이 성스러움과 동일시된다면 종교가 서야 할 자리는 없어지고 만다. 지금 성스러움은 세계의 모든 것이 신성하다는 이데올로기에 자리를 빼앗기고 인위적인 의례를 통한 정신의 마법화가 진행되면서 종교의 탈성스러움으로 자신의 정체성을 굳혀가고 있는 것 같다. 이러한 상황에서 우리는 새로운 종교상을 희망하지 않을 수 없다.

함석헌은 "종교는 있을 것", 즉 "앞으로 어떤 변동이 온다 해도 종교는 없어지지 않을 것이다"라고 단언한다. 그것도 "새 종교"를 원할 것이라는 것이다. 왜냐하면 "종교가 새롭지 않고 시대가 새로울 수가 없"기 때문이다. 종교가 없어지지 않고 존속하려면 자신부터 항상 새로워야 한다. 새롭다는 것은 종래의 교리를 답습하거나 시대가 변했음에도 구태의연한 의례로 개별 민중을 위협하고 협박하는 것이 아니다. 혹은 앞에서 말한 것처럼 신성함을 마법화하여 거짓 의례로 민중을 현혹해서도 안 된다. 철학자이자 미학인인 로저 스크러턴(R. Scruton)은 "아브라함 전통의 종교들이 희망을 제시하고 있는 것은 사실이다. 이 종교들은 이 세상의 감옥에서 벗어나 영생으로 가는 안전한 길을 약속하고 있으며, 인간 세상에서 영위한 삶의 고됨은 사후의 세계에서 영원히 보상을 받게 될 것이다. 그러나 이 정도의 낙관주의의 효과는 온건한 비관주의의 효과와 다를 바 없다"라고 잘라 말한다. 새 종교의 주장 안에는 낙관적인 종말의 희망을 포함할 수 있다. 그러나 종말론적 낙관주의로 일관하는 태도는 일부에게 낙관적인 신앙 범주에 속할 수 있지만, 다른 일부에게는 비관적인 신앙 범주에 속할 수밖에 없는 포함과 배제의 논리에 구속된다.

이러한 지나친 종말론적 낙관주의는 극단의 비관적인 종말론과 전혀 다르지 않다. 이것이 세계를 신성하게 만들고 개인과 집단을 주술에 걸려들게 만들면서 성스러운 존재의 현존을 불가능하게 한다. 성스러운 존재의 현존 인식은 고사하고 이미 종말론적 낙관주의로 인해서 이 세계를 아예 신성한 곳으로 단정 짓고 더는 개인과 타자에 대해서 사유하지 않는 존재가 되는 것이다. 그러다 보면 종말론적으로 이미 다른 존재자는 비관적인 종말론으로 빠지는 희생자가 되는 악의 구조 속으로 들어간다. 여기에서 우리는 함석헌이 말한 "새 종교"를 이루려면 두 가지를 기억해야 한다. 한 가지는 칼 바르트(K. Barth)가 말한 신의 말씀에 대한 겸허한 해석학적 식견과 더불어 다른 한 가지는 키르케고르(S. Kierkegaard)가 말한 그리스도의 구원에 대한 근본적인 이해이다. 칼 바르트는 "우리는 우리가 신에 대해 이야기해야 함과 동시에, 그럴 수 없으며 바로 그렇게 함으로써 신에게 영광을 돌릴 수 있다는 것을 알아야 한다. … '신의 말'은 신학의 불가능하면서도 필연적인 의무이다"라고 말했다. 키르케고르는 "그리스도는 교의를 제시한 것이 아니라, 행동했다. 그는 인간을 위한 구원이 있다고 가르친 것이 아니라, 실제로 인간을 구원했다"라고 간취했다. 신의 말을 통해 구원의 신비와 신성함을 전달할 때 그 말은 결국 성스러움의 현존을 나타내는 기표가 될 것이고,

그것은 키르케고르가 말한 것처럼 그리스도의 구원의 직접성을 해치지 않는 진실한 기표가 되어야 한다. 기의보다 더 중요한 것이 기표이다. 기표와 기표의 다름을 통해서 기의가 확정되는 것인 만큼 성스러움의 의미 그리고 신성함은 신의 말을 해석하는 해석학자 혹은 발화자의 신중하면서도 자기 검열을 통한 전언이 될 때, 구원과 비구원의 갈림길에서 가장 현명한 판단을 할 수 있는 민중 혹은 정치 지도자가 될 수 있을 것이다.

가용성 편향을 극복해야 할 종교

공적 감각의 대상으로서 신

가용성 편향(availability bias)이라는 심리학 용어가 있다. 쉽게 말해서 자기가 노는 물의 관점에서 세상을 바라본다는 뜻이다. 그런데 이말은 종교계에서도 고스란히 적용된다. 어디 종교계뿐일까만 종교계는 특히 자기의 식견이나 언어, 지식에서 조금이라도 벗어나면 큰일이라도 나는 양 보편적이고 객관적인 시각으로 타자를 바라보는 일에 너 그럽지 못하다. 그나마 종교학적 사고는 가능한 한 연구자의 종교관을 배제하고, 여러 종교에 대해서 객관적으로 바라보려는 태도를 지향하기 때문에 어느 정도 설득력을 갖는다. 반면에 신학적 사고를 하는 사람들일수록 신학적 용어, 엄밀하게 따지면 자신의 신앙적 관점이 가장 본질적이며 정확하다고 여기는 착각에 빠지는 경우가 허다하다. 신학적 개념을 보편적 언어로 치환하여 말하지도 못할뿐더러 신학적 지식과 배경이 없는 사람들에게까지도 특수한 신학적 개념을 마구 사용하면서 논리를 강요하는 경향이 있다. 앞에서 말한 가용성 편향이 매우 심한 집단이 바로 그리스도교인 것이다. "당신이 그것을 어떻게 알 수 있는가?" 하는 종교적 인식론에 대한 답변이 궁색하기 짝이 없는데도 말이다.

그런데 가만히 생각해보면 신이라는 존재는 '사적 감각'이라기보다 '공적 감각'에 가깝다. 개별적 인간의 종교적 체험은 사적이라 하더라도, 그 체험의 대상인 신은 사적 대상이 아니다. 다시 말해서 개인이 소유한다거나 특정 종교가 신을 자신의 것이라고 주장할 하등의 정당성이 없다는 말이다. 신은 누구에게나 감각 가능한 존재이다. 신은 자신을 믿든 믿지 않든 모든 사람에게 열려 있는 존재이다. 따라서 신은 공적 감각의 대상이다. 누구나 감각할 수 있어야 하고 누구나 신에 대해서 이야기할 수 있으며, 타자와 자신의 감각을 공감하도록 보편적인 언어로 이야기할 수 있어야 한다. 아마도 기존의 그리스도교는 여기에서 불통이 되고 말 것이다. 입만 벌렸다 하면 하느님이라는 발언을 무비판적, 무반성적으로 끄집어내는 사람들은 하느님이 자신들의 하느님일 뿐이지 타자의 하느님이 될 수 없다고 주장한다. 만일 공적 감각의 대상인 하느님을 사적 대상인 하느님으로 삼고 싶어 하는 사람이 있다면, 그 하느님을 사적 대상으로 받아들이는 이른바 그리스도교 신자가 되지 않으면 안 된다.

논리적으로 보면 사적 대상으로 고백하려는 하느님을 자신의 것으로 삼고자 한다면, 먼저 신으로부터 신 자신의 소유가 되었다는 어떤 의례 혹은 체험이 있어야 한다는 것이다. 하지만 유독 그리스도교만큼은 불교를 비롯하여 이슬람교, 천도교 등 여러 신을 믿는 종교가 용인하는 공적 감각의 대상으로서 신에 대한 접근을 불허한다. 아니 인정하지 않는다. 여기서 공적(公的)이라는 말의 의미를 상기해야 한다. 공적이라는 말은 공공의 것, 공동의 것, 공통의 것이라고 풀 수 있다. 신은 모든 존재자를 위한 공동의 존재이자 공공의 존재이지 특정한 사람들을 위한 존재가 아니라는 말이다. 따라서 그 대상은 공동으로, 공적으로 열린 대상으로서 감각 가능한 존재여야 한다. 독일의 철학자 토이니센(M. Theunissen)은 의미심장한 말을 했다. 루가복음 17장 21절을 토대로 "신에게 부름받은 곳은 인간들 사이(間)이며, 이 인간들 사이가 현재의 미래다. … 대화를 통해 자기가 되고자 하는 의지는 인간들이 현재 서로 사랑하는 바로 그곳에서 신의 미래가 이루어진다는 것을 성약해주는, 신의 왕국(하느님 나라)을 향한 간절한 염원이다."

토이니센의 철학적 해석에 따르면 신의 나라에서 적어도 동일한 구성원으로서 살아간다는 것은 대화적 만남을 전제해야 한다. 이것을 좀 더 의사소통적 철학으로 확장한 위르겐 하버마스는 "말을 걸었을 때 항상 그 대답이 내가 장악할 수 있는 범위를 빠져나갈 소지가 있는 '다른 사람'과의 대화적 만남(遭遇)은 각 개개인에게 자신이 비로소 진정한 '자기(自己)'임(자기 존재)'이 되는 상호주관적 공간을 열어준다"라고 말한다. 분명히 나와 타자 사이에는 '사이'라는 공간이 존재한다. 그 사이라는 공간, 즉 신의 나라는 존재자들이 사랑하고 대화하는 공간이다. 존재자들의 의사소통이 이루어지는 공간, 사랑과 대화를 통해서 진정한 자기가 되려는 종교인이 신의 나라라는 공간을 공통의 것으로 구체화할 수 있다. 신의 나라라는 공간조차도 공통의 것, 공동의 것, 공공의 것이 될 수 있으려면 개별자들이 타자를 수용하고 사적인 간극을 공적인 관점에서 좁혀보려는 노력이 필요하다. 공적인 관점을 갖지 못할 때 신이라는 공적 감각의 대상과 신의 나라라는 공적 공간을 타자와 공유하는 것으로 인식을 확장하지 못한다.

의사소통적 집합체로서 공적 종교와 수양적/검증적 신앙

종교의 사적 관점은 결국 자신의 종교나 종교적 신념에 따라서 고착화하는 경우가 많다. 물론 사적 종교로서 자신의 종교적 개념에 따라 가치관과 인생관, 물질관, 교육관 등을 형성하는 것은 지극히 자연스러운 현상이다. 하지만 그 사적 관점을 절대화할 경우에는 사적 관점이 마치 공적 관점이며, 반드시 공적 관점이 되어야 한다는 심각한 오류에 빠지게 된다. 더 나아가 사적 관점으로 타자의 관점을 강제하려 하거나, 사적인 종교 체험을 타자에게 강요하여 보편적 경험의 장을 파괴하려는 의지를 내비친다. 하지만 종교의 사적 관점도 의사소통의 장 안에서 상호주관적인 반성에 입각하여 공적 관점이 될 수 있는지 여부를 검증받아야 한다. 아무리 종교가 사적 영역이며 사적 경험의 장이라고는 하나 그것이 갖는 구체적인 삶의 공통적인 지반에서 공적인 관점과 완전히 대치되는 것이라면 건강한 종교라고 자부할 수 없다. 종교가 자신의 사적 관점을 표방하더라도 공동체적 감각, 공동의 감각의 대상으로서 신의 감각의 보편적 접근 가능성을 배제한다면 그만큼의 설득력을 상실하게 된다.

신의 감각이나 신의 나라는 공동의 장, 공통의 장, 공공의 장 안에서 이루어지는 자기와 타자의 의사소통, 대화, 사랑 안에 있음을 잊지 말아야 한다. 사적인 신의 감각과 사적인 신의 나라를 빙자하여 타자의 감각과 감성을 매도하고 차이를 부정하려고 할 때에 더욱더 의사소통이 요구된다. 함석헌은 "모든 것이 다 그렇지만 종교까지도 부정되어야 종교다. 내용으로는 어떻게 고상한 진리를 알았다 하더라도 '이것은 절대 진리다' 하는 순간 그것은 거짓이 돼버리는 것이요, 남이 보기엔 어떻게 열심 있는 신앙을 가졌다 하더라도 '내 믿음은 절대 정신(正信)이다' 하는 순간, 곧 불신이 되어버린다. 그렇기 때문에 종교는 자꾸 새로워질 수밖에 없다'라고 말했다. 종교의 가용성 편향을 극복하려면 사적 관점이 절대라는 아집을 버려야 한다. 자기와 타자가 완전하게 자기화(동일시)되어야 한다는 오만도 내려놔야 한다. 공적 감각의 대상으로서 신이 진정으로 공적 대상이 되려면 상호주관적으로 대화하면서 사적 감각 대상의 신으로 전락하려는 가능성을 막아야 한다. 그것이 곧 함석헌이 말한 종교의 자기 부정이다. 자신의 사적 종교조차도 부정하려는 의지를 가질 때 자신의 종교가 공적 종교, 공동체가 용인하는 종교가 될 수 있는 것이다. 지금 우리 한국 사회는 자신의 사적 종교, 혹은 사적 체험의 종교, 사적 감각의 대상으로서 신에 대해서 공공성이라는 차원을 망각했기에 종교의 자기 부정은 더 시급하다.

과거에는 자신이 믿는 신, 자신의 종교 집단에 따른 정체성만으로 종교인 행세를 했지만, 지금은 종교인의 사적 관점이나 사적 감각이 공적 감각과 공적 가치, 공적 관점을 얼마나 표방하고 있는가를 철저하게 검증하려고 한다. 종교가 추락하고 관심 밖으로 밀려나는 것은 종교 내적인 구성원의 사적 관심에 충실할 뿐 공적 관점으로 사회적이고 세계적인 공공성, 공동성, 공통성에 대해서는 무관심하기 때문이다. 이제 시민들은 사적 감각의 대상으로 여겼던 신을 공적 감각의 대상으로서 신이라는 가능성 혹은 현실성에 참여하기를 원한다. 이른바 그들만의 리그가 아니라 모두를 위한 종교, 모두를 위한 신으로까지 열려 있는 매우 포괄적이고 자유로우면서 해방적인 종교상을 바라고 있는 것이다. 더 나아가서 하버마스(J. Habermas)가 구분하듯이, 이 시대에는 종래의 신에 대한 직접적인 신앙을 통해 그의 은총으로 굳어진 신앙으로서 절대 무너지지 않은 것으로 생각되는 '신실함의 신앙'(spes fidei)에서 이성의 발휘를 통해 인간의 처지에서 그 정당함을 끊임없이 확인함으로써 갖게 되는 믿음인 '수련된 신앙'(docta spes; 필자주 - 의식된 신앙)으로 전환이 이루어질지도 모른다. 점차 달라지고 있는 탈형이상학적인 시대에 자기반성과 자기 자신을 거스르는 회의를 근본에서부터 하지 않는다면 사적 감각의 대상으로서 신, 사적 관점을 견지한 종교는 영원히 외면을 받을지도 모른다. 그러므로 다시 한 번 하버마스가 토이니센에 대해 했던 해석학적 조언을 상기해야 할 것이다. "참된 자기는 의사소통적 자유, 즉 '다른 것(사람)-안에서-자기 자신의-제자리를-잡는-존재'(Im-Anderen-bei-sich-selbst-sein)로서 스스로 표출한다. 그것을 보완하는 관계에 있는 것이 '자기 자신의-제자리를 잡아-다른 것(사람)-안에서-존재하게 되는 것'(Bei-sich-selbst-sein-im- Anderen), 즉 사랑이다. 자유와 사랑의 이 관계 또는 동일시 일치라고 할 수 있는 이 상태야말로 대칭적으로 교착되는 상호인정의 관계가 지닌 훼손될 수 없는 상호주관성의 특징이다."

목소리의 성스러운 주이상스

몸적 언어의 주이상스와 정신적 카타르시스

기호학자 롤랑 바르트(R. Barthes)는 인간이 지닌 목소리의 주이상스(Jouissance)에 대해서 다음과 같이 언급한 바 있다. "육체를 덧댄 언어, 목소리의 결을 우리가 들을 수 있는 텍스트, 고색창연한 자음들 … 몸뚱이의 발화들, 혀가 만들어내는 소리, 의미가 아니라 언어의 표현"(『텍스트의 즐거움』). 어쩌면 산다는 것 자체가 목소리를 통한 이야기를 수행하는 것인지 모른다. 말과 말, 목소리와 목소리의 교환을 통하여 정보와 감정을 주고받으면서 작은 카타르시스의 연속을 추구하고 있는 게 인간의 모습이지 않을까. 더욱이 현대 사회에서는 말과 언어, 그것이 목소리의 언어가 아니라 기호의 언어라고 해도 틀리지 않는다. 그래서 나만이 이해할 수 있는 사적 언어는 사실상 무의미할 수도 있다. 어떤 형태로든 자본주의 소비사회에서는 곳곳에 주이상스의 장치를 만들어 놓아야 하기 때문이다. 그에 따라서 우리는 목소리를 통해 유사하거나 동일한 개체가 존재한다고 착각한다. 하지만 정작 존재하는 것은 목소리뿐이다. 단지 목소리라는 감각 혹은 감성을 통해서 개념을 구축하고 대상을 파악·인식하는 것이다. 타자는 이해불가능성, 침투불가능성이다. 그러므로 "타자는 스스로 이름을 댄다." 타자를 통해서 직접적으로 인식할 수 없기 때문에 다만 그의 목소리를 통해서만 추측할 뿐이다.

이것은 종교(공동체 안)에서도 마찬가지다. 발화자는 입 밖으로 튀어나온 말을 통해 자신의 육체와 정신을 관객들, 혹은 청중들, 신자들의 귓속에 던져 넣는다. 발화자의 말은 사유로서, 침묵하는 세계를 우리에게 열어 밝혀준다. 심지어 언어는 몸의 일부 혹은 몸짓의 한 국면으로서 세계와 관계를 맺는다. 이로써 그의 목소리에 담긴 관능성, 숨결, 물질성, 입술의 육체성을 통하여 자신의 존재성과 신의 현존을 의식하도록 만들기도 한다. 그 목소리는 "까칠까칠하게 만들고, 탁탁 소리를 내기도 하며, 어루만지고, 문지르고, 세차게 치다가, 마침내 분출하게 만든다. 황홀경(주이상스)인 것이다." 발화자의 목소리는 몸이 갖고 있는 물질성이다. 그래서 관능적이다. 그 목소리를 통해서 오르가슴에 오르고 또 오르게 하는 주체와 객체의 쾌락이 가능하다. 발화자의 목소리는 청중으로 하여금 황홀경과 희열, 오르가슴으로 표현할 만큼의 몸과 의식의 욕망을 간직하고 있다. 그의 목소리는 청중들의 몸에 스며드는 어떤 꿈틀거리는 에너지를 주입할 뿐만 아니라 향유하게 하고 탈출하게 한다. 더욱이 소리의 파동은 위압성과 공포, 두려움과 떨림 등으로 전달되며 급기야 카타르시스를 일으킨다.

그런데 종교는 오르가슴과 희열, 죽음이 하나라는 사실을 알고 있는 것일까? 혹시 비트겐슈타인(L. Wittgenstein)이 말한 것처럼, "초월확실성언명"의 오류에 빠져 있는 것은 아닐까? 아무런 근거 없이 우리가 믿고 주장할 수밖에 없는 언명, 즉 '머리는 하나다', '나는 생각한다'와 같이 반론할 수 없는 그런 언어를 내뱉고 있다고 믿는 것은 아닐까? 그가 입버릇처럼 말한 "언어의 의미는 사용에 있다"는 것은 언어를 제도(맥락)에 따라 사용해야 한다는 것을 의미한다. 그러기만 한다면 목소리는 대중에게 주이상스를 체험하게 할 수 있다. 맥락이 감성적인 목소리를 내뱉는 장과 종교의 민중들이 사는 삶의 장이 공통의 존재론적 영역이라면, 종교적인 성스러운 목소리는 반드시 어떤 생산을 가져오는 해방감, 즉 주이상스를 느끼도록 해줄 것이다. 하지만 그러한 주이상스는 공통적인 분할이 불가능하다. 그 이유는 목소리를 발화하는 자의 몫, 언어 권력자의 오르가슴이 훨씬 더 독보적이어야만 하기 때문이다. 그래서 종교에서 오르가슴은 금기시된다. 물론 목소리의 감성을 성스러운 가능성으로 전달하지 못하는 것도 문제이다. 분명히 주이상스, 오르가슴은 시공간의 탈주이다. 그러한 오르가슴이 가능하려면 조작이나 인위일 수 없는 성스러운 음성적 발화, 진정성이 담긴 것이어야 한다. 그렇게 될 때 비로소 종교의 이성적·감성적 성찰과 저항, 올바른 실천이 발생할 수 있다.

종교적 오르가슴으로서 민중적 삶의 고양

마르크스주의 비평가인 테리 이글턴(Terry Eagleton)은 『신의 죽음 그리고 문화』에서 "종교를 완전히 없애버릴 때가 아니라 종교 때문에 특별히 동요하게 되는 일이 더 이상 발생하지 않을 때 사회는 세속화된다"라고 말했다. 종교의 세속화가 진행된 것은 어쩌면 본격적으로 르네상스 시대에 접어든 16세기경, 마르틴 루터의 신앙쇄신 혹은 교회쇄신 운동에서 비롯되었다고 말할 수도 있다. 하지만 그렇더라도 종교는 서구 사회에서 신의 존재가 문화나 예술과 같은 현상으로 숨어 들어가기 전 거의 1,500년 동안 서구 사회의 정신세계를 지배해오고 있었다. 반면에 불과 200여 년밖에 안 된 우리나라의 그리스도교는 갑작스런 산업사회를 맞이하면서 40년에 걸친 세속화 논쟁에 휘말려야 했다. 이미 그 시대에는 포스트모던의 문화와 예술이 꿈틀대기 시작했기 때문이다. 그와 맞물려 오늘날의 종교는 독특하고 특수한 신앙 현상이 아니라 단순한 종교 현상 혹은 종교문화 정도로 취급되고 있는 게 현실이다. 이것은 성스러운 목소리에 변화를 가져올 수밖에 없었다. 한국의 선교 초기에 수많은 가톨릭 성직자와 신자가 죽임(순교는 객관적 용어가 아니다)을 당하면서, 한동안은 신앙과 교회 성당 안에서 뿌려지는 목소리는 주이상스의 최고봉에 올랐다. 적어도 그 영향력은 1980년대까지는 가능했다. 덩달아 개신교의 성스러운 목소리는 일제 폭압과 6·25전쟁을 거치면서 역시 1980년대 말까지는 대단한 힘을 발휘했다. 하지만 지금 성스러운 목소리의 주이상스는 사실상 기대하기가 어려울 정도로 무력하기 짝이 없다.

거듭 테리 이글턴의 논지를 인용해보겠다. "… 낭만주의는 사제에서 시인, 성체에서 상징, 성스러움에서 완전함, 천국에서 정치적 이상향, 은총에서 영감, 신에서 자연, 원죄에서 입에 담기도 힘든 존재의 범죄로 한 걸음씩 종교의 임시방편 역할을 훌륭하게 해냈다." 현시대가 요청하는 성직자상 혹은 설교발화자상이 꼭 시인일 필요는 없다. 하지만 시인의 성스러운 목소리로 카타르시스를 일으키고 이성과 감각을 매개로 하는 미학적 인식을 통하여 신의 숭고한 가치를 전달하는 역할을 상실한 것은 부인할 수 없다. 비전을 제시하고 공동의 정체성과 사회적 임무, 도덕적 성장 등을 담아내야 할 몸적 목소리는 더 이상 몸적 이성 혹은 몸적 종교성의 발화가 아닌 단지 몸적 욕망의 물질적 언어로만 비춰지고 있기 때문이다.

여기에 덧붙여 냉소적이게도 테리 이글턴은 최초의 성스러운 목소리인 성서가 "절대 문명화된 문서가 아니며 사회적 합의에 대해 그 어떤 감흥이나 열정을 보이지 않는다"라고 주장한다. 그렇기 때문에 성서에 의한 "시민의 우수성이나 선행 강령의 기준으로 이용되지 않는다"고 여긴다. 그러면서 그는 성스러운 목소리는 곧 정의롭고 연민의 공동체가 되어야 함을 지적하고 그러기 위해서는 반드시 가난하고 힘없는 자들과의 결속이 필요하다고 역설한다. 더불어 함석헌도 "종교가 하늘 종교에서 땅종교로 내려와야 한다. … (그것은) 퇴보가 아니라 성장이다. … 하나님은 '저 천당 먼 곳'에 있지 않고 그 부족 속에 같이 살았다"라고 말한다. 목소리는 하늘의 목소리를 발화하더라도 그것이 지닌 성스러움은 민중의 삶의 장과 연관성을 맺지 않으면 안 된다. 함석헌이 계속해서 말하듯이, 종교가 "민중의 종교, 봉사하는 종교, 수도·정진하는 종교"가 되려면 적어도 민중을 위한 목소리와 하늘의 목소리에 괴리가 생겨서는 안 된다. 그것은 앞서 테리 이글턴이 말한 시적인 종교, 다시 말하면 포이에시스(poiēsis)적 종교, 제작적인 종교, 작품으로서의 종교가 되어야 함을 뜻한다고 할 수 있다. 그는 다음과 같이 말한다. "시적으로 고급화된 형태의 기독교를 내놓든가 해야 한다."

라틴어 속담에 "인민의 목소리는 하느님의 목소리"(Vox populi, vox Dei)라는 말이 있다. "설교가 논증"이 되어야 한다는 스탠리 하우워어스(S. Hauerwas)는 "신학은… 하느님에 대한 발언을 의미 있게 만드는 맥락을 찾아내기 위한 지속적이고 끊임없는 시도"라고 말한 바 있다. 루돌프 불트만(R. Bultmann)도 "우리의 관심사는 성서가 우리의 구체적인 현실에 대하여 무엇을 말하고 있는가를 듣는 것, 우리의 영혼과 삶에 관하여 무엇이 진리인가를 말하는 것을 듣는 것"이라고 말한 적이 있다. 이

때 이들이 한결같이 말하고자 하는 것은 성서의 목소리, 하느님의 목소리에 의한 삶의 주이상스를 놓치지 말라는 것이다. 이에 성스러운 목소리는 신자들에게 주이상스(오르가슴)를 느끼도록 해서, 몸-쾌락, 몸-느낌, 몸-의지, 몸-행동이 나타나게 할 수 있다. 이를 위해서 함석헌은 '일인일교'(一人一敎)를 주장했다. 이는 인간의 개별적인 종교적 목소리를 존중하자는 것이다. 다시 말해서 개별적인 종교 인식과 의지를 가진 존재가 성스러운 목소리를 반드시 제도적 종교공동체로부터 부여받아야 하는 것이 아니라 스스로 깨달아(깨우쳐) 듣고 사는 종교인이 되어야 한다는 것으로 볼 수 있다. 더군다나 그가 내세우는 성스러운 목소리를 듣고 깨닫는 주체는 인격적 종교 혹은 인격적 종교인을 추구하기 때문이다. 따라서 성스러운 목소리를 통한 주이상스는 위계적, 제도적, 체제적, 교리적으로 발생될 수 있는 것이 아니다. "무교회정신, 무교회신앙은 무엇에도 붙잡히지 말고 자유활발발지(自由活潑潑地)에 살자는 정신"이기 때문이다. 함석헌이 말하는 무교회주의적 주이상스는 "내부에 생명이 있어 솟는 때에 종교는 성전의 필요를 느끼지 않는다"는 데서 잘 드러난다. 성스러운 목소리의 발화주체(發話主體)는 제도적 성직자에 의해서가 아니라 인격적 종교 자신, 개별적 민중의 내면에서 발화(發火)된다. "하나님 말씀은 절대지만, 일단 뱃속으로 들어가면 남기지 않고 소화해야 한다"는 그의 말을 목소리에 의한 주이상스, 곧 오르가슴의 내면화를 일컫는 것으로 풀이할 수 있다. 궁극적으로 종교의 성스러운 목소리가 발화된 후 민중으로 하여금 개별적 보편성으로 나타내도록 요청되는 주이상스의 결과는 무엇일까? 이는 두 가지로 요약할 수 있다. "교회는 사람이 양심 위에 임하는 하나님의 절대성을 대표하는만큼 끊임없는 자기반성이 필요하다"는 것과 "무교회 신앙은 참과 사랑이다. 자유와 평등이다. 하나님 사랑과 이웃 사랑이다." 이렇듯 종교의 감성적인 성스러운 목소리가 인간의 자기반성과 사랑을 가져오지 못한다면 한갓 몸적 욕망의 쾌락적 배설이 아니고 무엇이랴.

다시, 종교에 대한 물음

종교의 실재성과 현실성에 대한 물음의 딜레마

종교에 대해서 물음을 던진다는 것은 무슨 의미일까? 물음은 결국 묻는 주체와 묻는 대상과의 관계 속에서 발생하는 문제인데, 다른 학문이나 실체에 대해서 묻는 것에 비해 종교의 질문 주체와 대상을 확정하는 것은 쉬운 일이 아니다. 물음을 묻는 주체가 종교를 가지고 있는가 그렇지 않은가에 따라서 묻는 대상의 범주를 개념화하고 서술하는 것이 달라질 수밖에 없기 때문이다. 더군다나 묻는 대상이 과연 무엇인가에 대한 답변을 찾는 일은 더욱 난해하기 짝이 없다. 일찌감치 이를 간파한 프레드릭 스트렝(Frederick J. Streng)은 다음과 같이 말한다. "하나의 종교 안에서 발견되는 경험만이 아니라, 인간의 종교적인 삶이 지닌 기본적인 특성과 형태를 연구하고 인식하려 할 때 제일 먼저 부딪히는 것은 종교 현상의 범위가 무한하다는 사실이다." 그러면서 그는 또 이렇게 덧붙인다. "이러한 종교 경험의 다양성을 이해하려면 먼저 종교적인 지각에 이르는 '다양한 가능성'이 있다는 가정을 허락하지 않으면 안 된다. 이 말은 비서구적 종교 전통 속에 있는 종교 경험의 중요한 의미를 지각하기 위해서는 전통적인 기독교나 유대교가 지닌 종교적 물음들을 재서술하지 않으면 안 되리라는 것을 뜻하는 것이다."

스트렝의 주장에 입각하여 생각해볼 때, 우리가 종교에 대해서 물음을 던진다는 것은 애초에 해답이 없는 문제를 풀겠다는 자만인지도 모르겠다. 종교 현상의 범위를 한정짓는다는 것조차도 어려울 뿐만 아니라 설령 종교 현상의 범주를 확정짓는다고 하더라도 그 종교 경험의 다양성을 어떤 공통분모로 서술해야 할 것이냐 하는 난관에 봉착하게 된다. 그래서 종교 물음에 대해서 숙고할 때 겸손해야 할 필요가 있는 것이다. 자칫 자신의 종교 시각에서 종교를 정의한다면, 나머지 그 범주 바깥에 있는 타자의 종교 특수성은 배제되고 종교 아닌 것으로 치부된다. 게다가 종교 경험의 현상에서도 동일한 결과를 초래하고 만다. 그렇다면 종교 물음의 주체가 갖는 특수성, 즉 종교를 연구하려는 주체가 묻는 질문의 성격, 질문의 특수성이 무엇인가에 초점을 맞추어야 한다. 자칫 종교 대상이나 종교 현상에 대한 물음으로 바로 비약해서 나아간다면 종교 물음의 주체의 실존과 동떨어진 별개의 편향되고 고착화된 종교 정의에서 출발할 수가 있기 때문이다. 종교 물음의 주체가 처한 시대 상황과 실존에 따라서 종교 물음의 대상은 얼마든지 달라질 수 있다. 다시 말해서 종교 물음은 어떤 특정한 종교 대상이나 종교 현상이 있기 때문에 묻는다기보다 종교 물음의 주체가 특수한 경험을 하고 난 뒤에 그 경험의 본질이 무엇인지 묻는 데서부터 시작한다. 이는 우리가 익히 알고 있었던 것처럼, 일반적으로 종교 대상의 선험성(a priori)을 미리 상정하는 것이 아닌 것이다.

대부분의 종교에서는 종교 대상과 그에 대한 현상을 누미노제(the Numinous)라고 아예 선판단적으로 전제하고 신앙하고 연구한다. 여기에는 어떠한 의심과 회의도 용납되지 않는다. 종교의 대상에 대한 실재(existenz; Wirklichkeit)는 종교 현실(Realität; Wahrheit)로 바로 이어진다. 하지만 종교의 실재와 현실, 즉 실재성과 현실성은 엄연히 차이가 있다. 실재란 현실에서 경험한 존재의 의미가 도대체 무엇인지 묻는 것이라면, 즉 '있음'이라는 존재에 대한 확신이라면, 현실이란 경험을 통해서 무엇인가를 직접적으로 느끼는 것이다. 그러므로 현실성을 물으려면 실재성에 대한 확신, 다시 말해서 실재는 실제로 존재한다는 신념이 확고해야만 가능한 것이다. 대부분의 종교인은 이 점을 혼동한다. 실재, 즉 있음의 존재가 있기 때문에 현실적인 경험이 가능하다는 것과 현실적으로 어떤 특수한 경험을 하고 있기 때문에 실재, 즉 있음의 존재가 있다는 것을 등치한다. 하지만 후자의 결과가 반드시 전자의 원인으로 귀속, 혹은 환원되지 않는다. 현실적인 경험이 아무리 특수하다고 해서 실재성, 달리 초월성이나 초월적인 존재의 있음에 의한 경험이라고 단정 짓기 어렵다는 것이다. 앞에서 말한 스트렝의 논리대로라면 종교적 경험의 범주와 현상을 자신의 종교에 국한해서 타자의 특수성과는 별개로 종교 대상의 실재성을 절대화하기 때문이다. 역으로 종교의 실재라는 것이 종교 물음의 주체가 경험한 것의 특수성을 가져왔는가, 하는 것도 답변하기 어렵다. 종교 물음의 주체가 믿는 종교의 실재적 존재가 그에 상응하는 동일한 양질의 경험을 일으켰다고 단정 지을 수 없다.

종교 물음 주체의 잉여와 결핍에 의한 종교적 현실성

지금까지 논한 문제에 대해 다시 스트렝에게서 답을 찾아보기로 하자. "종교적이게 된다고 하는 것은 의식(儀式)과 훈련, 신앙 그리고 그에 알맞은 사회 활동이 궁극적인 변화의 수단들이지 결코 그것 자체가 궁극적인 게 아니라는 걸 인식하게 되는 것을 의미한다. 인간은 분명한 바탕 위에서 진정한 삶을 영위할 때에, 비로소 자기 인간성이 지닌 도구들을 그 도구들 자체를 초월하기 위하여 사용할 수 있다." 사실 종교의 실재 혹은 종교의 대상이라는 것은 인간의 인식과 활동 범주 내에서 결정된다고 할 수 있다. 이는 인간의 몸이라는 한계성과 몸 안에 있는 의식과 이성이라는 한계를 벗어나서 종교의 실재와 대상을 논할 수 없다는 것을 뜻한다. 그렇기 때문에 아무리 궁극적인 존재라고 일컬어지는 그 있음의 존재, 실재성이라는 것은 인간의 사회적 활동과 인식 범주에서 이루어지는 사유와 행위의 결과적 존재요 삶의 연속선상에서 필요한 수단이나 도구, 혹은 방법이라고 할 수 있다. 따라서 인간이 삶의 변화와 정신적 성숙을 기대한다면 그 종교의 외형적 수단이나 도구들뿐만 아니라 종교적 의례와 신앙의 실재를 어떻게 인식하느냐에 따라서 달라진다는 것을 알아야 한다. 이것은 필연적으로 종교적 인간 혹은 종교적 존재로서 종교적인 삶을 살겠다고 마음먹는다면, 종교의 실재와 대상을 묻는 주체가 그 종교성을 나타내는 있음의 존재를 어떻게 현실화할 것인지 먼저 물어야 한다는 것을 뜻한다. 이렇게 종교 물음의 주체가 자신의 종교에 대해서 올바르게 서술하고 종교 현상에 대해서 행동화하려고 할 때, 그 종교 대상의 특수성과 종교 현상의 특수성을 또 다른 '하나의' 종교라고 인정할 수 있게 될 것이다.

여기에서 정치경제학적 시선으로 종교 물음의 해법을 찾아보면 현대 사회의 흥미로운 종교 문법과 조우하게 된다. 칼 마르크스에 따르면, 경제적 이익과 성장 과정에 자본가의 잉여와 착취 그리고 채워지지 않는 노동자의 결핍과 소외는 필수적이다. 종교의 재서술 문제도 이와 다르지 않다. 종교의 과잉과 잉여, 혹은 정신적/영적 착취는 실재와 실제

의 서술의 동일성을 통하여 종교적이게 된다. 올바른 종교 서술의 문제
는 잉여의 문제가 아니라 분배의 문제이다. 오늘날 신적인 것의 분배는
제도적 종교, 체제적 종교, 교리적 종교 안에서는 지속적으로 거부당하
고 있다. 신적인 것의 서술 권력은 이른바 전통적인 교리 종교, 체계화
된 종교에만 해당하는 것이지, 그 외의 다른 미약/약소 종교 혹은 느슨
한 교리 종교나 비교리적 종교는 독자적이고 독특한 서술 행위를 인정
받지 못한다. 이러한 종교 현상, 혹은 신적인 존재에 의한 종교 현상의
서술 행위를 방해하는 것은 종교적인 것 전체를 정체되게 하고 종교적
인 생태계를 병들게 만드는 원인이 된다. 조르주 바타이유(G. Bataille)
는 『저주의 몫』이라는 저서에서 다음과 같이 말한다. "역사는 성장과
정체를 끊임없이 되풀이한다. 잉여가 가장 인간적인 출구를 갖게 되는
평형 상태가 없는 것도 아니다. 사치스러운 삶이 증대되고 전투 활동이
축소되는 상태가 그러한 상태이다. 그러나 이러한 균형 상태도 언젠가
는 깨지며 사회는 마침내 불균형 상태에 이르게 된다. 그때부터 사회는
해결책으로 새로운 성장을 모색한다. 일단 불안한 상황에 빠지면 사회
는 가능한 한 힘을 증대시키려고 한다. 이제 사회는 자신의 새로운 도덕
법칙을 준비한다. 사회는 다른 출구를 외면한 채 잉여를 오직 새로운
목적에 투자하는 일에만 몰두한다." 지금 우리 사회의 종교는 이와 같
은 현상에 경도되어 있다. 종교의 서술 권력과 자본 권력 그리고 소비
권력의 잉여로 새로운 물꼬를 트거나 타자를 위한 경건한 소모와 서술
재분배를 통한 성스러운 낭비적 삶을 살려고 하지 않는다. 오히려 반대
로 종교의 공동체성이 와해(공간적 성장의 정체)되면서 개인의 사치·소모
·낭비적 삶으로 종교의 서술 권력을 해체하려 하는 흐름으로 나아가는
것을 볼 수 있다. 그렇다고 종교의 서술 권력의 해체가 문제가 된다는

것은 아니다. 그것은 지극히 자연스러운 현상으로, 종교적 서술 권력의 잉여에 대한 반작용이요 그로 인한 서술 권력을 개별적으로 분할·획득하는 주체의 의지적 과정으로 봐야 할 것이다. 즉 서술 권력을 개별적으로 소비하려는 종교 신앙이야말로 종교 권력의 서술의 균형 상태를 회복하는 것이고, 전투적인 공간적 종교 성장을 포기하면서 종교 서술의 잉여를 개인의 영성, 명상, 자유로운 감성적 놀이와 타자를 위한 물질적 향유로 배출하고 있는 것이다. 이러한 개별적이고 특수한 도덕적인 것의 정립과 종교적인 윤리와 규칙의 자유로운 설정은 종교의 지배자와 피지배자 혹은 수직적·위계적 종교를 탈피하고자 했던 함석헌의 무교회(주의)적 저항과 전혀 다르지 않다.

우리는 마지막으로 크리스텐센(W. B. Kristensen)의 말을 기억해야 할 것이다. "믿는 이들의 신앙 외에 다른 종교적 현실이 존재할 수 없다는 사실을 잊지 맙시다. 진정 우리가 종교를 이해하고자 한다면, 믿는 이들의 증언만을 살펴보아야 합니다." 신앙한다는 종교 물음의 주체(반드시 종교 물음의 주체가 종교인일 필요는 없지만) 외에 물음의 성격과 지향성, 그 경험을 안다고 말할 수 있는 곳은 아무데도 없다. 특정한 종교 현상 혹은 종교 현실성을 통하여 자신의 종교 관념으로 일반화할 수 없다는 것은 분명한 사실이다. 그런 의미에서 '종교'는 "술어"(스트렝)이다. 즉 종교는 동사이다. 다시 말해서 종교는 특정 종교에 의해서 규정된 절대 개념이 아니라 늘 생성하는 개념이며, 물음 주체의 그때그때의 물음과 물음 주체의 실존적 상황에 따라서 규정되는 연성 개념인 것이다.

함석헌과 종교인문학의 가능성

삶의 현실을 담아내는 융복합적인 종교인문학의 요청:

일상의 성스러운 서술

4차 산업혁명과 인공지능에 관한 이야기들이 인구에 회자되면서 기업과 학계, 심지어 일반 시민에 이르기까지 지대한 관심을 보이고 있다. 그 사건이 의미하는 바가 무엇인가 하는 것은 차치하더라도 긍정적인 전망보다는 부정적인 전망이 크게 부각되고 있는 것이 사실이다. 이러한 상황에서도 종교적인 영역만큼은 아무리 큰 혁명이 일어난다고 하더라도 요지부동의 상태로 지속될 것이라는 낙관론에 안도하고 있는 듯하다. 아무래도 종교는 초월의 영역을 다루면서 이성적인 측면을 넘어서는 세계를 지칭하고 있다는 점에서 인공지능이나 사물 인터넷(IoT) 그리고 빅 데이터 등과는 무관한 것처럼 애써 외면을 하고 있는지도 모른다. 다시 말해서 종교성이라는 것은 인간 고유의 영역인데, 4차 산업혁명으로 그 종교성이 수치화되거나 연산 가능한 알고리즘으로 환원될 수 없다고 보기 때문이다. 물론 종교는 사라지더라도 종교성은 여전히 존속할 것이다. 알고리즘으로 환원된 형태의 종교 인식 체계가 확산되면서 종교의 형식과 내용 혹은 질료가 상당 부분 변화를 겪을 것은 자명하다. 하지만 종교의 형식과 질료가 변한다고 해서 인간의 무의식적인 종교성이 사라지는 것을 막지는 못한다. 그럴수록 또 다른 형태의 종교가 출현하면서 여전히 인간 심성에 종교심이라는 장치를 자극하려고 할 것이기 때문이다.

그러나 그렇다고 해서 현재의 종교 형식과 질료를 유지하고자 하는 사람들에게 밀려오고 있는 4차 산업혁명, 혹은 그 이후의 인간 삶의 예기치 못한 변혁들에 대해서 종교는 무엇을 전망하고 대비하고 있는가. 이럴수록 종교는 더 적극적인 자기 변화를 모색해야 한다. 세간에는 인문학이라는 흐름으로 급변하는 인간의 의식 공백을 메우려고 시도하지만, 과연 민중들이 인문학을 인간 삶의 목적으로 여기는가 하는 것은 또 다른 문제이다. 다만 인문학 역시 도구화된 학문으로 전락한 것이 사실이다. 삶의 본질을 묻고 깊이 있는 성찰을 통하여 가치 있는 인생을 살아가기 위한 고전과 역사, 문학과 철학 등의 탐색을 바라는 욕망이 아니라는 것이다. 인문학은 기계와 과학, 기술과 경제, 생산과 소비라는 실용성에서 한 걸음 더 나아가 형식적 시민을 양성하기 위한 도구가 되고 있다.

이런 상황이라면 종교가 인문학을 과감하게 자신의 영역으로 끄집어 들여서 삶의 종합적이고 융합적 시각을 길러주는 매우 깊은 학문으로 자리매김해주는 것이 바람직하지 않을까. 종교가 형이상학이고 오로지 초월성이라는 비현실적, 비설득적인 질료만을 고집할 것이 아니라 실용주의적 접목을 시도, 즉 경험과 삶을 통해서 진리가 증명되는 방향으로 선회한다면 사람들은 종교가 뜬구름을 잡는다고 생각하지 않을 것이다. 삶과 밀접한 학문이라는 인식을 심어줄 수 있기 때문이다.

이미 이러한 삶의 지속성과 연속성, 혹은 영원한 현재를 지향하면서 삶의 의미를 지금 여기에다 두어야 한다고 역설한 종교가들이 있었음을 알아야 한다. 그리스도교 신비가들이 말하는 그저 순식간에 스쳐가는 현재, 즉 덧없는 현재, 스쳐가는 현재인 Nunc Fluens(눙크 플루엔스)가 아닌 영원한 지금, Nunc Stans(눙크 스탄스)를 체험하면서 무시간적 현재, 즉 영원 이외에 달리 있을 곳이 없다는 것을 깨닫게 해주어야 한다. 그런 종교인문학은 삶을 전체적이고 융합적·종합적으로 바라볼 수 있도록 만들어주는 융복합적인 성격을 지향해야 한다. 그러면서 동시에 좀더 세밀한 인간의 삶과 초월을 감성적으로 우려낼 수 있는 종교인문학이 절실하게 요구된다. 감성이 지나치면 절제하지 못하는 인간이 되면서 욕망적 존재로 살아갈 수밖에 없으며, 욕망에 사로잡힌 인간은 자신이 어떤 욕망에 조정당하는지 간파하지도 못한 채 의식 없이 맹목적으로 살아가게 된다. 그런 감성의 과잉을 적절하게 조절, 조화, 인식, 승화시켜주는 역할을 종교가 인문학이라는 지평 속에서 해주면서 단순히 이 세계가 덧없는 현재가 아니라 영원한 현재라는 깨달음을 줄수 있는, 즉 의미를 줄 수 있는 삶의 성스러움, 삶의 신성함, 삶의 숭고함의 가치를 말해줄 수 있어야 한다. 이슬람의 종교학자 세이드 호세인 나스르(Seyyed Hossein Nasr)는 사회가 종교의 종교다움인 성스러움의 의미를 상실했다고 지적했다. 따라서 종교를 종교 그 자체로 연구하여 사회가 공감하는 종교성으로 확장시킨다면 종교인문학이 인간의 일상을 성스러움으로 그려낼 수 있을 것이다. 융복합적 종교인문학이라 함은 자칫 피상성과 표피성의 한계를 띠기 쉬운데, 삶을 성스러움으로 서술한다면 그 깊이가 남다를 수 있지 않을까.

노예 상태로부터 인간 해방: 함석헌과 전체철학적인 종교인문학

현대인의 삶은 단조로움과 예측 가능성, 반복성 그리고 그로 인한 피로감과 좌절감이 중층적으로 나타난다. 거기에 성스러움이라는 의미 부여를 할 여백을 찾기가 매우 어렵다. 사실상 모든 국가적·사회적·자본주의적 장치들이 인간을 가만 내버려두지 않는다. 이것을 극복하기 위해서는 다시 아날로그적인 저항, 삶에 대한 저항이 일어나지 않으면 안 된다. 저항은 삶을 깊이와 넓이, 씨줄과 날줄 전체를 아울러 바라볼 수 있는 눈이 있어야 가능하다. 단순한 비판력마저 상실하고 그 비판의 근거와 기준조차도 나의 것이 아닌 세상이 되어버린 상태에서 저항하는 것은 치기어린 몸부림에 지나지 않는다고 자조(自嘲)할 수 있다. 이에 반해 일찍이 조직과 제도, 체제와 교리(법이나 규칙, 심지어 원칙) 같은 인위성을 벗어나서 오로지 인간의 자유, 상호부조, 무지배적인 상태를 지향했던 함석헌의 무교회적 종교 혹은 철학의 저항적 성격을 만날 수 있다. 함석헌의 무/비/초월/포월주의는 경계가 없는 자유로움을 말한다. 현대어로는 이른바 아나키즘이다.

함석헌의 아나키즘적인 무경계/포월성이 종교인문학의 대안이 될 수 있을까? 필자가 함석헌을 통한 융복합적 종교인문학을 말하는 이유는 기술이 밝은 미래를 보장할 것이라는 이른바 '기술결정론'에 대한 근본적인 반성이 선행되어야 하기 때문이다. 또한 기계와 인간의 경계를 무너뜨리자는 것이 아니라 테크노크라시(기술관료 지배, technocracy; technocrat)가 실현됨으로써 새로운 형태의 "친숙한 파시즘"(혹은 부드러운 파시즘, 버트럼 그로스Bertram Gross)과 엘리트 권력 계급이 출현할 수 있기 때문이다. 그로 인해 다시 지배자와 비지배자의 관계가 확고해지는 시대가 도래하게 될까 염려해서이다. 인간과 기계의 공존을 꿈꾸는 유토

피아도 중요하지만 기계문명이 인간의 자유를 억압하고 몸과 의식을 지배하는 체제를 구축하는 데 일조한다면 미래의 혁명은 반갑지만은 않은 것이다. 극단적으로는 "기술테러주의"(자크 엘륄Jacques Ellul)와 맞서는 아날로그식의 저항도 고려해볼 만하다. 맹목적 기술철학으로 자유를 억압하고 인간의 몸과 의식을 통제하는 작위적 시스템에 갇혀버린 존재가 과연 해방된 삶을 살 수 있을까. 조르조 아감벤(G. Agamben)은 '아니오'(Nein)라고 말하는 것을 정치-철학적 발언으로 보고 억압에 저항하는 인간을 주창한다. 자유는 종속과 결코 화합하지 못한다. 이와 같은 맥락에서 종교인문학이 일상의 성스러움을 드러내는 것이라면, 그 성스러움의 성격은 절대적 자유, 절대적 해방, 절대적 비구속이어야 한다. 그러려면 학문의 노예 상태에서 먼저 벗어나야 한다.

조동일은 "20세기 동안에 내리막길을 갈 수밖에 없었던 우리 학문을 다시 일으켜, 최한기와 최제우가 이룩한 19세기 학문적 상승 추세를 21세기에는 더욱 확대해서 구현하는 것이 우리 학문의 과제이고 진로이다. 학문의 노예 상태에서 벗어나고, 학문의 나그네로 머무르지 않고, 주인 자리를 되찾아야 한다"라고 역설한다. 필자는 학문, 특히 종교인문학을 지향해야 하는 상황이라면 최한기의 기철학과 최제우의 동학의 종교철학적 자세를 닮은 함석헌이 제격이라고 생각한다. 학문의 사대주의를 넘어서 한글로 철학과 종교를 풀이하고자 했으며, 동서양을 아우르며 자신의 독특한 씨올 철학을 전개했던 함석헌이야말로 지금의 한국 현실과 세계 문제를 진단하고 대안을 모색하는 인물이 아니겠는가. 더욱이 함석헌은 자신의 철학을 통해서 전체적인 안목, 종합적·융합적 성격, 즉 포괄성과 포용성을 드러내는 이른바 전체철학을 설파한다. "정신이 무엇입니까? 공(公)을 위한 것이 정신입니다. 그런데 공이 무엇입니까? 천하위공(天下爲公)입니다. 세계가 곧 공입니다. 지난날에는 제각기 제 나라를 위하는 것이 의가 되고 선이 됐는지 모르겠습니다. … 살아도 인류 전체가 같이 살고 죽어도 인류 전체가 같이 죽게 된 것이 오늘의 세계 현실입니다. … 이제 세계가 하나입니다. 종교적인 구원을 결정하는 것도 세속적인 복지를 결정하는 것도 전체입니다. 하나로서의 세계입니다. … 이제 과학의 발달이 있어도 전체의 협동이 있고 도덕적 종교적 지혜가 있어도 전체에 있으며 정치적 정의가 있어도 전체에 있습니다. … 이제 혁명은 전체의 협동으로서만 될 수 있습니다." 전체론적 시각(서술)에는 '우리'와 '그들'이라는 식의 경계와 울타리 서술은 존재하지 않는다. 금세기 탁월한 사회학자 지그문트 바우만(Z. Bauman)은 이러한 '우리'와 '그들'이라는 경계가 적대심을 불러온다고 비판한다. 앞으로 도래하는 세계는 인간과 기계 사이를 '우리'와 '그들'이라는 구분 서술로 경계 짓는 것을 넘어설 것이다. 켄 윌버(K. Wilber)는 모든 경험의 장을 가로지르는 정신적인 선(線)이나 경계 인식을 비판한다. 즉 인간이 경계 밖에 있는 것을 비자기(not-self)라고 생각한다는 것이다. 하지만 인간과 세계 혹은 타자는 공통의 경계선, 즉 피부경계선이 있다고 주장한다. 그 피부경계선을 중심으로 보면 경계선이란 임의적이고 잠재적인 전선(戰線)에 지나지 않는다. 그런데도 우리는 경계를 실재화함으로써 주체와 객체의 대립, 안과 밖의 경계적 대립을 하는 것이다. 이에 알프레드 화이트헤드(Alfred N. Whitehead)는 "궁극적인 요소들은 본질적으로 진동한다"라고 말한다. 사실상 인간, 동물, 식물, 비인간 등 여러 종류의 선(lines)만 존재하는 것이다. 이와 같은 대립 없음, 비이원성이 진정한 해방이요 사사무애(事事無碍, 우주 속의 모든 사물과 사건 사이에는 실제로 분할하는 경계가 없다)이다. 따라서 켄 윌버는 "경계란 상상의 산물"에 지나지 않는다고 여긴다. 그는 이런 경계를 타파하는 무경계의 자유와 해방을 해탈(moksa), 열반(nirvana), 깨달음(enlighten-ment)이라고 일컫는다.

이러한 측면에서 융복합적 종교인문학은 '우리'와 '그들'의 구분, 경계, 차이라는 임계점(limen; liminality)에서 하나로서의 '전체를 생각하는 마음'을 삶의 공통적 서술로 삼으면서 살아간다면 종교가 (인간의 잠재의식[subliminal]으로서) 종교다움을 더 잘 드러내는 것이 아닐까. 그럼에도 인간 아닌 (잠재적 인간) 존재와의 공존하는 삶을 살기 위해서 우리가 양보하고 배려하는 것들이 얼마나 많을지 그리고 그 양보와 배려를 위해서 인간의 절대적 자유를 빼앗기게 되지는 않을지 염려되는 것은 사실이다. 그래서 융복합적 종교인문학이 인간의 잠재의식으로서 성스러움과 전체를 생각하는 마음과 그 서술에 더 관심을 기울여야 하는 것이다. 더불어 종교를 핑계 삼아 소소한 일상의 성스러운 서술이 폭력이 되지 않고, 전체(의 관계)를 앞세운답시고 전체주의가 되지 않기 위해서라도 아나키즘적 저항이나 아날로그적 저항이 품고 있는 자기주장의 서술을 간과하지 말아야 할 것이다.

포스트산업종교 시대의 종교 노동자와
함석헌의 종교혁명

종교, 노동하지 않을 자유의 선봉

에리히 프롬(E. Fromm)은 일찍이 "산업종교"라는 개념을 사용했다. 그러면서 "그것(산업종교)은 인간을 경제의 노예로만 만들고 인간 자신이 만든 기계의 노예가 되기를 강요한다. 새로운 사회적 성격을 기초로 한 산업종교의 중심은 강력한 남성적인 권위에 대한 공포와 그에 대한 복종이며, 불복종에 대한 죄악감의 양성 그리고 극도의 이기주의와 적대심으로 인한 인간 유대의 상실이다. … 이 산업종교에 있어서 '신성한 것'은 노동·재산·이익·권력뿐"이라고 말했다. 또한 그는 "현대인은 자기 자신과 어떤 관계에 있을까? 나는 이 관계를 마케팅 지향이라 불렀다. 이런 방식으로라면 인간은 자신을 시장에 성공적으로 배치된 사물로 느낀다. 스스로를 행위의 장본인, 인간의 힘을 가진 자로 느끼지 못한다. 그의 목표는 시장에서 이윤을 남기고 자신을 판매하는 것이다. 그의 자존감은 사랑하고 생각하는 개별 인간으로서의 자기 활동에서 나오는 것이 아니라 사회·경제적 역할에서 나온다"라고 말한 바 있다.

비록 1976년에 "산업종교"라는 말이 처음 등장하기는 했지만, 여전히 이 말의 비판적 무게는 타당성을 상실하지 않았다. 그렇다면 에리히 프롬의 산업종교 이후, 즉 포스트산업종교 시대의 성직자는 과연 (어떤) 노동자인가. 해묵은 물음에 대한 해답을 구한다는 것이 더 어려운 일인지 모른다. 하지만 오늘날 갑과 을의 관계라든가 자본가와 노동자의 관계를 진지하게 고민하는 상황을 그냥 지나치기에는 종교 영역에서도 피할 수 없는 일이 되어버렸다. 피상적이고 형식적인 관계에서 보면 갑이 성직자이고 을이 신자공동체인 것 같지만, 사실 그렇지도 않다. 실질적인 권력이 누구에게 있는지 잘 살펴보면 그 관계가 역전되어 있음을 알 수 있다. 가톨릭의 성직자와 개신교의 성직자의 형식적인 구조는 분명히 다르다. 그리고 조금 더 나아가서 불교 승가공동체의 구조는 그리스도교와 완전히 다르다고 할 수 있다. 한편 여기에서 자세하게 다루지는 못하지만 신종교의 여러 성직자와 신자 사이의 관계는 좀더 특수한 관계 속에 놓여 있다.

설령 그렇다 하더라도 경제학적인 측면에서 볼 때, 현재 대부분의 종교는 긱 이코노미(Gig Economy)가 많아진 상태이다. 즉 기업이 필요에 따라 임시직으로 인력을 충원하고 대가를 지불하는 고용 형태가 성직 노동의 주를 이룬다. 성직 서품이나 안수는 불가피한 경우를 제외하고는 분명히 영원한 것이다. 하지만 그 서품과 안수가 유효하려면, 심지어 스님도 비구계 혹은 비구니계가 효과를 발휘하려면 자신의 가치를 증명할 수 있는 특수한 공간, 즉 교회나 성당, 혹은 사찰이 필요하다. 공간의 권력을 누가 가지고 있느냐 하는 것이 중요한 관건이 되는 이유라 할 수 있다. 공간의 권력은 달리 말하면 경제적 권력이 발생되는 장소이다. 그런데 이 공간을 통한 경제적 권력을 쥐고 있는 사람은 성직자가 아니라 임시직 고용 형태를 유지하도록 만드는 신자공동체에게 있다. 다시 말하면 성직자의 카리스마가 공동체를 유지하는 힘인 것 같지만, 실상은 자본주의 사회에서 경제적 권력을 갖고 있는 신자들이 '긱 이코노미'를 통해 갑의 역할을 하는 것이다. 따라서 이와 같은 성직자의 노동 현장에서는 노동의 자유와 노동하지 않을 자유가 보장된다는 것은 매우 어렵다. 비정규직 형태로 머무는 경우가 비일비재하기 때문이다.

신분상 서품과 안수, 비구(니)계가 유지된다고는 하나 성직자와 신자 사이에는 고용주와 고용인의 관계처럼 비춰지는 것이 현실이다. 거기에는 노동시장의 유연성이란 존재하지 않는다. 외려 노동시장의 유연성이 해고 유연성으로 탈바꿈하여 나타난다. 이런 노동시장 안에서는 절대로 성직자가 노동의 소유자라고 말할 수 없다. 성직자는 노동이 자신의 것이 아니라 타자의 것, 즉 종교공동체 자본권력자의 것이기 때문에 노동을 자기 고유의 것으로 할 수 없다. 이때 노동자는 타자의 것으로 규정된다. 그로 인해 아무리 성직자라고는 하지만 노동에 대한 자유로운 판단과 의지를 확보하기 어렵다. 물론 자본주의 사회에서 일반적인 노동자조차도 자신이 노동을 하지 않고서 생계를 이어간다는 자체가 원천적으로 봉쇄되어 있는 것이 사실이다. 이에 성직자가 자신의 성직 활동 영역 안에서 노동을 하지 않을 권리와 노동할 권리를 자유롭게 행사한다는 것이 가당치 않을 것이다. 하지만 앞에서 말한 것처럼 경제적 권력을 갖고 있는 신자공동체의 '갑질'은 성직의 의욕이나 성스러운 노동자의 삶을 무너뜨리고 상처를 주기도 한다. 긱 이코노미를 내세우면서 노동시장, 즉 종교공동체의 특수한 공간들 안에서 이루어진 종교적 유형의 가시적 성장(성과)과 신도 관리 능력 및 운영 능력이 떨어져서 그 종교시장이 경직되고 있음을 주목할 필요가 있다. 이러한 현상 속에서 성직자가 저성과자로 낙인찍히고 해고를 당하는 것은 당연한 수순이다. 이런 의미에서 종교시장의 경직성은 일반 기업의 경직성과는 분명히 다르지만, 수입금(봉헌금 혹은 시주)과 양적 성장(신자 숫자)이라는 자본의 논리와 동일한 데에서 기인한다. 수입이 커지면 커질수록 종교의 경제적 권력자들은 자신들이 고용한 고용인이 그만큼의 능력이 있다고 판단하며, 거의 완전한 고용을 약속하지만 그렇지 않을 경우는 긱 이코노미의 형태를 지속하면서 언제든 해고할 수 있는 불완전고용 형태, 즉 임시직으로 성직을 수행하도록 강제하고 강압과 긴장을 유발한다. 이에 대해 아무리 성직이 거룩하고 성스러운 직무 혹은 직업이라는 변명을 하더라도 자본가와 노동자의 일정한 위계적 형식과 구조를 벗어나지 못한다.

슘페터식의 종교공동체의 경제철학

앞으로 인공지능 시대에는 토지자본이 필요 없다. 사무실만 있으면 된다. 종래의 자본주의 기업들은 토지 위에 건물을 짓고 사물들을 배열하고 사람을 배치했다. 하지만 인공지능 시대에는 공간의 유동성과 유연성을 가지고 일을 할 수 있게 되었다. 일찌감치 노마드, 즉 유목적 사회·유목적 인간이 회자되었던 때가 있었지만 인공지능은 우리의 상상을 훨씬 더 초월한다. 향후 종교공동체도 앞으로 토지자본을 통해서 특수한 공간과 시간에 얽매이는 형태의 종교성을 넘어서게 될 것이다. 인공지능, 사물 인터넷(IoT), 빅 데이터, 클라우드 컴퓨팅 등을 통해 종교공동체의 권력은 해체되고 새로운 형태의 권력으로 재편성될 것이다. 다시 말하면 종래의 공간 권력이나 토지자본을 소유한 신자공동체에서 종교 권력이 발생하지 않는다는 말이다. 따라서 교회 혹은 종교는 슘페터식으로 장기적인 공급 혁신의 종교가 되어 새로운 수요가 탄생하도록 해야 한다. 반면에 케인즈식은 단기경제부양 정책으로 수요를 확대하는 종교를 일컫는다. 오늘날 수요자의 욕구가 중요해진 만큼, 수요자 욕구 원칙의 종교공동체 운영을 구상하기 위해서는 슘페터식의 공급 혁신이 날마다 이루어져야 한다.

수요자의 욕구를 누가 의도하느냐 하는 의문을 품을 수 있다. 이 또한 4차 산업혁명의 선두주자로 구성된 자본가가 될 가능성은 매우 농후하다. 자신의 욕구가 아니라 이미 강요된 욕구나 선기획된 욕구를 단순히 소비만 하는 시대가 될지도 모른다. 종교 욕구라는 것이 과연 주체적으로 될 수 있는가 하는 의문을 제기하는 것도 같은 맥락이다. 기존의 종교 욕구도 공간 권력자들이 원하는 욕구를 고용된 일정한 성직자가 발언해주기를 바랄 수 있었다. 그 욕구의 재생산이 모든 신자공동체의 의식과 자본과 연결되면서 종교공동체와 그 속의 권력자들이 계속해서 존재할 수 있었기 때문이다. 그럼에도 굳이 슘페터냐 아니면 케인즈냐를 놓고 선택하라고 한다면, 종교는 슘페터를 골라야 한다. 종교공동체의 성장을 도모하고자 수요를 확대하는 단기적인 정책은 위험천만한 일이다. 끊임없이 종교공동체의 정신적 산물을 소비하고 욕망하도록 유도해서 그 욕구를 충족해줄 수 있는 장기적 구조를 갖춰야 한다. 자신의 욕구가 당대의 욕구를 반영하는 것에 그치는 것이 아니라 종교공동체를 통해서 욕구, 즉 정신적 욕구에 대한 새로움을 늘 바라고 그에 부합하여 종교공동체는 질적인 공급을 해줄 수 있는 슘페터식 종교공동체, 종교경제공동체를 지향해야 한다.

오늘날 '3불 시대'라고 한다. 불안, 불만, 불신이 그것이다. 이를 해소

할 방법은 없는 것일까? 단순히 실존적 차원의 인간의 물리적·심리적 현실을 말하는 것이 아니다. 종교가 종교의 노릇을 제대로 한다면 종교의 경제적 장 안에서 발생하는 종교적 성직 고용행위(청빙제, 인사발령제)에 대한 근본적인 해법, 혁명의 올바른 의미가 달리 해석될 수 있을 것이다. 함석헌은 혁명이란 악과 싸우는 것이라고 말했다. 4차 산업혁명이 과연 명명한 대로 혁명일 수 있는가 하는 것은 한 번쯤 짚고 넘어가야 할 일인 듯싶다. 혁명은 민족성의 개조요 자아의 개조이다. 나라가 바뀌지 않고, 자신을 고치지 않고서는 혁명이라 말할 수 없다. 불안과 불만, 불신이 현대 사회를 대변하는 말이 된 것도 결국 통째로 개조되지 않았기 때문이다. 종교의 경우에도 경제적 권력을 통해 성직자의 노동 권리를 관리·제어·통제하려고 하는 것은 참 혁명이 이루어지지 않았기 때문이다. 참 혁명은 참 자아를 발견하는 일이다. 혁명의 전개와 결과는 결국 물질적·조작적 개조와는 다르다. 그것은 결국 인간의 온전한 자아를 찾도록 돕는 일이어야만 한다.

이에 대한 종교의 해법이나 종교의 문제적 사유는 무엇인가? 그것은 종교의 반성을 통한 인격의 도약에 있다. 자기를 초월하는 것이 인격(의 완성)이라면, 물질과 마음, 사물 위에 초월성을 지향하는 인간의 본질과 종교를 추구하고자 한다면 인격의 함양에 초점을 두어야 한다. 하지만 불행하게도 에리히 프롬이 비판한 것처럼 "인간은 상품뿐 아니라 자기 자신도 팔면서 스스로를 상품으로 느낀다. 육체노동자는 육체의 힘을 팔고 상인과 의사, 사무직 노동자는 자신의 '인격'을 판다." 이를 극복하려면 경제적 권력을 갖고 있는 이들이 성직자에게 요구하는 정치미학, 혹은 경제미학으로 케인즈식의 단기적 성과주의가 아니라 슘페터식의 장기적 욕구를 어떻게 창출할 것인가를 고민해야 할 것이다. 그러기 위해서 성직자가 가진 노동이라는 것(성직자의 노동은 성직자에게 속해 있다)이 공간의 권력자에게서 나온다고 생각하지 말아야 한다. 그것은 공간 권력에 갇혀 있는 비인간적 행태로밖에 달리 평가할 말이 없다. 혁명은 정신을 고치는 일이다. 정신을 고치는 일을 미래 혁명의 핵심으로 삼아야 한다. 결단코 물리적 공간의 확장이나 사물성의 변화에 달려 있지 않다. 그것은 주객이 전도된 것이다. 4차 산업혁명이라고 굳이 '혁명'이라는 말을 붙여야 한다면, 그것은 함석헌식으로 '새 시대의 정신', '새 시대의 사람'이 되는 것임을 잊지 말아야 한다. 그것도 참 인간, 참 시대의 그 '참'을 곱씹어 끊임없이 이해하고 해석할 때 자본가와 노동자, 고용주와 고용인, 정규직과 비정규직을 넘어서 '전체'를 살리는 일이 될 것이다.

종교의 종언 시대에 함석헌의 종교공학

종교의 공학적 이해

종교와 공학(工學, engineering). 어울리지 않는 한 쌍 같다. 언뜻 보면 종교는 인문과학에, 공학은 기술응용과학 및 자연과학이라는 학문 영역에 속해 있다는 것이 상식에 더 부합한다. 하지만 그 분과적 구분이 무의미한 시대가 도래하고 있다. 이른바 4차 산업혁명 시대의 거대한 변화가 각 학문을 종합하고 융합해야만 하는 인간상을 요구하고 있는 것이다. 여기에 자연과학이나 기술과학이 변화의 중심에 서고 인문과학은 주변화되는 경향성이 뚜렷하여 인문학의 위기라고 말한다. 그런데 자세히 뜯어보면, 인문과학이라는 표현에는 science, 혹은 Wissenschaft라는 학문적 정체성과 지칭어가 내재되어 있음을 알 수 있다. 물론 엄밀한 의미에서 science라고 하는 개념은 일반적인 의미의 과학이 아니라 '학문'이라는 뜻으로 정리하기도 한다. 그럼에도 분명한 것은 학문적 경계가 서서히 무너지고 있다는 점이다. 이에 종교(학) 혹은 신학이 서야 할 자리는 애매모호한 성격을 지닌 비실용적인 학문일 뿐만 아니라 탈신비화되면서 더 변방으로 밀려나게 될지도 모른다. 이러한 상황에서 종교는 더 적극적으로 자신의 학문을 정교한 방법으로 과학화, 전략화, 정책화, 프로그램화, 예측 가능성을 지향함으로써 비종교인들도 종교를 이해하고 종교에 접근하기 편하게 만들어주어야 한다.

여기서 공학의 개념을 톺아보면, 공학이란 여러 기계·장치, 재료와 원료를 대상화/수단화한 기술에다 조직된 체계를 주는 일군(一群)의 학문으로서, 체계적인 조직 활동에서 빚어지는 기술의 원칙을 연구하는 것이다. 그래서 제도와 체제, 체계를 통해서 이루어지는 조직 활동을 탈신비화하는 것을 의미한다. 공학은 기술적인 실천 행동을 통한 생산과 정해진 목표를 달성하기 위한 합목적적 행위의 방법을 과학적이고 체계적으로 설명하는 것이다. 과거에는 사물과 인간 자신의 문제에 대해서 과학적·공학적으로 다루었지만 지금은 종교도 과학적·공학적인 탐구 대상이 되었다. 종교는 이러한 카테고리나 흐름이 부담스러울 것이다. 조직 활동이 더 강화되는 것이 아니라 신비함을 상실하게 되며, 무엇보다도 종교적 경험을 과학적으로 설명하고 해명해야 한다는 낯섦이 존재한다. 종교를 공학화한다는 것은 풀어 말하면 '어떻게 종교를 만들 것인가' 하는 고민인 것이다. 그러므로 종교공학(Religious Engine-ering)은 합리적인 종교 만들기와 다르지 않다. 종래의 종교 관념을 가진 사람들은 종교란 이미 기정사실이고 하나의 성스러움의 범주라고 하는 독특한 영역이 있기 때문에, 성(聖)의 경험을 과학화·합리화한다는 것은 불가능하다고 생각할 것이다. 게다가 종교는 이미 존재하고 있는 것이라는 관념이 지배적이기 때문에 새롭게 종교를 만들어야 한다는 생산성과 재생산성에는 익숙하지 않다.

그러나 이미 신학교에서는 목회신학 혹은 사목신학을 통하여 종교 조직화, 종교 체계화의 기술(art)을 가르쳐왔다는 데에 주목해야 한다.

또한 종교는 자신을 내외부적으로 끊임없이 만들어왔다. 시대에 맞게 종교의 형식과 질료를 변화시키면서 그 생명력을 이어왔다. 지금까지는 종교생활을 어떻게 할 것인가와 종교는 무엇인가를 물어왔다면, 이제는 어떻게 종교를 만들 것인가를 고민해야 할 때이다. 만일 종교의 본질과 특성이 성스러움(sacred)에 있다거나 누미노제(the Numinous)에 있다면, 그것은 종교 자체에 있기도 하지만 동시에 종교생활을 해야 하는 종교인에게 성스러움과 누미노제를 조직할 수 있어야 한다. 나아가 종교적 (의례의) 훈련과 반복, 습관과 체득을 기반으로 한 체계화나 프로그램을 통하여 누구든지 과학적으로 탐구할 수 있고 그 행위를 확대재생산할 수 있어야 한다. 심지어 인공지능이 보편화되어 인간과 기계(사물)의 경계가 무너지는 것처럼 보여도 종교의 영성만큼은 마지막 보루가 될 것이라는 확신이 있다. 하지만 종교 영성이라는 것도 학습과 훈련과 교육을 통해 만들어지고 있는 것이 사실이다. 적어도 만들 수 있다(조직화, 체제화, 매뉴얼화 등)는 가능성은 종교 영성조차도 인간의 것만은 아닐 것이라는 절망적인 전망을 하게 된다. 종교공학은 종교지도자 혹은 성직자, 영성가가 되려고 하는 사람들의 종교 활동 자체에 중점을 두어 그 활동에 사용되는 기술을 체계화하는 데 치중하려고 한다. 특히 협조와 의사소통 기술은 매우 중요하다. 그 협조와 의사소통을 위해서 설계하고 설명하며, 합리화하려고 한다. 그런 의미에서 종교공학은 달리 설명공학이다. 그래서 종교공학은 주어진 문제에 접근할 때 설명적·현실적·동기적·정신분석적으로 접근한다. 이와 같은 방법으로 종교공학은 조직, 훈련, 전략, 여론, 선동, 선전, 자금(봉헌금, 기부금) 등과 같은 구체적인 기술들을 현실화하고자 한다. 나아가 종교공학은 주어진 사실을 솔직하게 분석하고 현실을 철저하게 파헤침으로써 종교 갈등·종교 긴장을 극복하고 종교 생활·종교 영성을 합리화하는 길을 제시한다.

함석헌과 종교공학

만일 정진홍 교수가 내다본 종교 미래의 전망에서 "새로운 종교성"이 요청된다면 어떤 종교를 만들어야 하는가? 이 물음은 종교공학적이다. 한 걸음 더 나아가 제도적 종교 안에서/밖에서 "자기 종교"를 어떻게 설계할 것인가? 종교와 종교 아닌 것 사이의 경계가 모호해지면서 종교성을 지닌 수많은 종교를 예상할 수 있다. 스트렝(F. Streng)이 지적한 것처럼, "종교 현상의 범위가 무한하"게 확장됨으로써 "종교적 물음들을 재서술하지 않으면 안 되"는 상황에 맞닥뜨린 것이다. 수많은 종교가 종교성을 유지한다는 것은 유형무형의 조직을 갖게 된다는 것을 뜻하고, 때에 따라서는 건물 안/밖에서 이루어지는 형태를 띠게 될 수도 있다는 것을 의미한다. 그 특수한 집/합은 고정되고 고착된 공동체는 아닐 것이다. 그러나 '이미' 종교(성)라고 말해야 하지 않을까. 이미 종교라는 말에는 집(集, temple)/합(合, 전체)의 공간적 점유(조직), 시간의 분배(나눔 및 여론), 사람의 배치/위치(훈련 및 선전), 감정(pathos)의 유도(전략 및 선동), 절대/타자를 위한 자발적 기부(자금), 유연한 시스템과 느슨한 메커니즘(조직) 등을 갖고 있음을 내포한다. 여기에 대한 새로운 종교적 해석을 어떻게 할 것인가가 관건이 된다.

종교적인 특수한 유형/무형의 집/합은 종래의 종교가 취하고 있는 공간적 성스러움, 시간의 의례, 신도들의 역할과 지위, 신앙적 감정과 연대감, 공동체와 약자를 위한 봉헌금이라는 종교 형식을 그대로 따르고 있다. 함석헌이 무교회적 조직, 무형의 조직, 혹은 최소한의 조직을 주장하고 있는 것을 볼 때, 그의 종교적 형식도 이와 크게 다르지 않음을 알 수가 있다. 다만 집에 방점을 찍을 것이냐, 아니면 합에 방점을 찍을 것이냐에 따라서 종교공학적 의미와 종교성의 대안적 성격이 달라진다. 함석헌의 종교공학적 발화는 다음과 같은 글귀에서도 엿보인다. "또 다수가 모여서 하면 그것은 조직이요 제도요 운동이지, 생명이요 정신이요 인격이 아니다. 그럼 제도로 제도를 벗는다는 것은 물을 들이고 물에서 빠져 나온다는 것과 같은 말이다." 함석헌은 제도를 죄악으로 본다. 조직이 아니라 전체다. 개인 혹은 개별은 전체로 존재한다. 아예 이 세계에 없는 존재(in-dividuality)로서 개인과 전체로서 아버지, 즉 초월자와 같이 존재하는 개인은 다르다. 그래서 집으로 존재하는 종교공학과 전체로서 합으로 존재하는 종교공학에서 후자도 이미 종교(성)라고 봐야 할 것이다.

더욱이 함석헌의 종교공학의 핵심은 바탈, 즉 "내 속에 있는 그리스도를 실현해내는 것"이다. 다시 말해서 씨울로서의 사람, 그리스도를 실현하는 것, 하느님을 실현(realization of God)하는 공동체를 지향한다. 물론 함석헌은 온전한 의미의 종교공학을 실제화하려면, 즉 하느님을 제대로 서술하려면 하느님-되기조차도 버려야 한다고 말한다. 이는 하느님을 소유하고자 하느님까지도 버려야 한다고 주장했던 마이스터 에크하르트(M. Eckhart)와 비슷한 사상이다. 공학의 중요성이 체계화, 기술을 통한 명료화와 설계(만듦)에 있다고 한다면, 이는 무위의 종교로서 물질적 현상계의 생각을 가진 사람들의 모임이 아니라 백성의 마음(전체)을 자신의 마음으로 품고 사는 공동체를 지향한다. 한마디로 말하면 무위의 사람이 조직이고 체계이고 제도이다. 또한 무위의 사람이 모인 공동체는 정형화된 교리를 학습하는 사람들이 아니라 뜻으로서의 하느님, 하느님으로서의 뜻을 붙잡는 구원 집/합이다. 뜻으로 풀어 밝힌 보편적 정신을 종교공학적 차원에서 선전과 여론으로 예수를 알리는 공동체이다. 더욱이 씨올은 인위적인 계급이 아니기 때문에 비폭력 무저항운동을 전개하는 공동체이자 국가주의, 민족주의를 넘어서는 공동체이다. 그뿐만 아니라 퀘이커처럼 수평적 조직, 동일한 자격으로 하느님 앞에 서는 공동체(죽을 때까지 이 걸음으로)의 구성원을 의미한다.

한국 종교문화와 종교공학의 요청 — 정진홍을 중심으로

다양한 전문가들이 4차 산업혁명의 이슈들과 관련하여 우리나라의 종교계도 지각변동이 일어날 것이라고 예측한다. 그것을 안일하게 생각하는 종교계도 문제이거니와 대안 없이 미래를 맞이한다는 것은 보험이 없는 위험이다. 종교계가 변화의 속도와 범위, 그 양적 충격에 대해서 가늠하지 못하는 이유는 다음과 같은 정진홍 원로 종교학자의 주장을 미루어 짐작할 수 있다. "종교는 '불변성'을 지극한 가치로 간주합니다. 심지어 '사물은 불변하지 않는다'는 주장조차 그것이 정당화되기 위해서는 그 주장의 불변성을 전제하지 않으면 안 됩니다. 따라서 불변성은 종교를 지탱하는 축이기도 합니다. 종교는 스스로 '변화에 대한 거절'을 통하여 그 자신의 실재성을 유지한다고 인식합니다. 따라서 '순수'와 '돈독함'은 그러한 태도가 지니는 종교의 드높은 덕목으로 자리 잡고 있습니다. 그러나 '진리는 불변한다'는 명제에 대한 명목적인 집착을 고집하는 한, 종교는 변화의 소용돌이에서 스스로 불변성을 주장하면서 변화가 초래하는 새로운 문제에 대한 '적절한 해답'을 제시할 수 없게 됩니다. 종교의 본래 모습이라고 할 '해답의 기능'을 상실하게 되는 것입니다."

다소 길게 인용했지만, 이 글은 종교가 갖고 있는 본질적인 성격과 병폐를 적나라하게 꼬집는다. 시대가 변하고 있는데 종교가 근대와 현대는 고사하고 여전히 중세적 종교 범주를 벗어나지 못한다면 어떻게 종교의 본래의 기능을 다할 수 있겠는가. 다시 말해서 종교는 시대적 문제, 혹은 한계 상황에 대한 문제에 대해서 그때그때 적절한 해답을 제시해줄 수 없다는 것이다. 진리의 불변성을 주장한다고 해서 종교의 항상성이 보증될 수 있다고 하는 것은 아니다. 더군다나 정진홍이 말하는 이른바 '종교시대'는 '종교들의 시대'로 나아갈 것이고, "모든 현상에 대한 '종교적'이라는 형용적 수식의 일상화"가 빠르게 진행되고 있기 때문이다. 종래의 종교라고 하면 특정 종교 혹은 고등 종교에게만 해당하는 줄 알고 있었다. 그리고 종교라고 하면 특정 종교만이 유일하다고 생각했다. 지금은 여러 종교가 존재한다는 것을 인정할 수밖에 없다. 그 종교도 과거의 종교 개념으로 정의 내릴 수 없을 정도로, 종교의 범주를 넘어서서 종교 기능, 종교적 잠재태, 종교성을 내포한 '종교적'이라는 수식어가 많이 달라붙게 되었던 것이다. 앞으로 "종교의 제도적 권위는 '전제된 실재'로 기능하지 않으며, 교리교육을 통한 '신도의 사회화'도 한계에 직면할 것이다. '종교시장'은 인허가와는 상관없는 수많은 '제품종교들'의 각축장이 될 것이다"(정진홍, 『종교문화의 논리』).

이러한 상황에서 종교는 "제품종교들마저 생산자의 완성품을 판매하는 것이 아니라 고객의 주문품을 판매하는 데 급급할 것"이다. 따라서 종교는 더 엄밀하게 과학적, 공학적 방법과 합리성, 예측 가능성으로 시민에게 다가가야 할 것이다. 그러기 위해서 종교적 영성, 종교적 생활, 종교적 평화를 위해서 종교를 어떻게 조직해야 하고, 어떻게 훈련을 해야 하며, 어떤 전략을 짜야 하고, 어떻게 여론을 조성해야 하며,

어떻게 선전해야 하고, 어떻게 후원금이나 봉헌금과 같은 자금을 확보할 수 있는지에 대한 종교공학적 설계가 필요하다. 그뿐만 아니라 종교적 갈등과 긴장, 종교적 테러와 전쟁 등을 종교공학적으로 어떻게 기술하고 설명할 것인지 진지하게 고민해야 한다.

"현대의 언어는 미래의 삶을 모두 종교라고 부를 수 있을는지도 모릅니다"(정진홍). 앞으로는 이른바 인간이 없다면 신도 없다는 인식의 "비종교적 종교성"이 보편화될 것이다. 이러한 때에 종교는 종교공학을 통하여 "어떻게 스스로 창조적인 미래를 열어가느냐" 하는 것이 과제가 될 것이다. 다시 공학적으로 표현한다면, "어떻게 미래를 향해서 스스로 자신의 종교를 만들어가느냐"로 바꿀 수 있을 것이다. 이것은 미래의 변화와 추이에 따라서 종교 "물음을 재구성하는" 일이다. 분명히 물음의 형식과 질료는 달라질 수밖에 없을 것이다. 그러나 종교 종언 시대에 잊지 말아야 할 것은, 미래의 종교를 전망하고 대안을 모색하더라도 지금 여기에서의 종교적 물음이 중요하다는 사실이다. 미래의 종교 모습도 결국 지금 여기에서 던지는 물음과 해답에서 배태되기 때문이다.

현대 사회에서 뮈토스의 상실과
함석헌의 종교적 스토리텔링

삶의 재발견의 기술, 뮈토스

이야기가 사라지고 있다. 숱한 이야기가 난무하는데 무슨 이야기가 사라지고 있느냐, 하고 반문할 수도 있다. 미디어와 과학이 발달하면서 이야기, 즉 뮈토스(mythos)가 힘을 잃고 있다는 것이다. 그래서였을까? 신화학자 조지프 캠벨(J. Campbell)은 이 시대에 적합한 새로운 신화가 필요하다고 주장한 바 있다. 이와 같은 입장에 기대어 더글러스 러시코프(D. Rushkoff)는 "종교의 가치는 복음으로서의 권위에 있기보다는 주어진 어떤 국면에 대해서나 늘 적합성을 지닌다는 사실에 있다"라고 말한다. 이는 과거 세대가 경전을 토대로 세계 내의 경험을 구성하고 경전 속의 신화적 사건을 하나의 사실적 이야기로 받아들인 반면에, 새로운 세대에서는 이야기의 메타포조차도 수용하지 않으며 오히려 영성을 추구하는 재현으로만 해석하는 것이다. 여기서 중요한 것이 '적합성'이다. 종교는 시대에 부합한 적합성에 의해서 재편성되고 경전 또한 인간 삶에 적절한 해석과 의미를 부여할 수 있어야 한다. 하지만 현대인들은 자기 자신이 스스로 뮈토스, 즉 이야기를 발생시키는 주체가 될지언정 각 종교의 뮈토스를 수용하기를 거부하고 있는 것 같다. 그만큼 종교적 뮈토스에 대한 신뢰가 자신들의 삶에 적합하지 않다고 판단하고 있는 게 아닌가 싶다.

그러나 인간이 자신의 삶의 전형이나 범형이 되는 것을 필요로 한다는 걸 부인할 수는 없다. 설령 종교를 거부하고 탈종교적 상황이 지속적으로 발생한다고 하더라도, 자발적으로 뮈토스를 만들어낼 힘을 지니고 있는가 하는 것은 의문이다. 잘 알다시피 뮈토스와 로고스는 인간의 정신적 삶의 바탕을 이루어왔다. 뮈토스는 그 자체가 목적이라면, 로고스는 설득과 판단을 목적으로 인간의 삶을 추동시킨 것이다. 삶 자체를 구성하고 있는 뮈토스를 부인한다는 것은 범형이 될 수 있는 삶을 찾지 않겠다는 것과도 같은 것이고, 그때그때의 콘텍스트 속에서 이야기를 통한 자기만의 내러티브를 형성하겠다는 의지가 내포되어 있다고 볼 수 있다. 물론 그간 로고스를 중심으로 일관해온 삶의 모습이 인간의 삶을 건강하고 성숙되게 만들었다고 단정 지을 수 없는 것이 사실이다. 이것은 그에 대한 반작용과 회의에서 나온 결과라고 해도 과언은 아닐 것이다. 로고스가 지독하리만치 잔인한 인간 삶을 투영하여 타자를 재단하고 폭력적인 삶의 구조를 양산했기 때문이기도 하다. 따라서 사람들은 새로운 뮈토스를 원하고 있기는 하지만 타자의 강제에 의한 얼개가 아니라 스스로 만들어가는 주도적인 이야기의 주체가 되기를 바라는 것이다.

그러기 위해서는 조르주 아감벤이 말한 것처럼, 인간은 자기 자신을 잃어버려야 한다. 다시 말해서 자기 자신을 발견하려면 진정한 자기 자신이 아니게 만든 외부의 강제적 이야기의 권력자로부터 벗어나야 한다. 더불어 진정한 자기 자신을 발견하기 위해서는 다시 뮈토스를 통한 삶의 관조(theoria; contemplatio)가 습관적으로 이루어져야 한다. 표피적 삶의 태도를 지양하고 내면의 속살을 들여다보는 성찰은 저절로 되는 것이 아니라 과거의 뮈토스를 통하여 가능하다. 인간의 삶과 역사, 미래 전망은 뮈토스의 재해석 과정을 통해 정립되었으며, 그것을 통해 삶의 해석과 의미를 지속적으로 발견해왔기 때문이다. 이것은 인간이라는 존재가 삶의 해석과 의미를 추구하지 않고서는 한시라도 살 수 없다는 것을 뜻한다. 일찌감치 엘리아데는 "신화의 주된 기능은 인간의 의미 있는 모든 의식과 행동의 전범을 보여주는 것"이라고 말한 바 있다. 이를 간과할 수 없는 이유는 인간은 지금까지 삶의 범형이 되는 것을 토대로 자신의 삶을 추동해왔기 때문이다. 그것이 없이 인간 스스로, 각기 개별적 존재자들이 삶을 주도적으로 창조해왔다고 보기는 어렵다. 여기에 종교의 역할이 중요하게 작용했던 것은 말할 것도 없다. 하지만 그 핵심 역할을 했던 종교의 뮈토스가 그 힘을 상실했다는 것이 크나큰 문제이다. 뮈토스는 종교의 전유물이 아니라, 이제 모든 사람의 개별 의식과 의지, 행동 속에서 (비)자발적인 형태로, 무정형의 양식으로 생산되고 있는 것은 주지의 사실이다.

이야기꾼 함석헌과 뮈토스적 역사관, 다시 아나키적 스토리텔링

서구의 상상력의 모태로서 뮈토스는 함석헌의 여러 사상적 배경 속에서도 나타난다. 우선 그가 번역한 『바가바드기타』는 힌두교 경전이자 서사시이다. 그리고 간디의 비폭력 사상을 적극 수용한 것도, 인도의 철학과 종교적 역사를 통해 자신의 철학과 종교를 독창적으로 펼치는 데 중요한 역할을 했음을 알 수 있다. 거칠게 말해서 함석헌의 이야기

철학, 독특한 내러티브도 뮈토스의 상상력에서 흘러나온 것이다. 그렇다고 해서 그의 역사 서술과 종교 이야기에서 로고스가 없다는 뜻이 아니다. 다만 그 모든 것이 한데 어우러져 함석헌 나름대로의 지성적·영성적 확장이 가능했던 바탕에는 뮈토스가 짙게 깔려 있다고 봐야 할 것이다. 더욱이 그의 역작 『뜻으로 본 한국 역사』도 황보윤식 박사가 주장하고 있듯이, 함석헌식의 독특한 신관이 투영된 역사서술임이 틀림없다. 뮈토스의 토대 위에서 일이관지하게 한국 역사를 서술한 것이다.

그렇다면 오늘날 뮈토스 상실의 세계에서 살고 있는 인간이 새로운 뮈토스를 발견하고 그 속에서 진리와 의미, 삶의 해석을 가능하게 하는 뮈토스의 범형을 어디서 찾아야 할까? 우선 조지프 캠벨의 목소리에 주목을 해보자. "하느님과의 관계를 가능케 하는 것은 이성입니다. … 오류의 가능성에서 온전하게 해방된 사람의 마음을 얼마든지 하느님에 대한 앎에 접근할 수 있기 때문에 계시 같은 것은 필요하지 않습니다. … 앞으로 우리는 신화를 가질 수 없을 것입니다. 세상은 신화를 낳을 사이도 없이 너무 눈부시게 변하고 있어요." 이렇듯 캠벨은 매우 허무적이고 절망적인 전망을 내놓는다. 뮈토스의 상실은 현재의 문제일 뿐만 아니라 미래의 문제라는 것을 적시한 것이고, 특히 그럴수록 인간은 이성이라는 것을 통하여 초월자와의 관계를 돈독히 하고 명료하게 해야 한다는 것으로 해석할 수 있다. 삶은 복잡하고 미디어와 과학은 매우 급속하게 변하고 있는 것이 사실이다. 그런 틈새에서 뮈토스를 찾고 그 뮈토스를 적어도 삶의 신비함으로 이식시키면서 삶의 다양한 구조와 요소를 뮈토스를 통해 해석하고 의미 부여할 수 있는 여지가 전혀 없다. 빠름과 조급함, 짧은 호흡과 단선적이고 감각적인 만족에 치우친 현대인들에게 긴 호흡을 필요로 하는 뮈토스는 허상과 허구로 작용할 뿐이지, 삶의 깊은 성찰적 도구로 가치를 지니지 못하고 있다. 조지프 캠벨이 거듭 비판하듯이, 기계가 인간을 지배하고 있고, 기계가 신들을 섬기고 있기 때문이다. 각 종교도 정해진 명령 신호를 입력해야 접근이 가능하지 않은가.

정진홍 교수가 적시하고 있듯이, 신화는 이야기이다. 그 이야기는 어떤 '사건'이 일어났음을 전해준다. 그 사건을 종교와 역사의 보편적 언어인 '뜻'으로 밝혀보려고 한 사람이 바로 함석헌이다. 뜻이 사건을 일으키고 이끌었다는 논지를 펴는 것은 결국 인간이란 "신화를 살아가는 삶"(정진홍)이라는 것을 말해준다. 함석헌이 『뜻으로 본 한국 역사』를 기술할 때, 역사를 '뜻'이라는 시각으로 조명하겠다고 의지를 밝힌 것은 아마도 뮈토스의 보편성을 가정한 듯하다. 뮈토스가 특정한 종교의 개념으로 확장되는 것은 인간의 보편 역사를 특정한 사관으로 본다는 편견을 불러일으킬 가능성이 높기 때문이다. 그런 의미에서 조지프 캠벨이 미래 신화의 바탕을 다음과 같이 고민해야 한다고 본 것은 시사하는 바가 크다. "내 나라의 눈이 아닌 이성의 눈, 내가 속하는 종교 사회의 눈이 아닌 이성의 눈, 내가 속하는 언어 집단의 눈이 아닌 이성의 눈… 이성의 철학." 일정한 지역과 지정학적 시선 그리고 특정한 종교적 시선에 국한해서 뮈토스를 생성해서는 안 된다는 것으로 이해할 수 있다. 달리 말하면 뮈토스는 인류의 보편적 이야기이지, 서구 사회나 동양 사회, 혹은 한국 사회에 국한된 특정한 뮈토스가 아니라는 말이다. 조지프 캠벨은 "자기 종교와 관련된 신화보다 다른 문화권의 신화를 읽어야 하는 까닭은, 우리에게는 자기 종교와 관련된 신화를 믿음이라는 문맥에서 해석하는 경향이 있기 때문"이라고 지적한다. 따라서 뮈토스는 아나키적인 스토리텔링이다. 뮈토스를 자꾸 자신의 특정한 바탕에서 강요하고 절대화하기 때문에 비종교인들은 그 뮈토스를 받아들이지 않으려고 한다. 로마 그리스 신화, 수메르 신화, 마야 신화, 히브리 성서의 신화, 인도 신화 등 여러 국가의 신화들은 인간과 세계, 우주의 이야기 총체를 담고 있으며, 인간의 삶을 해석하는 장치들이다. 그것을 통한 독점이나 지배, 혹은 절대화는 현대 사회에서 설득력을 상실한다.

다시 근본적인 물음으로 돌아가보자. 오늘날 현대인들에게 어떤 이야기가 필요한가? 그들은 어떤 뮈토스를 소비하기를 원하는가? 제도적 종교에 대한 회의와 더불어 붕괴 현상의 조짐까지 보이고 있는 현실에서 사람들은 그럼에도 새로운 종교적 상상력과 개별 영성을 추구할 것이다. 이는 인간이 완전히 종교성을 떠나기는 어렵다는 말이다. "고전 이야기를 마음에 담아 놓으면 그 이야기가 나날이 일어나는 사건과 무관하지 않다는 걸 알게 됩니다. … 신화는 사람들에게 내면으로 돌아가는 길을 가르쳐줍니다." 조지프 캠벨의 말이다. 그렇다면 종교가 신화 안에 자리를 잡고 있다(정진홍)는 것을 모든 종교는 간과하지 말아야 하며, 이것이 어쩌면 종교의 희망이 될지도 모르겠다. 더욱이 신칸트학파의 거장 에른스트 카시러(E. Cassirer)가 주장하고 있는바, 신화가 아무리 선논리적(先論理的)이고 감정과 정동(情動)적이라 할지라도, 그것이 어떤 믿음을 내포하고 있고 스토아학파가 내세운 인류의 공통관념을 지향하고 있다면, 신화의 재발견과 재해석은 매우 막중한 종교의 사명이기도 하다.

금세기 탁월한 프랑스 철학자 알랭 바디우는 "완전한 실재적 행복은 시간의 해방을 전제한다"라고 말한다. 그러면서 "혁명의 욕망은 결국 새로운 삶의 형식들을 창안하고자 하는 욕망이다. 그리고 실제적 행복은 이러한 형식들의 향유(jouissance)와 다름없다"라고 단언한다. 뮈토스는 인간의 삶의 형식을 재고하고 새로운 삶의 형식을 만들어주고자 한다는 점을 잊지 말아야 한다. 뮈토스는 자기 계발서나 어린이들의 만화책에 등장하는 내러티브가 결코 아니다. 뮈토스는 가벼운 삶의 일상을 진지하게 성찰하면서 미래의 삶을 조망하도록 만드는 것이다. 과거의 뮈토스가 인간의 상상력이 되는 이유가 여기에 있다. 그러기 위해서 스토리텔링은 인간의 절대 자유, 노동의 자유, 사유의 자유, 시간의 자유 등을 지향하는 아나키적 내러티브가 절실하게 요구되고 있는 것이다.

종교가 가진 몫의 배분과 규범종교의 불편함

종교인류학과 한국의 종교혼합주의

우리나라는 역사적으로 수많은 종교가 태동하여 지금까지 공존하는 매우 특이한 종교현상을 갖고 있다. 종교는 정치적 이념으로, 민중을 달래는 치유로, 사회와 국가의 질서 및 통합을 유도하는 윤리 혹은 도덕으로, 망자를 기억하며 당대와 미래를 희망하는 의례로 기능했다. 하지만 이와 같이 시대와 지리를 달리하여 나타난 종교가 서로 갈등을 빚은 것은 인간의 생래적 욕망과 낯섦에 대한 심리적 두려움에서 기인한다. 물론 기존의 종교가 제도화되고 사회적으로 안착한 경우, 다른 종교가 발흥하여 경쟁 관계가 되는 사태가 발생하면 때에 따라서 이단과 사이비 논쟁에 휘말려 말살과 억압의 경험을 피할 수 없었다. 달리 말해서 종교가 갖고 있는 성과 속의 이중성이 어떻게 나타나느냐에 따라서 적응과 배타의 양태로 전개되어 긴장과 갈등이 존재한다. 그럼에도 무교와 불교, 도교, 유교, 그리스도교, 이슬람교에 이르기까지 각각의 종교가 갖고 있는 공통점은 기어츠(Clifford James Geertz)가 말한 "사회구조의 효율적 통합에 필수적인 궁극적인 가치관의 조율을 행하고 동시에", 개인과 공동체의 "지적 일관성과 정서적 안정성의 심리적 욕구를 충족시키도록 잘 고안되었다"라는 점이다.

자의식이 매우 강한 종교일수록 배타성을 띠면서 종래의 종교를 억압하고 말살하려는 태도를 보임으로써 종교가 이념적 갈등과 유대적 동지관계를 잇따라 보인다는 것은 우리나라 현실에서는 참으로 역설이다. 오히려 종교의 정체성을 강하게 부각시키며 과거의 종교적 전통을 지워버리려는 시도는 종교의 지리적 토대를 완강하게 부인하고, 공간 권력을 독점하고 사사화(私事化)하겠다는 것과 다르지 않다. 이러한 맥락에서 보자면, 이미 우리나라 종교의 대부분은 거칠게 표현해서 '종교혼합주의'(syncretism)적 성격을 갖고 있다고 봐야 할 것이다. 가톨릭의 유교적 습합(서구 유럽보다 더 권위적이고 남성중심적인 위계성), 개신교의 무교적 습합(약간의 불교적 색채)은 종래의 종교 토양에서 자라난 서양 종교의 토착화이다. 그렇기에 종교혼합주의를 공공연한 담론으로 삼아도 문제될 것은 없다. 맬러리 나이(M. Nye)에 따르면, "문화들과 종교들은 그 구성원들이 흔히 생각하는 것처럼 그렇게 '순수하고' 섞이지 않은 채 존재하는 경우가 거의 없다. … 모든 종교문화는 혼합적이며, '혼합적이지 않은' 종교 같은 것은 존재하지 않는다." 다만 각각의 종교들이 자신의 종교적 정체성과 민족적 동일성을 일치시키려는 강박이 종교혼합주의라는 섞음과 낯섦의 종교심리학적 불안을 억압하려고 할 뿐이다. 가톨릭은 1975년 나이로비 WCC총회에서 인도 신학자 토마스(M. M. Thomas)를 통해 그리스도 중심적 혼합주의(Christuszentrisher Syncretismus)를 제안했다. 그는 골로사이서 1장 17절("그분은 만물보다 앞서 계시고 만물은 그분으로 말미암아 존속합니다")과 에페소서 1장 10절("때가 차면 이 계획이 이루어져서 하늘과 땅에 있는 모든 것이 그리스도를 머리로 하고 하나가 될 것입니다")을 예로 들어 종교 간의 대화를 통하여 교리적 차이를 초월하고 그리스도의 인간성을 기초로 한 그리스도 중심적인 공동체를 형성할 것을 피력했다.

기어츠가 볼 때에 종교혼합주의는 지리적·지역적 유대의 강화와 영혼을 달래는 의례에 초점을 맞춘다. 또한 이는 공동체의 이념적 동지 관계나 특수한 정치적 사상을 실현하기 위한 종교적 준거틀이 필요한 경우에 발생한다. 더군다나 기어츠가 사례로 들고 있는 자바의 탈농촌 현상과 도시화 현상은 신앙의 정체성보다 사회공동체의 정체성이 더 강화되는 데에 따른 변화들에 의해서 종교적 의례와 종교혼합주의가 어떻게 형성되는지 잘 짚어준다. 과거 농경사회에서는 신앙을 중심으로 한 유대와 정체성이 강화되는 반면, 도시사회 공동체에서는 정체성이 대단히 임의적이고 유동적이다. 이를 테면 도시는 "사귈 친구의 종류, 가입할 조직의 종류, 다른 정치적 지도력의 종류, 자신이나 아들이 결혼할 사람의 종류, 이것들 모두가" 이데올로기화, 개별화, 세속화, 문화적 해체로 이어진다. 이것이 절대적인 것은 아니라 하더라도 적어도 유연적이고 유동적인 신앙 패턴의 변화를 의미한다고 볼 수 있다. 사회 형태의 다양성과 급속한 변화, 직업과 직장의 복잡성, 미래의 불확실성은 생존의 욕망이 더 강하게 작용하면서 고체화된 자신의 종교적 정체성보다 유연하고 유동적인 액체화된 종교로의 전환(이른바 개종은 아니더라도 문화적 수용)을 가능하게 함으로써 종교혼합주의적 생활양식을 더 지향하게 만든다.

물론 종교혼합주의적 현상이 만연하다고 여기는 종래의 자의식이 강한 종교들이 분명히 더 강한 정체성의 확인과 배타성을 띨 것은 자명하다. 최근에 불거진 정치종교적 갈등인 가톨릭과 동학(천도교)의 성지

지정 사업과 관련된 마찰을 놓고 보아도 점점 더 자신의 순수하고 고유한 민족 신앙으로 돌아가야 한다는 움직임을 보이고 있는 것은 그와 같은 맥락에서 이해할 수가 있을 것이다. 자생적 종교인 동학이 민족을 위해서 기여한 바는 역사적으로 잘 알려져 있지만, 자신의 종교 권력과 정체성 강화를 위해서 이웃 종교, 특히 민족의 토착종교를 억압하려는 태도는 서구 종교를 배제하려는 강한 열망으로까지 발전할 수 있다. 따라서 종교혼합주의라는 다소 인정하기 어렵고 받아들이고 싶지 않은 현상을 동일한 종교지리적 토대를 갖고 있는 종교들이 상호존중하고 상호의존하려는 태도로 변경한다면 그리 비난할 일도 아니다. 순혈주의적 종교 정체성과 자본주의적 경쟁, 목표지향적 선교를 지향하는 서구 종교에 대한 선망은 외려 자신의 토착종교를 폄훼하는 데까지 나아갈 수 있음을 기억해야 한다.

종교 의례는 사회공동체의 변화 추이에 따라서 달라질 수 있다. 사회공동체가 의례에 맞출 수는 없다. 의례(결혼식, 장례식 등)의 문화적 양식과 내용은 고정되어 있거나 종교적 관념을 내포하고 있기 때문에 더욱이 변화가 거의 불가능하다고 할 수 있다. 하지만 종교는 그 시대와 맥락, 지리적 조건에 따라서 수없이 토착화를 시도해왔다. 따라서 의례는 그때그때의 상황과 사회적 변동에 따라서 달라질 수 있는 가능성을 열어두어야 한다. 이것은 어떻게 토착종교 혹은 토착민의 종교적 관습과 대화를 시도할 것인가와도 밀접한 관계가 있다. 더욱이 마을공동체, 혹은 사회공동체의 장례식이나 결혼식의 의례는 이웃 집단, 즉 지역공동체의 조화를 가져다준다. 애도의 감정, 초연하고 안정된 감정, 심한 감정적 혼란이 없이 슬픔을 이겨낼 수 있도록 도와주는 장례미사(위령미사, 장례예식)는 감정적 손상과 좌절을 최소화하면서 서로의 유대를 강화한다. 반면에 이에 대한 무관심은 문화를 해체하고 지역적 유대를 와해하는 결과를 초래하기도 한다. 이러한 맥락에서 가톨릭의 혼배성사 역시 신자가 아닌 경우에 성사적 집전이 불가능하다는 점은 지역적 유대와 공동체의 조화에 일조할 수 없다는 한계를 지닌다. 종교적 심성에 의존하는 지역 주민이 토착 의례와 더불어 새로운 의례를 요청할 경우에 종교 정체성이 부여된 개별 신자만을 용인하려는 태도는 종교 습합과 종교 혼합의 가능성을 완전히 무시한 것이다(연도 역시 유교적 의례를 바탕에 둔 종교적 토착화 현상이 아니던가. 개신교의 한 목사는 이웃 교회의 어느 신도의 가족이 임종했을 때 장례예식을 집전해달라는 부탁을 받았으나, 자신의 교회 신도가 아니라고 의례를 거부했다고 한다. 지역공동체의 유대를 와해시키는 행위이다. 말리노프스키는 "종교의 모든 근원 중에서 인생 최대의 그리고 최후의 위기―죽음―가 가장 중요한 의미를 지닌다"라고 말했는데, 이에 대한 종교적 상식이 없었던 말인가).

종교의례에 대해서 비교적 관용적이고 관대하며 포용적이어야 하는 이유는, 의례는 이미 종교적이기보다 일상화되어 있기 때문이다. 태어나서 죽을 때까지 여러 통과의례를 경험해야 하는 인간은 종교적 의미가 부여된 의식을 치르게 되는데, 그것들은 한편 종교 의례이기도 하지만 또 다른 한편은 일상 의례에 지나지 않는다. 의례의 일상화 혹은 보편화라고 할 수 있다. 그런 의미에서 종교 의례는 인간의 일상 문화와 맞닿아 있다. 그 일상 의례는 정치적인 입장(범주)을 취하기도 한다. 결혼식이나 장례식을 이슬람식으로 할 것이냐, 그리스도교식으로 할 것이냐, 유교식으로 할 것이냐 하는 것도 국가의 종교가 무엇이냐에 따라서, 혹은 가족의 종교가 무엇이냐에 따라서 달라진다. 그러므로 종교적·신학적·철학적 의례나 지식이 절실히 필요하다. 종교 의례가 폭력이 아니라 인간의 삶의 승화라는 의미를 고려한다면, 개인이나 가족의 의례는 단순히 종교 의례가 아니라 역사 속에서 배태된 수많은 종교들의 지리적·심리적·시대적 관념들이 습합된 경험이라는 것을 알아야 한다. 종교혼합주의에 대한 인식을 강조하는 이유는 이 세계에 수많은 종교가 있고, 그 종교를 기반으로 해서 살아가는 사람들과 사회, 국가의 일치 혹은 소우주와 대우주의 일치를 위한 것이기도 하기 때문이다. 종교혼합주의를 섣불리 문화적 타락이나 사회적 분열로 인식해서는 안 된다. 종교혼합주의는 사회를 통합하고 문화를 더 풍요롭게 한다. 축적적 전통하에서 생겨난 수많은 종교의 관념들과 경험들이 제도화·조직화되면서 정교한 의례를 만들어내는데, 이는 민속적 전통을 쇠퇴시키는 것이 아니라 더 발전시켜서 도덕적·상징적·관념적 유대를 강화하기 때문이다. 물론 여기서 전제해야 할 것은 민속 전통의 의례를 존중하고 그와 더불어 자신의 종교 의례를 조율해나가는 방식을 택해야 한다는 것이다.

기어츠가 "… 주민들이 사회적으로는 도시인이지만, 문화적으로는 여전히 민속적이라는 데 문제가 있는 것"이라고 말한 데서 알 수 있듯이, 탈농촌화 현상이 빠르게 일어나고 있다고는 하나, 우리나라의 명절 때가 되면 귀향 행렬로 전국의 도로가 주차장으로 변하고, 묘소의 벌초를 위해서 시간과 공을 들이는 모습은 분명 종교혼합주의밖에는 달리 설명할 길이 없다. 문화적 수준에서 우리나라는 여전히 신앙 형태, 표현 양식, 가치관, 세계관, 에토스, 파토스 등의 준거틀이 매우 복잡하게 습합되어 있다. 이것은 기어츠가 말한 "사회구조(인과-기능적) 차원의 통합 형태와 문화(논리-의미적) 차원의 통합 형태 사이의 불연속성—사회적, 문화적 해체가 아니라, 사회적, 문화적 갈등을 유도하는 불연속성—의 탓으로 보아야만 한다."

우리는 문화적으로 가치 있는 신앙이라 할지라도 자신의 종교적 정체성과 부합하지 않으면 가차 없이 버린다. 이제는 종교가 자신의 사회 공동체 속에서 정치 이론이나 경제 이론을 통해서 연대를 형성하기보다는 종교적 상징, 토착화된 종교의 개념과 가치관으로 연대를 형성해야 한다. 경우에 따라서는 종교적 상징이 정치적 상징이나 의미와 충돌을 일으키기도 한다. 그와 같은 간섭이 공동체 구성원 간에 갈등과 긴장을 유발하게 되는 것은 당연한 일이다. "그러나 의례는 단지 의미의 패턴만이 아니다. 그것은 또한 사회적 상호작용의 형태이기도 하다"라는 기어츠의 말을 상기할 필요가 있다. 또한 "중요한 사회 단위들은 여러 가지의 요소—거주뿐만 아니라 계급, 정치적 견해, 직업, 민족, 출신지, 종교적 선호, 연령, 성별—에 의해서 규정된다. 새로운 도시형 사회조직은 다양한 맥락에서 발생하는 충돌하는 힘들의 미묘한 균형으로 구성된다. 계급 차이는 이념적 유사성에 의해서 약화된다. 윤리적 갈등은 경제적 이해의 일치에 의해서 약화된다. 정치적 대립은, 우리가 그렇듯이, 이웃 간의 친밀성에 의해서 완화된다. … 그 때문에 개인을 분류하는 일차적 지표는 그가 어디에 사는가이다." 종교적 지리의 위치에 따른 인간과 그 인간의 종교적 지향성으로 어떤 종교 의례를 선택하는가, 어떤 종교 의례에 영향을 받는지가 결정된다. 더불어 그 지리적 위치는 공간 권력으로서 종교가 확정되는 중요한 관건이 된다. 기어츠는 그럼에도 "사회변화의 동인은 자신이 무엇인가의 의미를 부여할 수 있는 세상, 그 본질적 의의를 파악할 수 있다고 느끼는 세상에 살고 싶다고 하는 인간의 욕구와 기능하는 사회 유기체를 유지시키려는 욕구가 일치하지 않는 일이 흔하다는 사실이 고려되는, 보다 역동적인 형태의 기능주의 이론에 의해서만 분명하게 도식화될 수 있다"라고 말한다. 종교적 인간은 자신의 공동체의 상징을 의미 부여하려고 부단히 애를 쓰지만, 동시에 그것이 사회 유기체를 유지 존속시키는 것과 반드시 일치하는 것은 아니라는 사실을 알게 된다. 다만 상징과 의례가 의미하는 바를 (종교[현상이]라는 대상이 인식 주체에게 나타나는 바를) 있는 그대로 기술하는 것, 즉 종교 현상의 구조와 의미를 밝히고, 종교의 본질을 구명하여 종교의 비환원성을 과제로 삼아야 한다. 자신의 사회와 이웃의 종교를 잘 '이해'(Verstehen)하기 위해서라도 말이다.

이런 측면에서 종교학은 각기의 종교를 규범화하거나 정언명령화하는 것이 아니라 있는 그대로의 현상을 기술(description)하는 태도를 취해야 한다. 신학은 규범적이고 교리적이며 변증적이지만, 종교학은 각기 종교를 객관적으로 바라보려는 태도를 취하기 때문에 자신의 선입견이 배제된다. 여기에 종교인류학은 "종교의 핵심을 구성하는 상징에 구현되어 있는 의미체계의 분석과 이러한 체계를 사회-구조적, 심리적 과정에 연결시키는 것이다." 한 사회에서 궁극적인 가능성 혹은 궁극적인 실재를 어떻게 상징적으로 체계화하는지에 대해 연구하는 일과 종교의 사회적·심리적 역할을 추적·해석하는 작업은 규범적인 신학적 영역을 넘어서는 일이다. 이에 종교철학자 이태하는 광신주의와 기복주의를 비판하면서 "참된 종교는 인간의 한계적 실존성을 올바로 인식하고 그것을 창조적으로 승화할 것을 가르친다. 참된 종교란 결국 인간으로 하여금 자신의 한계성을 올바르게 인식함으로써 자족함을 배우게 하고, 그 한계성을 한 단계 승화시킴으로써 자신뿐만 아니라 자신이 속한 모든 공동체를 평화와 기쁨으로 충만하게 하는 인간다운 삶의 길을 제시하는 것이다"라고 말한다. 한편 "종교학은 인간 이해를 위한 참된 '인간적인 지식'(humane knowledge, '인간을 위한 지식'; Wilfred C. Smith/

'인간에 대한 지식'을 의미하는 human knowledge와 다름)을 창출해내는 '새로운 인간학'(New Humanism, M. Eliade)"이다. 종교학은 신학에게 타자인 이웃 종교를 알게 해주는 가정교사의 역할, 여러 종교와 비교함으로써 자신과 우리를 바라보도록 만드는 비평가의 역할, 신학과 공통적인 관심사를 나눌 수 있고 대화할 수 있는 동반자 역할을 한다(배국원). 따라서 종교학은 신학과 종교인류학을 통해서 전통 종교와 공통의 인간을 더욱 깊이 이해하는 데 노력해야 할 것이고, 종교 이해의 지평을 넓혀야 할 것이다. 이를 통해서 종교는 서로/사이의 대화를 통하여 상호 대립이 아니라 현안의 지구적 문제와 인간의 인간다움을 위해서 상호 협력하고 함께 비판·반성하면서 더불어 살고 연대적 활동을 하는 종교 영성을 추구해야 한다.

종교인류학의 아나키즘적 성격

　로이 라파포트에 따르면, 종교인류학에서 중요한 개념인 의례는 일종의 구조 및 시스템과 밀접한 연관이 있다. 특히 그는 시스템을 "포함과 종속"이라는 성격을 갖고 있는 것으로 여긴다. 종교가 진화하면서 자신의 언어 명제와 진리 가치를 수호하기 위해 시스템은 변화하며, 더 견고하게 되고 고착화된다. 이러한 과정에서 종교 시스템과 사회 시스템 사이의 충돌은 피할 수 없고 다른 시스템이 등장하는 것에 대해서 지속적인 견제와 억압, 배제가 이루어진다. 더욱이 종교 의례는 집합적 표상과 삶의 속성을 드러내는 것이기 때문에 의례의 차이를 지닌 시스템과 시스템의 관계는 경쟁 관계가 될 수밖에 없다. 라파포트가 주목하는 것은 언어가 종교 의례를 어떻게 직조하는가에 있는 듯하다. 실제로 종교 의례는 상당 부분 언어로 이루어져 있다. 특히 의례의 내용을 이루고 있는 개념들과 명제들의 언어는 종교를 구성하는 매우 중요한 역할을 한다. 따라서 언어화되고 명제화된 의례 내용의 상이성들이 충돌을 일으키는 원인이 된다.

하지만 종교적 아나키즘은 시스템과 시스템 사이의 간극과 충돌 가능성이 있는 지역 혹은 경계에 완충 역할을 하는 중립지대 혹은 중립적 사유 공간의 형성을 제안한다. 이 공간에서는 자아와 타자가 자유롭게 만나면서 종교를 공유한다. 더불어 종교 공유의 장소는 상호간의 종교 개념, 종교 상징, 종교 언어 등을 배우는 장이 된다. 이 공간은 구체적인 공간으로서 장소를 의미하기도 하지만, 동시에 단지 사유 공간으로서 추상적인 장소 및 거리를 의미한다. 일정한 거리와 장소라고 하는 것은 구체적인 장으로 등장하기도 하지만, 실제로 심리적·인식론적 거리, 존재론적 거리가 발생하는 것이 사실이다. 지금까지는 그러한 거리 및 경계를 좁히고 없애는 데에 초점이 맞춰져 있었지만, 그것 역시 자아가 타자를, 반대로 타자가 자아를 동일성의 영역 안으로 포섭하려는 폭력, 전체주의의 가능성을 배제할 수 없기 때문에, 오히려 일정한 물리적·관념적 공간이 서로를 더 배려하는 기능이 될 수가 있다.

인류학자 마가렛 미드는 부족사회를 연구하면서 각각의 부족들이 단순히 먹고 사는 문제를 넘어서 '문화'를 통해서 "이름과 지위와 신을 소유하는 존재"가 되었다고 주장한다. 그렇다면 각각의 상이한 문화를 직조하고 향유한 부족사회뿐만 아니라 현대 문명사회(필자는 이 개념도 마뜩치 않다. 원시니 문명이니 하는 것도 결국 문화절대주의 입장에서 보는 것이니 말이다) 혹은 현대 국가사회/자본주의사회에서 문화와 문화의 경계(접경)지역이 하나의 인식론적·존재론적·형이상학적 거리를 취하면서 타자의 종교적 가치 체계와 인간 집단을 유지하는 종교적 신념 체계 등 어느 것도 절대화해서는 안 된다. 절대와 우월을 등치해서 보는 순간, 타자의 종교문화를 열등한 것으로 바라보면서 그들의 종교적 자유를 억압하고 지배하려고 할 것이다. 그것을 무화시키고 타자의 종교 그 자체를 절대적 자유를 향한 체계라고 인정해야 한다. 이 점에서 마가렛 미드가 수행했던 아라페쉬인들에 대한 민족지학적 연구를 보면 근·현대적인 의미의 아나키즘과 매우 닮은 요소가 있다. 그들은 경제적 생산 양식에서 남녀가 서로 능력이 다른 존재임을 인정하고 협동하는(상호부조) 집단의식을 가지고 있다. 게다가 권위라고 하는 것도 불가피한 악으로 간주하기 때문에 정치체제나 정치단위를 불필요다고 여긴다. 권위나 권력이 누군가에게 집중되고 그것이 정치적 단위 안에서 행사되면 지배자와 피지배자 나뉘면서 인간이 지닌 자유는 그만큼 억압될 수 있다.

　토지 소유에서도 그것이 자신들의 소유라고 생각하는 것이 아니라 조상의 토지에 자신들이 속해 있다고 믿기 때문에 토지를 사유화하려고 하지 않는다. 그래서 농토를 하나만 경작하는 것이 아니라 여러 개를 경작하다가 친척들의 도움을 받아 품앗이를 한다. 이 품앗이를 아나키즘 용어로 말한다면, 경쟁이나 도태, 퇴출이 아닌 상호부조로 설명해도 좋을 것이다. 이와 같은 일상적인 경작과 사냥에는 어느 누구도 주인이라고 주장하면서 자신의 이익만을 챙길 수 없는 사회구조를 형성하고 있다. 흥미로운 것은 아라페쉬인들은 시간도 일도 타자의 계획에 맞춘다는 사실이다. 이는 협동을 통해서 능력이나 재능이 부족한 공동체 구성원을 배려하고 협력함으로써 오히려 경쟁이나 투쟁의 방식을 피할 수 있도록 한다. 그로 인해 이 부족사회에 폭력이나 전쟁은 낯선 것은 물론이거니와, 심지어 폭력적인 사람을 다루는 제도적 장치가 아예 없다. 다만 이 부족사회는 폭력을 휘두르는 사람을 통제하기보다는 폭력을 야기하는 사람이나 폭력으로 고통을 받는 사람을 적극적으로 훈련시킴으로써 폭력을 무화하는 방식을 택한다. 이는 공동체가 상호부조를 통한 비폭력주의를 추구한다는 것으로 읽힌다.

이처럼 아라페쉬인들의 삶의 구조와 방식은 오늘날 대부분의 도시자본 사회에서 살고 있는 인간 집단에게 시사하는 바가 크다. 그들의 사회에 내재화된 아나키즘적 삶의 방식이 반드시 근·현대적인 의미의 아나키즘적 삶의 방식과 완전히 일치하지 않는다고 하더라도, 그들이 이미 부족사회 안에서 다양한 기질적인 특성들을 조화시키려고 하고, 그것을 중립적 협동방식으로 표출한다는 것은 오늘날 우리 인간의 집단적 삶의 방식과 지향성을 어디다 두어야 하는지 잘 일러주는 듯하다. 더군다나 만일 그들의 아나키즘적 삶의 방식을 종교에 적용한다면, 종교공동체에서 상호부조와 협력 그리고 정치적 구조의 수평적 '몫의 배분'을 얼마나 지혜롭게 하려고 했는지 교훈적으로 깨닫게 된다. 다시 말해서 정의로운 사회가 되기 위한 그들의 배려, 협력, 비폭력, 타자적 이해, 공동 소유 등은 지나치게 경쟁 일변도로 변해가는 도시자본 사회 속의 종교공동체에 경종을 울린다. 동시에 이것은 문화적 삶의 양식에서 공동의 중립성, 공공성(사와 공을 모두 초월한)의 의례(라파포트는 일상과 종교의 의례를 구분하지 않는다)를 적극적으로 실천해야 한다는 메시지를 던져준다.

종교(인류)학과 함석헌의 재-현적 종교론

맬러리 나이는 "종교의 실천을 종교하기(religioning)의 과정"으로 인식하고, '종교는 사유가 아니라 종교 행하기'로 이해해야 한다고 말한다. 그런 의미에서 종교는 종교-하기, 종교의 실천적 행위를 통해서 규정된다. 종교적 실천가로서 함석헌은 종교-하기의 대표적 인물이라고 할 수 있다. 그를 무교회주의자라고 하는데, 실제로 '무'(無)에 대한 단선적(평면적) 해석을 넘어 다차원적 해석을 어떻게 하느냐에 따라서 단지 제도교회를 거부하거나 파괴하는 것을 의미하는 게 아님을 알 수 있다. '무'는 단순히 '없다'는 뜻의 존재론적 의미를 함의하지 않는다. 그렇다면 종래의 제도교회를 부인하는 것을 뜻한다고 하는 매도에 힘을 실어주는 격이 된다. 따라서 달리 무는 인식론적인 의미로 읽어야 한다. 무를 있음의 부정이 아니라 부정(不定, 정해지지 않음)으로 본다면, 이는 초월자나 종교의 본질에 대한 무한한 유보와 생성적 성격, 운동적 성격이 있다는 것을 지시한다. 단지 안다, 혹은 모른다라는 식의 이분 잣대로 초월자나 종교를 평가하기에는 한계가 있으므로, 인식의 영역을 무한히 열어놓고 안다는 것은 아직 모름으로, 모른다는 것은 더 깊은 관념의 확장으로 보아야 한다.

또한 '무'는 메타(meta)를 지향한다. 끊임없이 교회를 넘어서, 교회 이후를 가리킨다. 교회 또한 무한자를 담아내고 표상하는 잠정적인 가시적 실체라고 할 때, 완성된 현실태는 아니다. 그러므로 한편 무는 형이상학적 개념이기도 하다. 이상과 같이 무교회주의자라는 함석헌의 꼬리표는 종교의 불가능성을 가능성으로 무한히 유도하는 부르짖음이다. 비록 그가 무를 인식론적, 형이상학적으로 해석하지는 않았지만, 그의 주장을 추론해볼 때 무는 존재론적 지시어 이상의 속뜻을 갖고 있다고 할 수 있다. 더욱이 그의 무(a/non, 일반적인 부정접두어)를 있음의 부정(否定)이 아니라 여러 교회, 혹은 여러 종교 중의 하나(one)로 해석한다면, 교회절대주의, 교회제일주의, (자신의) 교회우월주의, (자신의) 교회유일주의 같은 왜곡을 벗어날 수 있다.

그러므로 함석헌의 무교회주의는 종교-하기의 실천과 운동을 단적으로 보여준 예라고 할 수 있다. 종교는 사유에 그치는 것이 아니라 행위를 해야 한다. 지금까지 분석한 함석헌이 주창한 무의 성격을 이해한다면, 종교는 되어가는 과정 중에 있는 것이요 생성 중에 있는 것이다. 종교는 어느 특정 종교에 의해서 완성되거나 온전함의 표상이 되어서는 안 된다. 종교는 다양한 시대와 지역에 따라서 나타나고 사라지기를 반복했고, 특정 종교가 고도의 체계를 갖추고 있다고 해서 유일무이한 종교가 될 수는 없는 것이다. 인간의 숫자만큼 종교와 종교 관념이 존재한다고 가정할 때, 특정 종교만이 모든 종교를 아우를 뿐만 아니라 종국에는 구원의 성취를 가능하게 한다고 주장한다는 것은 타자를 모독하는 행위이다. 종교가 자신의 지역에서 대표성(representative)을 띤다고 해서 모든 지역에서도 동일하게 대표성을 띠어야만 한다고 하면서 보편성을 강조하는 것은 타자에 대한 심각한 몰지각함을 드러내는 것이다. 다만 종교는 각기 지역이나 상황, 시대에 따라서 인간의 초월적 의식을 재현(re-present)할 뿐이다.

　　그런 의미에서 종교는 초월적 공공성(transzendental publik)을 내포한다고 말할 수 있다. 여기서 공(公)은 사(私)의 대척점에 서 있다는 뜻이 아니라, 공적 영역과 사적 영역 어느 쪽에도 귀속되지 않는 초월을 의미한다(호세 카사노바Jose Casanova). 종교가 공적 영역에서 사회 통합이나 윤리 규범의 중요한 역할을 감당했던 근대와는 달리 포스트모던 시대에는 종교의 공적 영역의 역할이 많이 상실된 것이 사실이다. 그렇다고 해서 종교가 사사화되었다고 섣부르게 단정할 수도 없다. 종교에 대한 관심이 갈수록 퇴색되는 현시대는 종교와 종교적 삶마저도 파편화되고 휘발하고 있기 때문이다. 동시에 종교는 새롭게 자신의 개념을 재정

립하고 종래의 종교-하기를 종교-재현하기로 바꾸어가야 할 것이다. 종교-하기의 실천적 역할로는 한계가 있다고 생각하는바, 종교의 공적 영역과 사적 영역 모두 종교를 지속적으로 재현해야 하는 과제에 직면해 있다. 종교-재현은 초월적인 보편성과 다르지 않기 때문이다. 그러므로 종교-하기의 한국 종교사상가로서 함석헌이 말한 '무'라는 특성을 재-현이라고 해석해도 무리가 없다. 종교-하기는 결국 종교-재현하기를 통해서 종교 다양성의 범주를 좀더 넓게 열어놓기 때문이다.

무교회주의에서 무(nichts)는 규정되지 않은 탈(脫)의 의미를 지니고 있다. 탈에는 극복하고 넘어서며 끊임없이 벗어나려는 욕망이 감추어져 있다. 그래서 무는 무규정성에 방향을 맞추고 있으면서 언제든지 타자의 해석에 열어놓으려는, 다만 형식적인 개념이자 잠정적인 개념으로 자신을 규정하고 있을 뿐이다. 이런 의미에서 마가렛 미드의 "인류학은 있는 그대로를 보고 들으며, 상상하기도 어려운 것들을 놀라움을 금치 못하면서 그대로 기록하는 개방성을 그 생명으로 삼는다"라는 말이 설득력을 얻는다. 지금까지 무와 교회주의라는 말이 갖는 선입견에서 벗어나지 못하고 둘의 개념이 상호 충돌을 일으킨다고 여겨왔다. 이러한 견해는 종래의 권력화·고착화된 종교일수록 더 강한 거부감을 드러냈던 것이 사실이다. 하지만 종교인류학적 관점에서 보면 어느 종교도 예외 없이, 있는 그대로의 현상에 대한 본질직관과 그에 부합하는 기록에 대한 개방성에서 자유롭지 못하다는 것을 인정해야 한다. 함석헌의 무교회주의가 갖는 불편함을 아예 이단으로 치부하는 것도 문제다. 무와 교회주의를 없음과 있음이라는 극단적인 이원론으로 바라보고 없음은 부정이고, 있음은 긍정이라고 확정지으면서 더 이상 논란의 여지를 주지 않으려는 반종교적 심성에서 비롯된 것이 아닌가 싶다.

종교사적으로 볼 때 긍정신학보다 부정신학이 훨씬 더 강한 신앙적 관념과 실천을 낳았다는 것을 기억해야 할 것이다. 신을 개념화하지 않으려는 부정신학은 논리나 명제로 초월자를 유한적 인식의 영역에 국한시키려는 종교적 도그마를 지양하려고 하였다. 하지만 조르주 바타이유(G. Bataille)는 "신의 체험은 번제의 고뇌 속에 연장되며, 그것은 긍정신학의 단언들보다는 부정신학의 침묵들과 더 잘 일치한다"라고 설파했다. 그가 말한 신비주의자들의 체험에서 비롯된 무기력(apathie) 혹은 무정념이나 형태나 형식도 없는 신감각(theopathie)에 대한 두려움이었을까. 아니면 신에 대한 자유로운 해석은 체험을 무한히 확장할 수 있다는 것을 내다본 것일까. 하지만 종교 권력자들은 지식과 논리로 명제화해서 신 혹은 신의 권력을 배분하는 수고를 덜고 싶어 했는지 모른다. 그런 면에서 종교는 종교적 정의, 곧 각자에게 자기의 몫을 나누지 않은 채 지금까지도 지속해오고 있는 것이다. 신의 몫, 신앙의 몫은 체제 유지를 위해서 반드시 남겨놓아야 할 잉여이기 때문이다. 그래서 그토록 무가 아닌 유에 집착하는 것이 아니겠는가.

종교학과 정의(正義): 주객(主客)과 자타(自他)를 넘어

"티가 있다는 것은 눈에 티가 끼어 있어 있다는 뜻이며, 밖에 있는 티를 못 보는 것은 마음의 눈에 티가 끼어 있기 때문임을 깨닫게 되었다. 마음이 맑으면, 마음의 거울에 티가 없으면, 눈으로 보는 밖의 객체의 아무리 작은 티도 다 보인다는 사실을 알게 되었다. … 이 작은 깨달음이 나에게는 희열이었다. 주관과 객관, 자(自)와 타(他), 인간과 물건 등으로 인식해온 삶에서 하나의 큰 전환이었다." 시대의 지성인 리영희의 말이다. 종교적 깨달음이란 마음의 때를 얼마만큼 제거하느냐에 달려 있다. 마음의 때, 즉 심태(心態)는 순수한 마음을 더럽혀서 대상을 왜곡한다. 더 큰 문제는 이원론(dualism)이다. 종교와 종교 사이의 심연은 주체와 대상, 혹은 나와 타자를 가르는 경계의 깊이다. 경계의 금기는 마음과 마음이 통하고, 몸과 몸이 맞닿는 감각적 희열과 신뢰를 원천적으로 차단한다. 경계의 안과 밖은 항상 바라보는 주체와 보이는 대상이 나뉘어져 지배자의 즐거움과 피지배자의 수치심을 자극한다. 경계를 설정하게 되면 그 지대의 중립지대는 존재하지 않는다. 현실적으로 그 경계는 공동의 지리적·공간적 점유를 용인해야 한다. 따라서 나와 타자를 가르는 경계선에 가까울수록 공동의 의식이 유사성을 띠는 반면에, 경계에서 멀어질수록 소외와 격리를 의미하는 타자성은 더 강해진다. 다소 동떨어진 얘기일지는 모르나, 헤르만 헤세(H. Hesse)는 다음과 같이 말했다. "나처럼 국경을 마음속 깊이 무시하면서 사는 사람이 많아지면 전쟁도 봉쇄도 더 이상 존재하지 못하리라. 국경처럼 증오스럽고 쓸모없는 것도 없다."

종교학은 바로 종교 간의 그 경계(境界)를 경(境)과 계(界)로, '이웃 사이의 장소'를 올바르게 기술하고 설명하는 일이다. 그곳을 있는 그대로 직시하도록 함으로써 종교와 종교 사이의 심리적·물리적 거리의 공간에 대한 정확한 이해를 할 수 있게 된다. 이것은 종교 간의 바른 이해관계, 즉 종교 간의 정의를 확보하는 데 중요한 역할을 한다. 각 종교가 가져야 할 몫을 정당하게 취하도록 인정하고 존중하는 일은 규범적 학문보다는 기술적 학문이 훨씬 더 적합하다. 규범은 한쪽의 추에 무게중심을 둠으로써 또 다른 쪽을 어떤 형태로든 강제하거나 통제하려는 의도가 깔려 있기 때문이다. 반면에 기술과 설명은 객관성을 담보로 사태를 응시하고 이해하려는 태도라고 할 수 있다. 앞에서 말한 이원론적 종교관을 벗어나려면 규범적 해석학이 아니라 현상학적 해석이 필요한 이유이기도 하다.

과거 우리나라는 안과 밖을 가르는 경계, 곧 담장이 풍수적으로는 그 집안 사람의 인격과 연관이 있다고 믿었다. 경계는 그 경계를 설정하는 사람이 바깥의 사람을 어떻게 대하는지 결정하는 중요한 요소라고 할 수 있다. 자신의 사유지를 넘보는 사람들에게 얼마만큼 관대할 것이냐, 어디까지 포용할 것이냐가 드러나는 장치이기 때문이다. 따라서 경계란 안과 밖의 물리적·심리적 시선 혹은 정치적 시선의 몫을 서로 침해하지 않는 범위 내에서 향유하는 곳이다. 따라서 경계를 인격화한다는 것은 상호 배려와 이해 그리고 상호 욕망을 존중하는 기준이 된다는 것을 의미한다. 따라서 경계를 얼마나 적절/적당/타당하게 설정하느냐에 따라서 안과 밖, 혹은 주객을 넘어서 상호주관적인 권력의 균형과 조화를 이룰 수 있다. 종교의 경계에 대한 논의에서 인격적 경계, 인격적인 공간으로서 '사이'를 종교인류학적 차원에서 전개하는 것은 바로 그러한 이유 때문이다. 종교인류학은 종교를 통해서 인간을 연구하는 학문으로, 그것이 의미하는 바가 무엇이냐, 그것이 상징하는 바가 무엇이냐를 있는 그대로 기술하려고 하는 태도를 지향한다. 그러기 위해서는 그들의 문화에 대한 인격적 거리를 전제하지 않고서는 불가능하다.

인간이 개별적인 존재일 때는 타자의 이익을 고려할 수 있지만, 일단 집단이나 공동체에 들어가는 순간 도덕성은 힘을 잃고 그 집단 혹은 공동체의 이익을 대변하게 된다. 이것은 라인홀드 니버(R. Niebuhr)가 주장한 말이다. 개별적 사유와 신념으로는 매우 성숙한 도덕성과 윤리의식을 가지고 있는 사람이 한 집단에 속하게 되면 그 집단과 동일시되기 때문이라고 할 수 있다. 특히 종교 집단은 자신의 이익을 위해서, 마케

팅적 선교를 감행하면서 전투적이고 군사적인 기획(enterprise)을 하게 된다. 이를 예리하게 비판한 이가 조르주 바타이유(G. Bataille)이다. 그는 이슬람교의 사례를 들면서 종교적 성장이 군사적 기획에 맞닿아 있음을 증명해냈다. 이슬람의 낭비와 소비(파멸)의 거부는 공동체의 내적 소비가 외적 소비, 즉 점령, 정복, 계산된 소비의 길로 들어섰다고 분석한다. 동시에 그들의 영성, 도덕, 보시, 기도는 종교 의례의 형태를 띠기는 했어도 군사적 양식과 기획에 불과하다는 것이다.

타자가 자신의 종교를 창조적인 생산 목적으로 소비해준 덕에 새로운 종교로의 도약, 탄생이 가능했다. 하지만 그로 인한 종교 의례는 비생산적 소모와 파멸(인간과 동물의 피희생)이라는 특성을 띠게 된다. 그러다 보면 종교 집단은 타자의 고통은 아랑곳하지 않고 정치권력에 편승해서 사회적 불의에 무관심하게 된다. 군사적 기획처럼 선교를 하려는 종교에게는 정의는 안중에도 없다. 오직 자신의 선교 확장이라는 목적만 달성하면 그만이다. 문제는 그러한 선교 확장조차도 자신의 이익을 영속화하기 위한 것이고, 그러기 위해서 정치권력과 부를 걸머쥐어야 한다. 다시 말해서 종교가 사회적 정의는 외면하고 사회적 불의에 대해서는 눈을 감아버리는 것이다. 이에 이태하는 "성직자들이 기존의 질서에 존재하는 불의를 올바로 인식하고 그것에 대한 건전한 비판 세력이 될 때 종교는 비로소 사회의 정의를 실현하고 사회를 도덕화하는 데 일조할 수 있다"라고 확언한다.

바타이유는 군사적 기획과도 같은 종교 행태의 대안을 티베트의 라마교에서 찾는 듯하다. "성장을 정지시키는 데 수도원 제도"를 언급하고 있듯이, 군사적 기획으로 인한 종교의 소비, 종교적 성장을 거부하고 새로운 종교적 삶을 기획하려면 명상(관상)적 삶이 필요하다는 것이다.

이것은 다음과 같은 주장에서도 잘 드러난다. "사실 수도원 제도는 순수 소비와 소비의 거부를 양날개에 달고 있다. … 수도원은 경제적 균형을 위한 해결의 실마리를 제공할 수 있으며, 어떤 필요성에도 복종하지 않을 특별한 세계가 군사적 또는 생산적 활동 너머에 있다는 사실이다." 수도원, 즉 일정한 목적으로 형성된 소규모의 자급자립 공동체는 자본주의적인 팽창주의와 정복주의, 독점과 성장에 대한 대안이 될지도 모른다. 수도원 공동체를 지나치게 우상화, 만능화한다고 비판할 수 있으나 수도원을 과거 유럽 교회의 수도원만 상정할 필요는 없을 것이다. 다만 그 외연을 더 넓혀서 범종교적인 의미에서 폐쇄적 명상조직이든 세계 속의 명상조직이든 종교의 근본 성격은 내면의 도덕화를 통한 사회의 도덕화에 기여할 수가 있을 것이다. 비판 세력으로서 종교조직 그리고 사회 정의를 실현하는 종교공동체가 되기 위해서는 자신이 성취해야 할 정신적 성숙의 몫을 갖고 있지 않는다면 불가능하기 때문이다. 그것은 관상적 삶, 달리 말하면 관조적 삶의 자세에서 출발한다. 이것이 종교가 자신의 올바름, 자신의 자기다움(just/ice)을 통해서 타자와 더불어 정신과 영성의 배분이 이루어지도록 할 수 있는 길이다.

그러나 종교인류학적 차원의 정의에서도 주의해야 할 것이 있다. "삶의 형이상학적 총체"를 우선으로 해야 한다는 김우창의 논의를 조심스럽게 받아들인다면, 결국 삶의 형이상학은 이성과 감정, 혹은 정의의 윤리적 이성과 사랑의 감정적 행위를 동일선상에서 이해해야 한다는 것이다. 다시 말해서 이성으로 삶을 이해하는 것과 감성으로 자기를 이해하는 것은 떼려야 뗄 수 없다는 것이다. 정의라고 해서 반드시 삶의 이성만을 논할 수 없는 노릇이기 때문이다. 그러한 형이상학적 측면에서 고려되는 종교란, 의례를 통한 권력화의 욕망을 어떻게 제어할 것이냐와 밀접히 연관되어 있다. 인류학자 캐서린 벨(Catherine Bell)은 "의례를 구원을 약속하는 헤게모니(redemptive hegemony)"라고 말한다. 개별적인 존재로서 특수 종교인은 자신이 참여하는 의례를 통해 그 의례가 갖고 있는 집단적 위계질서의 힘을 사유화한다. 집단적 구원의 약속에서 개별자들은 자신의 구원을 확신하고 그것을 통해 권력화(empower- ment)를 얻는다. 물론 자신의 권력도 한층 강화된다. 의례를 통한 종교의 권력화가 강화되는 것은 타자에게는 위협이 될 수 있고, 그 종교의 헤게모니를 얻지 못하면 안 될 것 같은 강박에 빠지게 할 수도 있다. 그러므로 종교의 권력화나 그 집단에 속해 있는 개인의 권력화와 헤게모니는 더 강하면서 배타성을 표출하게 된다. 이로 인해 정신과 물질의 이익을 이웃 종교와 공평하고 평등하게 배분하는 일은 없을 것이다. 앞에서 말한 의례의 강화가 부정의만 못한 것이 이러한 이유이기도 하다.

의례의 배분, 의례의 유연한 사고와 행위는 지배와 피지배, 권력자와 피권력자 사이의 위계를 타파하고 평등하고 균형 있는 인간의 원초적 삶의 이성과 감정을 더 풍요롭게 하는 것이다. 더불어 라틴어 격언, '극단의 정의는 극단의 상해'(summum ius, summa iniuria)라는 말을 명심한다면, 의례의 배분이 타자에 대한 절대적 배려라고는 하여도 꼭 이성으로만 되는 것이 아님을 기억해야 할 것이다.

참고문헌

김영한. "WCC 종교대화 프로그램의 전개과정에 대한 비판적 성찰." 한국개혁신학회 제30회
　　　정기학술심포지엄, 2011. 5. 14. 기조연설.
김우창. 『정의와 정의의 조건』. 생각의나무, 2008.
리영희. 『스핑크스의 코』. 까치, 1998.
배국원. 『종교철학의 이해』. 동연, 2000.
염승준. "종교적 '공공성'의 개념과 의미 고찰." 『원불교사상과 종교문화』 제72집(2017. 6).
이태하. 『종교적 믿음에 대한 몇 가지 철학적 반성』. 책세상, 2000.
함석헌. 『함석헌전집 3, 한국 기독교는 무엇을 하려는가』. 한길사, 1983.
Clifford J. Geertz/문옥표 옮김. 『문화의 해석』. 까치, 1998.
G. Bataille/조한경 옮김. 『저주의 몫』. 문학동네, 2000.
G. Bataille/조한경 옮김. 『에로티즘의 역사』. 민음사, 1998.
H. Hesse/김창활 옮김. 『방랑』. 태종출판사, 1977.
M. Nye/유기쁨 옮김. 『문화로 본 종교학』. 논형, 2013.
Margaret Mead/조혜정 옮김. 『세 부족 사회에서의 성과 기질』. 이화여자대학교출판부,
　　　1998.
R. Rappaport/강대훈 옮김. 『인류를 만든 의례와 종교』. 황소걸음, 2017.

나 오 는 말
종교공학과 종교학 그리고 종교적 아나키즘

공간의 선천성과 종교의 후천적 장소

지금까지 인간의 추상적 공간과 구체적 공간을 종교가 먼저 선도해 온 것이 사실이다. 그런데 이제는 그 공간을 자본과 국가에게 양도하고, 종교는 세속화라는 어쩔 수 없는 현실을 맞이하고 있다. 세속화 논쟁은 이미 오래전부터 시작되었으나, 돌연 종교 이후를 생각해야 한다는 측면에서 세속화를 새로운 관점에서 바라보아야 한다. 철학자 김영민은 탈종교적, 세속적 사회를 '종교 이후의 사회'(post-religious society)라고 하면서 "그 나름의 오랜 시행착오와 계몽 그리고 정신문화적 성숙을 거쳐 어렵사리 제도 종교의 허실을 이해하고 그 환상의 막을 걷어낸 후 내적 역량과 자율성으로 차분하고 평화로워진 사회다. 리처드 로티 식으로 말하면, '위를 쳐다보기보다는 앞날을 내다보며' '영원성을 망각하고 그간의 현실 지식을 우연한 미래에 대한 희망으로 대체'(미국만들기, 29쪽)한 사회일 것이다"라고 말한다. 원래 세속화(saeculum)라는 말은 아우구스티누스가 처음 사용한 개념으로, 현재와 파루시아 사이의 세계에서 그리스도인들과 이방인들이 공통의 신국을 목표로 하면서 함께 사는 것을 의미했다. 하지만 현대 사회에는 다양한 종교문화가 공존하고 있기 때문에 무엇이 성(sacred)이고 무엇이 속(profane)인지 구분하는 것은 사실상 무의미하다. 인간의 세속적인 나라와 신의 초월적인 나라를 구분하는 중세적 도식을 넘어서는 사회가 도래한 것이다. 또한 그리스도인이다 혹은 비그리스도인이다, 좀더 넓은 범주에서는 종교인이다 혹은 비종교인이다, 라는 것을 구분하는 것은 차이를 넘어서서 차별이라는 인권 문제로 비화할 수 있다.

김영민의 말처럼, 공간(space)보다 장소(place)가 훨씬 인위적이고 손때가 탄 것이라면, 공간은 좀더 근원적이고 선천적이라고 말할 수 있을 것이다. 18세기 독일 철학자 칸트는 그것을 선천적 감성의 직관형식이라는 다소 난해한 말로 정리했다. 말인즉슨 인간이 대상을 인식하려면 먼저 공간과 시간이라는 것을 경험 이전(a priori)에 전제할 수밖에 없다는 것이다. 그렇다면 공간이라는 것은 규정될 수 없는 그야말로 순수한 의식(reines Bewußtsein)과 동반된 형식(form)이다. 이와 같은 형식으로서 공간은 작위적인 것을 넘어선다. 거기를 수많은 종교적 장소가 점유하고 있는 것이다. 선천적인 공간 안에 수많은 종교가 자신들의 특수한 장소들을 만들어놓고 그곳을 성스러운 공간이라고 말하는 것은 선천적인 공간 혹은 초월적인 공간에 대한 불경이다.

공간 점유는 종교적 장소뿐만 아니라 여러 세속적인(만일 종교적 장소와 상반된 것을 여전히 이 용어로 지칭한다면 어쩔 수 없지만, 일상적인〔mundane〕이라는 표현이 나을 것이다) 장소들의 집합체, 의식과 행위의 집합체로 구성되어 있다는 점에서 공적 공간(public space)이라 해야 할 것이다. 따라서 공간은 더 이상 특정한 종교나 정치 혹은 자본의 공간이 될 수 없다. 공간을 확보하기 위한 투쟁과 고통 그리고 그 상징 공간을 특수한 추상적 장소로 승격시키고 구체적인 장소로 만들기 위한 시도는 태곳적부터 있어 왔다. 그런 점에서 공간의 공유는 앞으로 새로운 화두가 될 것이다. 종교적·정치적·경제적 공간의 분할은 새로운 구성원과 사건, 혹은 상황에 따른 수많은 장소의 분할과 몫으로 이어질 수 있기 때문이다. 당장에 동물 윤리와 배려 공간에 대한 목소리, 장애인을 위한 공간의 목소리, 임산부 여성을 위한 공간의 목소리, 비/흡연자들을 위한 공간의 목소리 등이 바로 그것이라고 볼 수 있다. 분할된 공간은 곧바로 새로운 형식의 고유한 장소로 탈바꿈되어 비일상성이 일상적 삶의 영역 안으로 들어오게 된다.

여기에서 고민을 해야 할 것이 인간의 삶의 질이다. 이성과 문명이 발달하면서 끊임없이 제기되어온 문제가 인간의 삶의 질이다. 그것을 뒷받침해준 것이 바로 공학(engineering; Machinenbaukunst)이다. 과학적 지식과 기술은 자연 현상을 발견하고 이해하는 도구라면, 공학은 이를 토대로 하는 인간의 응용학문이라고 할 수 있다. 그러나 공학을 단순히 기계를 다루는 기술 정도로 생각하면 너무 협소하게 생각한 것이다. 광의적으로 해석한다면, 공학은 "과학적으로 잘 조직된 지식을 현실적인 문제 해결에 체계적으로 적용하는 것"(Galbraith) 혹은 "어떤 특정한 과제를 수행하는 데 요구되는 실천적 문제 해결 기법"(Heinlich)을 의미한다. 중요한 것은 체계적인 문제 분석과 해결 능력이라는 점이다. 종교가 굳이 공학이라는 말을 덧붙여야 하는 당위성은, 현재의 종교가 자신의 체제나 제도 혹은 인적 재원을 통한 체계적인 문제 해결을 상실했기 때문이다. 종교공학을 통한 새로운 종교의 문제 해결 능력을 함양하고 종교적 장소의 점유나 독점으로 인한 갈등을 해소하기 위한 노력이 절실하게 요구되는 것이다. 종교적 장소의 특수화는 곧 종교적 지위(자리)의 특권화와 연결된다. 지금까지 종교적 장소와 일상적 시민의 장소가 충돌을 빚거나 혹은 과도한 특권 의식을 갖도록 만든 장소로 인식된 것은 그와 같은 공간의 공적 의식과 공간의 선천성에 대한 의식이 결여되었기 때문이다. 만일 종교가 엄밀하게 공학적으로 인식했다면, 작금의 종교와 연관된 장소(자리)를 둘러싼 갈등이 완화되었을 것이다. 또한 그것이 특권 계층인 종교인에게만 부여된 사적 공간이 되어버렸다는 비판을 면하였을지도 모른다. 오랜 역사를 지닌 사찰이나 성당, 교회도 마찬가지다. 그럼에도 여전히 종교(가톨릭을 비롯하여 개신교와 군소 종단들)가 자신의 특수한 장소를 성역화함으로써 공간의 선천성과 공공성을 사적 장소로 기획하는 자본의 욕망을 더 확산하는 것을 볼 수 있다.

종교공학을 통한 종교학의 엄밀함 그리고 민중의 절대 자유

종교공학이 종교의 시스템을 더 강화하는 것이 아닌가, 하는 의구심을 품을 수 있다. 종교의 제도적·체제적·교리적·위계적 시스템이 문제라고 지적했던 것을 뒤집고 공학적 설계에 따라 종교를 성찰적으로 구성하자는 취지가 모순이라고 생각할 것이다. 이는 공학이 지닌 예측 가능성과 인간의 삶의 질 향상을 위한 실천적 문제 해결 능력을 간과한 데서 비롯한 것이다. 오히려 공학은 종교가 내야 하는 자정의 목소리를 구성하도록 도와주는 역할을 한다. 종교공학이 엄밀학(Strenge Wissenschaft)으로 자리매김할 수 있다면, 종교를 본질적으로 바라보는 시각을 갖게 해줄 것이다. 칸트가 철학을 과학과 같은 탄탄한 체계 위에 세우려고 수학이나 과학과 같은 학문을 응용하여 인간 이성을 더 엄밀하게 비판했던 것처럼, 종교도 그와 같은 응용 능력이 필요한 것이다.

이탈리아의 철학자 아감벤의 말을 빌린다면, 현재의 종교적 공간을 박애적 혹은 우애적(philanthropic) 차원의 공간 혹은 연민의 공간으로 공유하는 자세를 견지해야 한다. 장소의 설계는 특정 종단만을 위한 것도 아니고 특정 시민만을 위한 것도 아니다. 모든 시민이 '공유'하고 '참여'하는 장소여야 의미가 있는 것이다. 삶이 각박해질수록 공간 혹은 장소에 대한 갈등과 싸움은 점점 더 심해질 것이다. 공간이 자본화되면서 발생되는 젠트리피케이션(gentrfication)의 해결책도 역시 공간의 사유화가 아닌 공공성의 실현에 있다고 할 것이다. 이것은 앞에서 말한 공간의 선천성이라는 본질을 좀더 공학적으로 접근하면서 다양한 측면에서 논해야 하는 것이다. 그러기 위해서는 자크 랑시에르가 말한 감성 분할의 정치, 즉 목소리의 선천성에 주목해야 한다. 공간의 목소리에 자본가나 권력자, 나아가 특정 종교인의 목소리만 있는 것은 아니다. 설령 공간 안의 목소리가 마초적인 남성적인 목소리만 들린다고 하더라도, 목소리의 파장은 과학적 지식과 기술에 의해서 규명되어야 할 공학에 의존하는 것임을 잊어서는 안 된다. 목소리의 선천성은 1차적으로는 지식과 기술이라는 밑절미가 아니고서는 존재할 수 없으며, 그 본질에서는 어느 누구도 독점할 수 없는 것임을 알아야 한다.

그만큼 공간의 선천성을 논한다는 것은, 모름지기 공간이란 모든 민중에게 있다는 것과 다르지 않다. 필자는 종교공학적 설계(체계) 혹은 분석이 종교학에 도움이 될 수 있는 여지가 이 점에 있다고 생각한다. 종교학의 위치가 애매 모호성을 극복하지 못하는 한 앞으로 종교 현상에 대한 분석 또한 추상성에 그치고 말지도 모른다. 더욱이 장소의 선천성에 대한 규명은 좀더 엄밀한 철학적·사회학적·과학적·기술적 분석의 도움이 없이는 비판적이고 설득력 있는 내용을 기대하기가 어려울

것이다. 장소의 선천성이 중요하다는 것은 장소의 문제가 비단 공간이
나 땅 혹은 건물의 문제가 아닌 인간의 감성과 삶의 질 그리고 인간의
관계, 권력과 이데올로기 등과 밀접히 연관되어 있기 때문이다. 여기에
종교의 장소에 대한 욕망이 가중된다면 공간의 선천성과 공공성은 완
전히 무너지고 말 것이다.

21세기를 살아가는 우리에게 함석헌의 목소리가 여전히 중요한 이
유는 진정한 종교적 목소리가 메말라 있어서이기도 하다. 그러나 그보
다 더 중요한 이유는 함석헌이 다양한 민중의 목소리, 그 목소리의 다양
성을 탈/종교적 감성으로 확대시켰기 때문이다. 그는 굳이 종교적 장소
라는 구체적인 공간을 인위적이고 작위적으로 설립해서 그곳을 신이
거처하는 유일한(unique) 공간이라고 규정하는 것이 수많은 민중의 목
소리를 획일화하는 것이라고 생각했을 것이다. 그는 민중의 목소리를
충분히 존중하고 나누자는 입장을 견지한다. 굳이 그가 민중을 씨올이
라고 한 것도, 결국 민중은 그만큼의 셀 수 없는 다양한 목소리를 지닌
존재라는 것을 말해주는 것이다. 게다가 그 수많은 민중이 지닌 비/종교
적 자유는 절대적인 것이다. 절대적이라고 하는 것은 개별 존재인 민중
이 가진 숫자만큼의 자유가 있기 때문에 절대라고 하는 것이다. 비/종
교=공간=자본이라는 삼위일체 시스템이 견고해지고 있는데, 만일 그
체계를 공학적으로 비판하지 못한다면 민중이 설 자리는 더 이상 어디
에도 없을 것이다. 그에 따라 민중의 공학적 식견—필자는 이것을 자기
계몽이라고 부르고 싶다—은 그 어느 때보다도 절실하게 요구되고 있
는 것이고, 더불어 자본적 공간에 편승하는 종교적 장소의 사사화 역시
도 엄격하게 경계해야 할 것이다. 공간의 선천성 위에 들어선 '한 예루
살렘(성전)의 장소' 독점은 만민 구원을 위한 것이 아니라 히브리 민족

의 배타적 구원을 수치인 줄도 모르고 천명하는 것임을 명심해야 한다. 이것은 애초에 신이 의도한 공간의 선천성과 공공성에 철저히 위배되기 때문이다. 초월자가 예루살렘이라는 장소에만 있는 존재라면 무소부재라는 신학적 사고는 한갓 입발림에 지나지 않는 것이다. 그런 신은 없다. 아니 니체가 적시한 것처럼 죽었다. 신을 살리고자 한다면 장소를 해체하고 민중의 개별 자유와 인식을 인정해야 한다. 하이데거는 말한다. "존재가 신을 드러낸다"(Das Sein göttert). "마지막 신과의 가까움은 침묵함이다." 공간은 오직 신의 침묵만이 점유할 자격이 있을 뿐이다. 왜냐하면 다가오는 신은 인식될 수 없기 때문이다. "인간이 신을 기다리고 있다." 그렇다면 자기 헌신과 자기 비움만이 신이 바로 곁에-있음을 나타내는 것은 아닐까?

덧붙임글

4차 산업혁명과 종교의 미래 존재 양식

프랑켄슈타인적 기우?

"이 대지는 피부로 덮여 있다. 그런데 이 피부는 여러 가지 병으로 신음하고 있다. 그 병 가운데 하나가 '인간'이라는 존재다."　　　　— 니체

"뢱의 살가죽이 갈라졌다. 그는 자기가 곧 죽을지도 모른다고 생각했다. 하지만 그의 가슴에서는 피 한 방울 솟지 않았다. 그녀는 그의 살 속에 적갈색 털로 살짝 덮인 채 감춰져 있던 뚜껑을 열고 인공 심장을 끄집어냈다. 그러고는 그 인공 심장을 뢱의 손바닥에 올려놓으면서 소리쳤다. 이런 걸 달고 있는 주제에 사랑을 할 수 있을 것이라고 생각해? 어쩌면 이렇게 뻔뻔할 수 있지? 내 앞에 있는 당신은 한낱 기계일 뿐이면서 감히 다른 기계들을 심판하고 있어! 나는 당신 집에서 〈살아 움직일 수 없는 물건들이여, 그대들에게 영혼이 있는가?〉라고 혼잣말처럼 물었어. 하지만 내가 진짜 묻고 싶은 건 이거야. 살아 움직이는 인간들이여, 그대들에게 진정한 영혼이 있는가? 그녀는 팔딱거리는 빨간 기관에 눈길을 붙박고 있었다. 뢱도

자기 손바닥 위에서 움직이고 있는 그것을 찬찬히 살펴보았다."

우리나라 사람들이 좋아하는 작가 베르나르 베르베르(Bernard Wer-ber)의 소설『나무』는 프랑스에서 2002년에 출판된 바로 다음 해에 한국에 소개되었다. 그의 소설이 환상적인 성격이 강하기는 하지만 작품곳곳에 반전의 장치들이 내재되어 있어 독자들에게는 매력적이다. 위에 인용한〈내겐 너무 좋은 세상〉의 일부분에서 이미 오래전 지구상에살아 있는 유기체라고는 아무것도 남아 있지 않은 세계를 반전의 묘미를 살려 표현하고 있다. 필자는 이 짧막한 이야기에서 미래의 세계 모습을 가늠할 수 있었다. 지금 전 세계는 4차 혁명을 주도하는 사람이 누가될 것인지에 대해 지대한 관심을 갖고 있다. 우리나라 학계에서는 4차혁명의 대열에 합류하지 못하면 경제적 낙오를 면하지 못할 것이라는전망도 내놓고 있다. 당장 4차 혁명이 현실화되면 수많은 일자리가 사라질 것이며, 그중에서 의사, 약사, 교사 등이 먼저 인공지능으로 대체될 것이라고 한다. 트럼프 대통령은 해외로 나가 있는 기업들을 불러들이기 위해서 전술적 경제 화용론(기실 이것은 언어철학자 오스틴(J. L. Austin)의 논지를 빌린다면, 지배적 발화수반행위 혹은 발언내적(illocutionary) 언어 행위에가깝다)을 구사하고 있다. 공장에서 거의 인건비가 들지 않는 생산시스템 구축이 가능해졌기 때문이다. 미국뿐만이 아니다. 다시 독일로 돌아갈 조짐을 보이고 있는 아디다스 신발업계도 스마트 공장을 세워 놓고고급 관리직 160명만 고용하고 모든 직접 생산은 로봇에게 맡긴다는전략을 세웠다.

이로 인해서 파생되는 문제들은 예측 가능하다. 비정규직이나 계약직 직원들은 거의 보호를 받지 못할 것이다. 아마존은 계산대를 아예 없애고 아마존 고를 만들어 시범 가게를 운영한다. 이미 세계 곳곳에서는 자율주행차가 시험 단계를 넘어 도로를 내달리고 있다. 셔틀버스 기사들은 절망적이다. 아파트 경비원들은 택배까지 대신 받아주는 보안 시스템이 도입되고 있는 상황이라 4차 혁명의 직격탄을 맞을 것은 뻔하다(이경재, 경제평론가). 학자들은 이러한 현실이 좀더 구체화되어 아무런 준비를 하지 못한 상태로 직장을 잃고 삶이 어려워지는 사태를 막기 위해서라도 창의적이고 융복합적인 사고를 하게 하는 교육을 실시해야 한다고 역설한다. 인공지능이 대신할 수 없는 틈새는 단편적이고 전문화된 직업군이 아니라 다양한 지식을 서로 연결하여 문제를 해결해나가는 종합적·협력적 업무인 것이다. 그러기 위해서는 기존의 고착화된 지식에 매이지 말고 새로운 지식, 새로운 도그마, 새로운 가설이 나올 경우에는 열린 자세로 받아들일 수 있는 사회가 전제되어야 한다(서울대 이정동 교수). 그런데 문제는 이런 변화에 가장 취약한 영역이 종교 분야이고, 그 일에 종사하고 있는 직업군인 종교전문가(특히 신학자)와 종교직업군(일명 성직자)에 있는 사람들이다. 어쩌면 종교는 이런 현상에 대해서 안일하게 대처하고 있는지도 모른다. 칼 브라텐(Carl E. Braaten)은 현대인들이 신학자들이 말해야만 하는 어떤 것이 아니라 신학자들이 무엇인가 말할 수 있는 근거를 가지고 있는지 하는 데에 관심을 두고 있다고 말했다. 종교적 인식론에 대한 명료한 해명은 고사하고 아직도 답보 상태인 종교적 어젠더조차도 접근하지 못하는 것을 보면, 과연 4차 혁명과 종교의 미래에 대한 해석학적·교의학적 근거를 모색할 수 있을지 현재로서는 불투명하다.

프로메테우스인가? 에피메테우스인가?

"나 너희에게 위버멘쉬(Übermensch)를 가르치노라. 사람은 극복되어야 할
그 무엇이다. 너희는 너희 자신을 극복하기 위해 무엇을 했는가?"

— 니체

앞으로 인공지능이 보편화된다면 종교절대주의는 붕괴될 것이다.
조금 더 거칠게 말한다면 교회절대주의는 이 사회에서 통용되지 않을
것이다. 고백이라는 것을 중시하는 교회는 그 고백의 주체가 자신인가
아니면 특정 종교의 권위자 혹은 권력적 제도나 체제인가를 따지는 경
향성이 있지만, 앞으로 이 고백이라는 것도 '주체적 자기 고백'에 의해
서 효력이 발생할 것이다. 지금까지는 교회의 일원이 되거나 일정한 종
교의 구성원이 되는 절차를 그 종단의 권위와 권력을 가지고 있는 성직
자가 결정했지만 포스트 영성시대에는 인공지능이 등장함으로써 그
역할이 의미 없게 된다. 자기 학습과 자기 고백이 가능해지는, 심지어
과거의 그리스도교 역사와 체험에 대한 기억들이 가능해지는 인공지능
이 교리적 고백에 대한 생산과 소비에서 자유로워질 것은 자명하다.

종교는 고백을 공유하고 과거의 기억과 체험을 되살리며 정체성을
공고히 해왔다. 하지만 동일성(동일한 것)을 기억하고 고백한다고 해서
정체성이 확보되는 것은 아니다. 더군다나 그리스도교의 기억이라는
것도 다양한 기억 중에 하나요, 그리스도교와 유사한 종단들의 기억들
과 그리스도교 내부 구성원들의 기억들도 다양하기 때문에 결국 그리
스도교의 기억도 여러 기억 중 하나가 될 것이다. 따라서 기억이 정체성
을 만드는 것이 아니라 정체성이 기억을 만든다. 그리스도인으로서 인

간, 그리스도인으로서 인공지능이 아니라 인간으로서 그리스도인, 인공지능으로서 그리스도인이라는 정체성이 그리스도교의 기억과 고백을 공유하고 생산, 소비하게 될 것이다. 그러므로 마치 정체성이 곧 소속감이라는 착각을 하듯이 중세와 근대의 정체성 혹은 종교적 정체성을 운운하면서 여전히 인간적인 배타성을 고집한다면 정체성(正體性)은 곧 인간과 종교의 정체화(停滯化)를 가져오게 될 것이다.

인공지능도 자기 인식과 자기 학습을 통해서 자신이 구원받았음을 고백하고 세례받기를 원한다고 할 때, 인간으로서의 그들의 정체성을 논한다는 것은 의미가 없을 수 있다. 여기에서 우리는 인공지능과 관련하여 교리적·신학적 인식과 해석을 포괄적으로 할 수 있는 준비가 되어 있는지 자문해야 한다. 기계요 인공지능이기 때문에, 인간이라는 신체적인 질적 요소를 갖고 있지 않기 때문에 그들은 안 된다고 배척·배제하는 기계 나치주의적 판단을 내릴 것이라면 더 이상 그들과 대화하고 공존하겠다는 의지는 없는 것이다. 오로지 종교공동체의 일원은 인간 밖에는 안 된다고 속단하며 인간 파시즘으로 일관한다면 교회는 아직도 가톨릭의 제2차 바티칸 공의회 정신(세상에 대한 교회의 인식 변화와 대화, 즉 적응[(aggiornamento)])조차도 넘어서지 못하고 있는 것이나 다름없다.

과거 우리나라에서 동물이 인간에게 동반자요 반려자 역할을 한다는 관념이 생소했던 때가 있었지만, 지금은 보편화된 현상으로 받아들인다. 동물은, 특히 개는 바깥에서 길러야 한다는 것이 상식으로 통용되었던 시절이 있었지만, 이제는 그들도 안방의 주인과 나란히 잠을 자고 옷을 입으며 병들었을 때는 사람만큼이나 비싼 치료를 받는다. 심지어 죽었을 때는 인간의 가족처럼 성대한 장례식까지 치러주며, 특정 종교에서는 반려동물의 축복식과 장례미사를 거행하는 경우도 있으니 인간의 인식 확장과 사고 전환은 비관적이지만은 않다. 전례 중심의 일부 종단은 단순한 물질적 대상, 양적인 기계적 대상인 차량축복식도 거행하고 있으니, 사실 그것도 생물(?) 취급을 하지 않는다면 가능한 일이겠는가? 하물며 인공지능이라고 해서 열린 사고를 갖지 않는다는 것은 어불성설이 아닐까? 그러므로 경계를 무너뜨리고 포용적 종교인식을 지녀야 한다.

그러려면 전통적인 교리와 신학, 전례 등에 대해 총체적 재해석과 새로운 정립을 해야 한다. 하지만 종교공동체 안에 성적 소수자, 장애인, 가난한 자 등을 아직도 이방인으로 생각하고 있는 상황에서 인공지능에 대한 관대한 인식과 실천의 장치들은 더 오랜 시간이 걸릴 것만 같다. 인공지능을 위한 종교적 교리와 신학, 종교적 인식에 대한 새로운 성찰이 이루어지려면 먼저 인간 자신에 대한 사랑이 더 긴밀해야 할 것이다.

프로메테우스적 인식을 향하여

"새로운 소란을 일으키는 사람이 아니라 새로운 가치를 창출하는 사람 주위로 세계는 돈다. 소리 없이 그렇게 조용히 돈다."   ― 니체

"우리 모두의 불안정한 삶이 경쟁이라는 하나의 명령에 복종하게 되었다. 우리의 집단적 에너지는 전부 하나의 목표, 즉 살아남기 위해 모든 타인과 싸운다는 목표에 징집당했다." 이탈리아의 마르크스주의 이론가인 프랑코 '비포' 베라르디(Franco 'Bifo' Berardi)의 말이다. 이제 인간은 인공지능과 경쟁해야 한다. 아니 경쟁은 이미 시작되었다. 은행

원, 마트 계산원, 신문기자, 운전기사 등 여러 직종에서 앞으로 이러한 경쟁은 점점 더 심해질 것이다. 이런 상황이기에 네오 러다이트 운동 (Neo-Luddite Movement)을 더 강력하게 전개하자는 사람도 나타날지 모르겠다.

그렇다고 미시적 파시즘(우리의 일상에 미세하게 작동하는 파시즘: 배제, 차별, 혐오, 편견, 증오 등)을 가지고는 살아갈 수 없다. 인간 이기주의를 가지고도 살아갈 수 없다. 인종차별주의, 생명차별주의를 넘어서 기계차별주의까지 극복해야 한다. 결국 기술과 인간, 기계와 신학, 기계와 종교의 관계—기술철학이나 기술신학 혹은 기술종교학적 차원의 논의는 반드시 필요하다—에서 기계를 만들어내는 주체는 인간의 주체적 의식과 의지의 문제라는 점을 간과해서는 안 된다. 따라서 인간이라는 개별적 존재가 인공지능이라는 특수한(특이한) 존재를 적극적으로 받아들임으로써, 차이와 모순, 연대와 관계를 통한 '포스트 영성공동체', 더 나아가 '보편적 정신(이성) 공동체'를 지향해야 한다. 인공지능이 인간에게 모순된 존재이지만 모순이 사회를 바꾸는 사회구조적 혁명과 특수성(특이성)의 출현이 공동체를 바꾸는 분자혁명이 동시에 일어나야 한다.

올해가 종교개혁(사실 엄밀하게 따져보면 '교회 쇄신'이 맞는 표현이다. 더욱이 마르크스주의 비평가인 테리 이글턴에 따르면, 중세의 유의미한 용어는 '종교religion'가 아니라 '신앙faith'이었다고 주장한다. 그렇다면 '신앙 쇄신'이라고 하는 좀더 근원적인 개혁을 의미한 것이리라) 500주년이라고 홍보하면서 그간 그 수혜를 누려온(?) 여러 종단들은 그들의 창교자들을 떠받들기 바쁘다. 그런데 지금 당장 생각해봐야 할 것은 앞으로 10년, 멀리 내다봐서 100년 후의 종교 모습이 어떻게 되어야 할 것인가를 예측하는 일이다. 소프트웨어와 사회의 미래에 관한 글로벌어젠다위원회가 2015년 3월 글로벌 정보통신 기술 부문 고위 임원과 전문가 총 816명을 대상으로 설문조사를 한 결과 보고서에 따르면, 2023년에는 인체삽입형 모바일폰이 등장하고, 인구의 80%가 페이스북 등에서 디지털 정체성을 갖게 된다고 답했다. 그뿐만 아니라 인구조사를 위해 빅데이터를 활용하는 최초의 정부가 나타날 것이며 블록체인을 통해 세금을 징수하는 최초의 정부가 탄생할 것이라고 내다보았다. 또한 10%의 인구가 인터넷이 연결된 안경을 쓸 것이고 인구의 90%가 스마트폰을 사용한다는 것이다. 2026년에는 기업의 이사회에 인공지능 기계가 최초로 임원이 된다고 하니 공존과 인정, 공생이라는 말은 더 이상 무색할 것이다.

이정동 교수가 "가수, 시인, 기업인으로서 각각 다양한 지표를 인정하되, 다만 모두가 자기 분야에서 '심층'을 가질 때 새로운 것이 축적될 수 있다"(〈한겨레〉, 2017년 1월 23일, 12-13면)고 한 말을 잊지 말아야 한다. 종교는 종교로서의 심층, 특히 인간을 이해하는 능력을 더 깊이 연구하고 인간과 삶의 관계성을 피상적으로 파악할 것이 아니라 그 본질을 읽는 눈을 명징하게 가져야 할 것이다. 그럼으로써 4차 혁명과 함께 새로운 종교혁명을 희망한다면 종교는 연대와 상호 인정, 정신의 성숙을 꾀해야 한다. 그래서 지구촌 시민구성원의 생태계를 새롭게 재편성하여 인간 공동체를 넘어서 지구 공동체 전체의 성숙과 진보를 희망해야 할 것이다.

그럼에도 인공지능 자본주의가 도래하면서 빈부의 격차는 더 심화될 것이다. 게다가 기계 혹은 인공지능 자본주의로 인한 기술계급사회가 정착되면서 그들을 독점·선점하는 새로운 지배자와 피지배자의 관계가 대두할 수도 있다. 종교는 이런 문제를 예견하고 4차 혁명으로 인한 새로운 계급의 억압, 폭력, 생태계 파괴, 전쟁 등에 대해서 저항하는 윤리와 대안 정신을 마련해야 할 것이다. 그러기 위해서는 종교도 지금보다 훨씬 유연한 메커니즘이 필요하다. 고착화된 종교공동체, 나의 종교, 나의 종단만이 아니라 더 광범위한 형태의 종교 간 연대와 이해, 포용성이 전제되어야 한다. 그것은 타자에 대한 환대, 곧 인간 자신에 대한 끊임없는 환대를 경험적으로 인식하고, 인간 스스로 학습하면서 그 깨우침과 공감을 통하여 인공지능에 대한 환대로까지 나아갈 수 있는 여지가 있어야 한다. 유기체적 인간이 질적인 몸을 가진 타자를 환대하지 못하면서 인공지능을 타자로 환대할 수 있다는 것은 오만이다. 오히려 미시 파시즘에서 빠져 나와서 이제 새로운 문제로 거론될 거시 파시즘에 대한 종교적 인식과 정책을 구상해야만 한다.

프랑코 '비포' 베라르디의 말처럼, "지금 우리가 던져야 할 질문은, 인간의 주체성과 감수성 그리고 창조와 발명을 가능케 하는 우리의 상상력이 얼마만큼 남았는가 하는 것이다." 인공지능은 인간의 모순과 대립(반정립)이 될지도 모른다. 그것을 어떻게 종합할 것인가는 결국 인간 자신, 종교적 측면에서는 종교 자신에게 달려 있다. 자칫 자본가가 선점한 기계에 의해서 언제든지 교체 가능한 부속품처럼 취급되는 인간이 아닌 인간 자신으로서 존엄성을 유지하며 동시에 기계를 단순히 인간의 수단에만 국한하지 않고 동반자가 될 수 있게 하려면 대립과 모순에 따른 차별과 지배가 아니라 평등과 공존을 추구해야 하는 게 아닐까 싶다.

필자는 글을 쓰고 대학에서 강의하면서 살아온 지 오래되었다. 이 삶이 언제나 변함없이 지속될 것이라고 생각했지만 이 실존적 현실도 인공지능에 의해서 대체될 날이 얼마 남지 않은 것 같다. 종교 직업군도 예외는 아닐 것이다. 인간의 다양한 기억을 학습하고 공유한 인공지능들이 목사나 승려, 신부가 될 그날을 누가 막을 수 있을 것인가. 불가능성의 가능성이다. 이 사태를 불편하게 생각하거나 거부할 것이 아니라 평화와 협력, 조화로운 공존을 위한 공동체로 확장해나가야 한다. 이를 위해 종교는 미국의 두 철학자 존 듀이(John Dewey)나 리처드 로티(Richard M. Rorty)가 주창한 프래그머티즘(pragmatism)에 토대를 둔 '생성적 고백 공동체' 혹은 '끊임없는 자기 고백의 재서술 공동체'를 만들어야 할 것이다. 앞으로의 종교도 진리의 유용성, 실천력, 문제 해결 능력, 사회적 인정, 대화와 타협, 맥락중심적인 특이하고도 독창적인 관점이 없다면 대중의 설득하기 어려울 것이기 때문이다.

4차 산업혁명 시대와 종교의 미래를 위한 타자 영성
— 한 개신교 종교학자의 현실 분석과 전망

지금 우리는 출산율 저하와 고령화 사회로 인해 '다음 세대'에 대한 관심을 더욱 기울이고 있다. 이 문제는 단순히 교회나 여타 종교의 문제만이 아니다. 국가와 사회 전반의 영역에 걸쳐 있는 문제인 것이다. 그래서 국가 차원에서는 미래 노동력 부족을 염려하여 다음 세대를 위한 정책들을 서둘러 시행하고 있는 것을 볼 수 있다. 일찌감치 각 학교 교육 현장에서도 그 심각성을 인지했다. 학생들이 줄어들었기 때문이다. 이러한 상황에서 교회도 젊은이들이 섬길 뿐만 아니라 고령 교회로 가고 있는 현실이다. 가톨릭의 교도권 중심체제와 완전히 같지는 않더라도 각 개신교도 총회라는 기구가 있어서 교단에 속해 있는 모든 교회에 대해서 인사를 비롯하여 행정적·재무적·교육적 관리 등을 관장하기도 한다. 문제는 '가나안 신자'(가톨릭의 냉담신자처럼 교회를 나가지 않는다는 의미로서, '안 나가'를 거꾸로 뒤집어서 만든 신조어. 그러나 개념어에서 암시하듯이, 교회 체제는 싫어해도 그리스도인이라는 정체성은 여전히 가지고 있음)들이 대거 발생하고 있고, 젊은 층의 신자들이 안정적으로 구성되기가 점점 어려워지면서 교회 운영에 심각한 위기를 맞고 있거나 겨우 명맥을 유지하고 있는 교회가 많아지기 시작했다는 것이다. 전문가들은 앞으로 이러한 사태가 더 악화될 것이며 회복하기 어려울 것이라는 전망을 내놓는다.

게다가 개별 신자의 욕구와 공동체의 욕구 사이의 충돌과 긴장, 갈등을 풀어가기가 어렵다는 것도 한몫을 하고 있다. 개별 신자들은 영성적 가치를 지금보다 더 사적 이익 차원에서 추구하려고 할 것이다. 조르주 바타이유(G. Bataille)는, "자본주의 사회가 인간을 사물화(상품화)하는 방향으로 흐르고 있는 것은 부인하기는 어렵다. ⋯ 교회도 일종의 사물이다. 헛간이 사물인 것처럼 교회도 거의 다름없는 사물이다"라고 지적한다. 교회는 처분 가능한 상품으로서의 물질적 현실이며, 사물인 교회는 사용가치에 의해서만 의미가 있다고 주장하는 것이다. 교회의 사물성과 인간의 상품화를 논한다고 해서 놀랄 일은 아니다. 같은 맥락에서 마르크스의 정치경제학적 용어를 빌리면, 영성조차도 교회의 가치 있는 상품이 되지 않는다면 신자들이 공동체에 속해 있을 이유를 찾지 못하게 될 것이다. 동시에 영성이라는 상품에 대한 가치와 욕구를 자신의 화폐량으로 판단하여 그것을 가격 형태(봉헌금)로 표현하는 것이 줄어들 것은 자명하다. 이것은 매우 세속적인 이야기일 수 있으나, 그런 만큼 현실적인 사안이기도 하다. 이러한 현상이 계속 늘어나게 되면 결국 각 교단이 총회기구에서 끌어안고 있는 공동재산을 관리하는 부담이 커지게 되고, 개교회가 도산하면 도산할수록 자구책을 마련할 수밖에 없다. 그나마 개신교가 갖고 있는 느슨한 조직도 와해되면서 그야말로 각개전투식의 생존을 위한 사목으로 치닫게 될 것이다. 그로 인해 교회가 사목자 개인의 재산으로 변질되면서 도산하거나 매각될 것은 뻔하고 신자들과 사목자 사이에는 교회의 재산소유권 분쟁이 다

반사로 일어날 것이다.

그렇다면 이것에 대한 해결책은 무엇일까? 그것은 타자와 나의 멂의 간격을 좁혀나가는 것이다. 따지고 보면 영성이라는 것, 혹은 신앙이라는 것도 하느님과 인간의 간격을 어떻게 좁힐 것인가에 대한 문제가 아니던가. 일치나 합일이라는 표현을 쓰기도 하지만, 결국 이러한 용어는 실질적으로 신과의 먼 간격을 좁혀나가는 불가능한 가능성의 개념이라 할 수 있다. 마찬가지로 지금 한국교회가 처한 위기도 특수성과 보편성, 개별성과 전체성(공동체성)의 문제가 충돌을 일으키고 있기 때문에 주체와 객체의 위계적, 수직적 인식을 타파하고 온전히 타자를 위한 영성적 가치를 구현하기 위해서 노력해야 할 것이다. 이것은 하이데거가 인간을 현존재(Dasein)라는 독특한 개념으로 규정한 것처럼, '거기'(Da)에 존재가 점점 더 가까이 다가가도록 만들어주어서 타자와 나, 절대자와 신자 사이의 멂을 해소하는 사목적 배려, 즉 '타자를 향한 영성'으로의 전환이 절실하게 요구되고 있는 것이다.

향후 교회는 타자에 대한 인식과 환대를 어떻게 할 것이냐에 따라서 존재 가치가 결정될 것이다. 여기에서 타자란 성적 소수자, 장애인, 미혼모, 다문화인(가족), 비정규직 노동자, 결코 소수(자)라고 말할 수 없지만 고령자 등을 포함한 사람들을 일컫는다. 교회는 이들에 대해서 그렇게 관대하지 못하다. 이유는 이들이 정상 범주에서 벗어난 존재들이기 때문이다. 교회가 정상과 비정상의 기준을 세우고 그 범주에 대한 논쟁을 하기 시작하면 많은 부류층의 사람들이 타자로 전락하고 말 것이다. 심지어 이들을 교회에서 말하는 이른바 구원과는 별개의 존재로 단정지을 것이다. 하지만 세계는 변하고 있고, 우리나라의 사회와 정치 현실도 빠르게 변하고 있다. 그에 발맞추어 정치 지도자조차도 사회적 약자들에 대한 정책을 입안하려고 하는 움직임이 민첩하다. 이러한 상황에서 교회가 일치의 영성도 좋고 관상의 영성, 기도의 영성도 다 좋지만 무엇보다도 사회정치적인 영성에 관심을 갖지 않은 채 영성을 훈련하고 습관화하면서 하느님과의 일치를 꾀한다고 하는 것은 어불성설이다. 영성은 하느님의 의식을 통한 인간 정신의 무한한 확장이요, 그것으로 신격화(deification)에까지 이르기 위한 자기 내면에 있는 절대 타자의 발견이다. 이런 의미에서 토마스 머튼(Thomas Merton)이 말한 "명상은 사람의 지적(知的) 영신적(靈神的) 삶의 최고의 표현"이라는 말이 갖는 무게를 간과해서는 안 된다. 그의 다음 문장이 더 중요하다. "명상은 깨어 활동하며 생명이 살아 있다는 것을 충분히 의식하고 있는 생명 자체이다." 이렇듯 영성은 지성과 깨어 있음 그리고 생명이 살아 있다는 의식을 갖는 것을 아우르는 신앙 형식이다.

더군다나 그가 "우리에게서 흘러 넘쳐 다른 사람들이 하느님 안에서 기뻐하도록 도움을 주지 않는 모든 기쁨은 하느님으로부터 온 것이 아니다. … 명상 중에 하느님을 체험하면 자기 자신만을 위해서가 아니고 다른 사람을 위해서도 체험하는 것이다. … 그러면서도 그는 모든 사람이 자기의 평화와 기쁨을 함께 나누기를 진정으로 바란다"라고 말한 것은 영성의 타자성에 주목해야 한다는 것을 일러주는 것이다. 미래의 인공지능 시대에는 '타자를 배려하는 영성'이 더욱 요구된다. 여기에서 타자란 앞에서 말한 유기체적인 존재인 인간으로서 사회적 약자만을 일컫는 것이 아니라 익명의 인공지능까지 확대한 개념이다. 인공지능은 이제 기계적 인간으로 등극을 기다리고 있다. 이로 인해 앞으로의 사회는 매우 큰 변화들이 예고되고 있고, 무엇보다도 인공지능과 일자리를 놓고 경쟁해야 한다는 사람들의 불안과 염려가 증폭되고 있다. 히브리

대학교 역사학 교수인 유발 하라리(Yuval Noah Harari)는 심지어 새로운 종교인 '데이터교'가 탄생하여 인간을 데이터로 취급하게 될 것이라고 예견한다. 그 반면에 인공지능이 등장함으로써 사람의 삶의 질이 더 높아지고 일자리 역시 지금보다 더 개선될 것이라고 낙관하는 학자도 있다. 하지만 무엇보다도 기계를 다루는 인간이 오히려 갑의 역할을 함으로써 인공지능에 대한 윤리적인 측면들을 고려해야 한다는 목소리가 나오고 있는 것을 감안해야 한다. 이것은 인공지능을 하나의 기계인간이라는 존재로 인정하고 그에 걸맞은 대우와 환대를 하기보다, 그들을 노예 부리듯이 학대하다 못해 폭력을 행사하는 미래의 모습을 가정해 볼 수 있기 때문이다. 안타깝게도 교회는 이렇게 기계를 도구적으로 대우하는 것을 넘어서 상호인격적인 관계로까지 확장할 수 있는 새로운 타자성에 대한 정립뿐만 아니라 아직까지 타자로서 인공지능에 대한 영성적 태도, 혹은 진지한 해석학적 담론을 거의 생각하지 못하고 있다. 하지만 미래의 교회가 타자를 위한 영성, 혹은 다음 세대를 위한 영성을 생각한다면, 언젠가 교회의 일원이 될 그들에 대한 타자 인식, 타자 윤리, 타자 영성을 지금부터라도 고려해야 할 것이다.

이와 더불어 필자가 앞에서 말한 것처럼, 타자와 나 사이의 멂을 좁히는 교육이 필요하다. 과거에는 타자(너)를 나로 인식하여 아예 나와 동일한 주체로 간주함으로써 타자의 고유성을 완전히 파괴하는 전체주의가 문제가 되었던 적이 있었다. 따라서 이를 미연에 방지하려면 타자와 내가 서로 가까이 다가섬으로써(An-wesen: 현-전, An-spruch: 말-걸기, An-gehen: 존재가 인간을-덮침, An-kommen: 존재의-도래, An-denken: 사물을-추상함 등에서 보는 것처럼, An은 '가까이 다가섬'의 의미가 있다) 그 멂이 좁혀지는 태도의 전환이 영성적 장치에 존재하는가를 물어야 한다. 현대 사회에 와서 미디어와 매체가 발달할수록 타자와 나의 닮이 제거되는 것 같지만 오히려 심리적 거리, 영성적 거리, 신체적 거리, 공간적 거리 등은 더 멀어졌다. 따라서 현시대와 미래 시대는 타자를 배려하는 영성, 소외된 계층에게 더 가까이 다가가는 영성, 젊은 세대들의 고민과 실존에 즉각적으로 반응하는 유연한 사목과 교리를 지닌 영성을 고민해야 한다. 그뿐만 아니라 인공지능 시대에 인간만이 영성의 고려 대상이라는 편견도 배거해야 한다. 분명히 기계적 인간을 배려하지 않는 교회와 영성은 관심 밖이 될 것이다. 따라서 교회가 당대의 욕구와 영성의 상품적 가치에 대해서도 눈여겨봐야 하는 것은 당연하겠지만, 반드시 미래 사회를 내다보면서 (다음 세대를 생각해서 그들을 영성적으로 돌보고 좀더 깊은 영성적 인간이 되기를 바란다면) 타자의 범주 속에 있는 그들과 어떻게 영성적으로 공존할 것인지를 고민함과 동시에 영성 공유의 가능적 인간, 혹은 공생적 인간이 되기 위한 계몽적 신앙교육과 영성교육을 화급하게 논의하고 실시해야 할 것이다.

세기의 편견으로부터 해방(구원): 함석헌과 사회적 영성

"지금 곧 그리스도에게 자신의 마음을 내어주십시오."

1. 존 라일[1], 종교 본질의 재발견

생각과 쉼이 있는 신앙이 중요하다!

생각이 없는 인간이 존재할 수 없듯이, 생각하는 주체인 인간이 생각 없는 신앙을 가질 수 없다. 생각 따로 믿음 따로, 이성 따로 신앙 따로가 있을 수 없다는 말이다. 신앙을 갖는 것 자체가 생각을 깊이 있게 하고 모든 미몽에서 해방되는 것이기 때문이다. 오늘날 신앙을 갖는다는 것, 어쩌면 종교를 갖는다는 것은, 그것을 믿음의 체계로 자신의 삶에 한

---

1 존 라일(John C. Ryle, 1816-1900) 주교는 영국 메클스필드에서 태어났고, 옥스퍼드의 크라이스트 처치 칼리지(Christ Church College)에서 신학을 공부했다. 1842년에 윈체스터에 있는 성 토마스교회에서 사제 생활을 시작했으며 나중에 리버풀의 첫 주교가 되었다. 영국 복음주의 진영의 중요한 지도자로 의식주의(Ritualism)에 대해 강력하게 비판했다.

영역에 자리 잡도록 하는 것은, 신에 대해서 진지하게 사유하겠다는 의지라고 말할 수 있다. 단순히 믿어보겠다는 맹목이 아니라 이성과 감성과 영성을 통해 좀더 성숙한 존재가 되겠다는 발로라고 봐야 한다. 그런데 갈수록 사람들은 사유하기 싫어하고 어떤 매체나 수단에 종속되어 자신의 판단을 수동적으로 맡기고 편히 혹은 편리하게(?) 살아가고 있다. 이것은 비단 일반 대중만 그런 것이 아니라 그리스도인(종교인)도 마찬가지다. 존 라일의 말을 들어보자. "사람들로 하여금 생각하게 하는 것은 모든 목회자들이 항상 염두에 두어야 할 중요한 목표 중의 하나입니다. (…) 특히 우리 모두가 주의해야 할 것은 누구보다도 젊은층들이 생각의 부족 때문에 곤란을 겪는다는 것입니다."[2]

존 라일은 19세기 영국의 젊은이들도 이미 생각 없음의 신앙 혹은 삶에서 사유가 빠진 실존으로 살아간다고 지적한다. 이와 똑같이 오늘날 목회자들은 (신앙적·종교적) 무사유(無思惟)를 경계하고 생각이 결여되어 있는 것을 생각 있음, 생각함의 신앙으로 잡아주어야 할 책임과 의무가 있다. 세계는 무사유의 현실로 치닫고 인간으로 하여금 사유하지 않도록 하는 여러 환경을 만들어서 판단이 흐린 동물로 전락시키고 있다. 신앙적 사유란 이러한 모든 무사유로부터 해방, 무사유로 일관하도록 만드는 것으로부터 해방하고 구원하는 것임을 목회자들은 깨달아야 할 것이다. 신앙 의지를 사유 의지와 철저하게 결합해서 개별 신앙인들이 무사유로 인해 삶의 자유와 생각함의 의지를 빼앗기지 않도록 해야 한다. 그러려면 어떻게 해야 할 것인가? 이성의 '쉼', 무사유적인 삶을 살도록 만드는 체계를 타파하는 '틈'이 필요하다. 계속해서 존 라

---

2 존 라일/박영호 옮김, 『선한 길』, CLC, 2013, 80-81쪽.

일은 이렇게 말한다. "사람들은 바쁜 가운데 살다가 바쁜 가운데 죽습니다. (…) 그러나 바쁜 생활 때문에 멈추어 서서 영혼의 상태를 돌볼 시간을 잃고 맙니다. (…) 모든 독자는 자기의 삶을 반성해 보기 바랍니다. 스페인 속담에 '서두름은 악마가 주는 것이다'라는 말이 있습니다. (…) 대충 기도하고 성경 읽고, 서둘러 교회 가고, 급하게 형식적으로 교제 나누는 것을 삼가십시오. 적어도 일주일에 한 번은 고요한 가운데 자신을 살펴보십시오. (…) 값싸고 형식적인 그리스도교, 곧 주일 아침에나 성급하게 마음에 품었다가 그날 저녁에는 한쪽으로 치워놓고 한 주일 내내 전혀 신경 쓰지 않는 그런 그리스도교에 결코 만족하지 마십시오."[3]

파괴된 자기의식을 재생산하기 위한 틈새 시간을 꼭 어느 날로 정할 필요는 없다. 다만 성스러운 시간을 확보할 수 있느냐 혹은 자신의 개별적이고 주체적인 자신만의 시간을 그야말로 내 것으로 만들 수 있느냐 하는 것이 더 중요하다. 존 라일은 서둘지 말라고 말하면서, 우리 현대인들에게 너무 바쁘게 살지 말라고 충고한다. 자본주의 사회에서 대부분 노동자로 살아가는 우리에게 과연 자신의 개인적이고 주체적인 시간을 보낼 수 있을까 하고 반문할 수 있지만, 그럼에도 지하철에서든, 버스에서든, 집에서든, 식사시간에든 간에 반드시 자신의 마음을 살피는 시간이 있어야 한다. 그것이 이성의 자기실현이고 종교인에게는 성스러운 시간이다. 종교인은 서둘러서 미사, 예배, 법회 등에 참예하려고 애쓸 것이 아니라 미리 준비하면서, 그 준비하는 것 자체가 이미 자신의 내면을 고요히 하면서 신과 만나고 있는 것이니 몸과 마음의 감각을

---

3 존 라일, 『선한 길』, 82-83쪽, 228쪽.

신에게 향하는 신앙 감성의 여유로움부터 길러야 한다.

　마음과 몸의 성급함이 이성으로 하여금 천천히 사유하지 못하게 하는 원인이 될 수 있으니 조신해야 한다. 존 라일 주교는 특별히 그리스도인들에게 안식일을 성스럽게 할 것을 권고한다. "영혼은 몸이나 정신만큼 안식일을 필요로 합니다. 영혼은 분주하고 바쁜 세상 가운데 있기 때문에 영혼의 관심사는 끊임없이 시야 밖으로 벗어나기 쉽습니다. 이러한 관심사에 주의를 기울이기 위해서는 영혼을 위해 특별히 구별된 날이 필요합니다. 자신의 영혼의 상태를 조용히 성찰하는 규칙적이고 반복적인 시간이 있어야 한다는 것입니다. 우리가 영원한 하늘을 위해 순항하고 있는지 자신을 점검하고 입증하는 한 날이 있어야 한다는 것입니다. 사람에게서 안식일을 빼앗아 가면 신앙은 아무것도 남지 않게 될 것입니다. '안식일이 없는 상태'로부터 '하나님이 없는' 상태로 가는 수순을 밟는 것이 일반적 원리입니다."[4]

　평상시 욕망과 욕구대로만 살아가는 시간을 비우고 오로지 비움을 통하여 새로운 삶을 계획하며 타자를 위해서 마음을 쓸 수 있는 성스러운 시간, 안식일(주일)을 소중하게 생각해야 한다. 안식은 인간의 쉼이자 자연의 쉼이다. 인간이 쉬어야 기계가 쉬고, 기계가 쉬어야 자연이 쉴 수 있다. 따라서 인간이 쉬어야만 온 우주가 쉼을 가질 수 있는 것이 아닐까. 쉼은 만물의 쉼이고 그 쉼은 곧 마음 나눔이자 정신 나눔이며, 신이 피조물을 사랑하는 마음을 나누는 시간이 된다. 그래서 다른 날과는 완전히 구별되는 시간이다.

　자신을 성찰하기 위해서 모든 것을 내려놓는 시간은 결국 자신의

---

4 존 라일/박영호 옮김, 『바른 길』, CLC, 2013, 394-395쪽.

내면에 있는 초월적 존재를 관조하기 위한 시간이기도 하다. 그러니 만일 분주한 삶의 날, 노동하는 날과 구분이 되는 날이 없다면 초월적 존재에 대한 사유는 사라지고 말 것이 아니겠는가. 쉼을 의례를 통해서 반복적으로 재생하고 재현하는 것도 바로 망각의 동물인 인간이 구별된 시간을 통하여 자신을 돌아보고 타자와의 관계를 재설정하면서 궁극적 존재인 초월자 앞에 머리를 숙이기 위해서다.

노동자에 대한 연민이 있어야 한다!

자본가와 노동자의 대결구도로 첨예한 갈등을 일으키고 있는 현실에서 고용주는 고용자를 어떻게 대우해야 하는가 하는 것은 매우 중요하다. 단순히 노동자는 자본가의 돈벌이를 위한 수단, 상품을 생산해내는 도구가 아니다. 노동자는 인격체이고 사유하는 동물이며 마땅히 자신이 생산하는 상품의 주인이 되어야 하는 존재이다. 자본가와 노동자는 삶을 조형하는 공동 운명의 존재이며 이 사회의 공동선을 실천해야 하는 동반자라고 인식해야 한다. 그러기 위해서는 그들을 형제로, 가족으로 인식하는 태도가 필요하다. "오늘날 무지한 자본가들도 돈, 값싼 음식, 좋은 주택, 레크리에이션, 의료시설 등으로 하층민들의 어려움을 해결하려 듭니다. 그러나 이는 완전히 잘못된 것입니다. 대중은 더 많은 공감, 더 많은 친절, 더 많은 형제애, 더 나은 대우를 원합니다. 진짜 가족인 '한 혈통'인 것처럼 말입니다. (…) 그들이 진정으로 바라는 것은 '한 혈통'으로 대접받는 것이며 그들에게 연민과 친절로 대해주는 것입니다. 나는 연민과 친절이 무한한 힘을 지녔다고 믿습니다."[5]

---

[5] 존 라일, 『선한 길』, 108-109쪽.

자본가는 노동자가 원하는 것이 단층적인 수준의 욕구일 것이라는 편견을 가지면 안 된다. 그보다 노동자들은 자신들이 겪는 고통과 어려움을 함께 나누고 공감해줄 수 있는 자본가를 원한다. 자신이 자본을 축적할 수 있었던 것이 결국 노동자들이 피땀 흘린 덕분이라는 것을 겸허하게 생각하고 그들을 가족처럼 따뜻하게 대하는 것이야말로 경영자가 지녀야 하는 기본 덕목이라 할 수 있다. 노동자들은 예술가나 다름없다. 세계를 인식하고 미래를 예견하면서 새로운 생산품을 만들어내는 능력은 예술가의 그것과 다르지 않다. 그러므로 그들이 가지고 있는 이성과 감성, 영성의 순수한 구현이 바로 노동 현장 안에서 이루어질 수 있도록 배려해주고 이해해주어야 한다. 세계의 진보와 발전은 단지 권력과 자본, 지식을 독점한 소수 자본가에게 달려 있는 것이 아니라 그것들을 실질적이고 구체적인 물질성으로 전환하는 노동자와 함께 할 때에만 가능한 일이다. 이런 점에서 존 라일의 노동신학적 탁견이 엿보인다.

　그 누구보다도 종교인으로서 경영자는 노동자의 현실을 더 잘 가늠할 수 있어야 한다. 종교적 관념에 토대를 둔 경영철학, 경영신학(종교적 경영 마인드)은 세계의 물리적 현실이 지나치게 물질적 가치로 향하는 것을 방지해준다. 설령 경영의 이방인이 된다고 하더라도 자신의 경영 마인드 혹은 삶의 철학은 종교적 신념을 통한 것이어야 한다. "'하나님께로부터 난' 사람은 정도의 차이는 있을 수 있으나 세상에 저항하고 세상을 이기는 사람이라는 것은 예전이나 지금이나 동일한 사실입니다."[6] 이처럼 세계가 지향하는 바와는 다르게 혹은 반대 방향으로 가는 길이 오

---

6 존 라일, 『선한 길』, 152쪽.

히려 종교인의 모습이다. 과거 종교적 창시자의 삶은 당대의 관념과 사고, 체계와는 완전히 다른 것이었다. 그러한 저항과 반항, 전복적 사고와 실천이 세계를 변혁시켰음을 상기할 때, 경영자이든 아니면 고용자이든 모두가 종교의 본래적 지향성, 즉 초월자의 마음과 초월자의 정신으로부터 태동된 삶의 자세를 견지하면서 세계 저항적 종교의지, 세계 계몽적 종교적 외향을 지녀야 한다.

그것을 위해서 종교에는 세 가지의 신앙적 방편이 존재한다. 경전과 그리스도 그리고 기도. "성경과 같은 나침반, 그리스도와 같은 항해사는 없습니다! (…) 기도는 우리의 마음에 성령이 오시도록 하는 방법입니다. (…) 기도는 당신이 날마다 먹어야 하는 고기입니다. 당신이 이세상의 황야를 안전하게 여행하려면 반드시 기도해야 합니다."[7] 사람이 살아가면서 인생에서 지침이 될 만한 것 한두 가지 정도는 지니고 있는 것이 좋다. 고전이 되었든 저명한 철학서가 되었든 상관없다. 그러나 종교인에게 '경전'만큼 종교 생활 자체를 이끌어주는 중요한 책은 없을 것이다. 그래서 존 라일은 그것을 "나침반"이라고 말하고 있는 것은 아닐까? 인생의 좌표를 잃고 표류할 때에 내가 정말 가야 할 방향을 일러주는 것은 종교 경전이다. 수천 년 동안 현현들의 삶의 지혜가 켜켜이 쌓이며 전승되어온 경전은 세상을 살아가는 참된 지혜가 아닐 수 없다. 게다가 동반자도 이와 못지않게 중요하다. 인생의 동반자는 잘 만나면 참된 삶의 가치를 조언해주고 좋은 판단을 해주는 역할을 하기 때문에 힘이 되고 위로가 된다. 그 동반자가 구원을 가져다주는 성현이요 세상을 밝혀주는 빛이라면 금상첨화다. 그리스도인에게 '그리

---

[7] 존 라일, 『선한 길』, 163쪽, 489-490쪽.

스도'는 바로 그와 같은 존재다. 그리스도교의 시조라 할 수 있는 예수의 말씀과 행업은 인생의 거친 바다를 잘 헤쳐 나가게 해주는 항해사나 다름없다. 거센 파도가 밀려오는 칠흑 같이 어두운 밤바다에서도 나에 앞서서 바닷길을 잘 살피고 순항할 수 있도록 도와준다면 참으로 고마운 일이다.

그 다음으로 중요한 것은 개별적·공동체적 종교 행위인 '기도'다. 초월자의 뜻에 순복하고 그분의 의지에 맞갖게 살아가는 것이 종교인 고유의 사명이라면 기도는 내 의지를 비우고 오로지 초월자의 의지를 벗삼아 따라가겠다는 행동이다. 자신의 이익을 앞세워서 복을 바라는 기도가 아니다. 기도란 그리스도의 뜻에 걸맞은 삶을 살기 위해서 마음을 밝히는 행위다. 사방에서 진리가 여기에 있노라고 외치더라도 거기에 현혹되지 않고 참 진리를 추구하고 그 진리를 식별할 수 있는 눈과 귀를 만들기 위해서라도 기도는 반드시 필요하다. 이러한 기도는 초월자의 뜻을 제대로 해석하고 참을 인식하는 유한한 인간의 필수 도구다. 내 안에 있는 욕망을 비우고 초월자로 가득한 상태로서 그분과 일치된 삶을 살고자 할 때 비로소 나의 거짓과 세상의 온갖 부정적 힘에서 자유로워질 수 있다. 교회는 바로 그렇게 종교적 신앙 행위의 기준들을 통하여 세상의 모범된 존재가 되어야 한다.

"의심할 바 없이 '두세 명이 모인 곳이 바로 교회이다'(Ubi tres ibi ecclesia)라는 옛 격언은 옳은 말입니다. (…) 교회가 성경의 모범에 가깝게 도달하면 할수록 그 교회는 더 좋아지며, 교회가 성경의 모범에 멀어질수록 더욱더 나빠진다는 것이 바로 그리스도교 신앙의 공리입니다."[8] 종교인은 경전을 삶의 전형(example)으로 삼아 종교인 스스로 세상의 모범이 되어야 한다. 그리스도교인, 불교인, 유교인, 이슬람교인 등 대부분의 종교가 지탄의 대상이 되고 있는 이유는 경전의 가르침대로 살지 않기 때문이다. 종교의 사종(師宗, 시조)은 죽어서 말이 없지만, 적어도 그분들의 가르침과 어록을 담은 경전은 종교 그 자체의 원본에 가장 가깝다고 할 수 있다. 그렇다면 경전은 살아 있는 초월자의 말씀이나 진배가 없지 않을까. 그 말씀이 지금의 삶의 현장에서 살아 있도록 만드는 것은 종교인 각자가 경전에 나온 진의대로 사는 것밖에 없다. 경전을 통달/통독하고, 달달 외는 것보다 더 중요하고 참된 것은 말-씀, 즉 말의 씀씀이, 말의 사용이 나의 행위와 일치하는 것이다. 그래야 교회이든 법당이든 살아 있는 실체로서 여전히 가치가 있다고 할 것이 아니겠는가. 사람들은 종교인들에 의한 종교 경전의 실천적 유용성을 통해 도덕적인 선과 신의-살아-있음을 보게 된다는 것을 명심불망해야 할 것이다.

종교적 포용과 관용이 필요하다!

각 종교마다 차이와 다름이 존재하는 것은 당연하다. 종교의 태동, 의례, 사상, 배경 등이 다른데 종교가 동일해야 한다, 아니 '완전히' 똑같아야 한다고 주장하는 것은 종교적 폭력이나 다름없다. 게다가 똑같아야 한다면 그 기준은 어느 종교, 어느 관념, 어떤 형식에다 두어야 할 것인가 하는 문제가 발생한다. 우리가 말해야 할 것은 종교의 헌신이 어떠한가, 초월자에 대한 헌신과 희생 그리고 타자에 대한 탈자아적인 에로스가 어떠한가이지 종교의 교리, 형식, 외향, 의례, 관념 등의 문제가 아니다. 물론 종교의 근본을 묻는다면 그 근본 혹은 본질이 분명 동

---

8 존 라일, 『선한 길』, 369쪽.

일성의 맥락을 갖고 있는 것을 부인할 수 없다. 하지만 이 동일성을 종교 간의 공통분모로 여길 수 있는 관용과 포용성에 대해서는 또 매우 배타적이다. 그러므로 각기 종교가 갖고 있는 특수성을 있는 그대로 인정하는 것이 중요하다. 종교의 주체적 언행에 대해, 종교의 심연을 인정할 수 있는 관대함과 포용성을 견지하자는 말이다.

영국성공회는 개신교와 가톨릭의 양극단을 피하는 신학과 신앙적인 노선을 걷겠다는 의지에서 출발했다고 할 수 있다. 개신교의 종교개혁과 가톨릭이 안고 있었던 여러 한계를 극복하면서 중도(via media) 혹은 중용의 포용성과 관용의 정신을 일찌감치 깨우친 것이다. 이러한 성공회의 신학과 영성은 존 라일에게서도 잘 드러난다. "지금 그들은 의견이 맞지 않아 서로 다툴지라도 결국은 의견을 같이 해야 할 것입니다. 놀랍게도 그들은 서로 마음을 같이 하는 점은 매우 많고, 서로 다른 점은 극히 적다는 것을 알게 될 것입니다."[9] 거듭 강조하거니와 공감할 수 없거나 공통적 신앙 감각과 공통적 신앙 토대가 다르다거나 교파나 종단에 차이가 있다는 것을 긍정할 수 있어야 한다.[10] 차이의 인정에서 곧 관용과 포용이 나올 수가 있는 법이다.

그러기 위해서는 각 종교가 개별적인 사상의 자유가 있음을 인정해야 한다. "교회는 일정한 한계 내에서 광범위한 사상의 자유를 허락해야 합니다. 교회에서 '반드시 필요한 것'(necessaria)은 적고 명확해야 하며 '꼭 필요하지 않은 것'(non-necessaria)은 많을수록 좋습니다. (…) 분파는 편협하고 배타적일 수 있지만 국가교회는 솔로몬처럼 관대하고 포용적이며 '넓은 마음'을 가져야 합니다(1열왕 4,29)."[11] 종교의 신념,

---

9 존 라일, 『선한 길』, 266쪽.
10 존 라일, 『선한 길』, 306쪽.

종교의 사상은 종교 자체의 자율의 특징이다. 종교의 내용을 담는 형식보다 오히려 그 종교가 갖고 있는 종교의 사상이 종교의 깊이이자 종교의 형이상학을 대변하는 척도가 된다. 이를 대립이나 대척점으로 생각해서 종교와 종교 사이의 불통으로 여기는 일이 있어서는 안 된다. 그럼에도 대부분의 종교가 각 종교의 사상을 경계 짓기와 구분 짓기의 방편으로 사용하고 있다는 것을 부인하기 어렵다. 일정한 폭력적 시선으로 이웃 종교를 대상화하거나, 심지어 같은 종교 안에서 신자와 신자 사이의 종교 관념의 상이성을 파괴하려고 하는 것을 목도하게 된다. 종교 사상은 인류의 총체적 지식과 지혜의 보고(寶庫)로, 인류의 세대와 세대, 역사와 민족을 잇는 중요한 공동체적 산물임을 잊어서는 안 될 것이다. 따라서 각 종교 서술 공동체를 용인하는 것은 인류의 평준화를 막고 종교 경험의 탈중심화를 통한 종교 사유의 다양성을 암시하는 것이다.

더불어 종교가 관용과 포용성에 입각하려고 할 때 심각한 장애가 되는 것은 이단 시비다. 이러한 범주적 사유와 판단은 타자의 종교를 일정한 틀로 재단하게 된다. 그뿐만 아니라 이웃 종교의 독특한 체험의 서술과 고백을 부인하고 오로지 자기 경험에 따른 주체성을 절대적 근거로 삼으려고 한다. 그러므로 "교회가 배제하지 않은 사람을 배제하지 않도록 해야 하며 쉽볼렛을 발음하지 못하거나 우리의 노선을 정확히 따르지 않는 자를 배척하거나 추방하거나 출교하지 않아야 합니다. (…) 나는 우리 경내에 엄격하고 획일성을 주장하며 모든 국교도는 런던의 하이드파크 주변의 철로처럼 동일한 정신적 특색과 수준, 모양 및 깊이를 가져야 한다는 주장에는 공감할 수 없습니다."[12]

---

11 존 라일, 『바른 길』, 62쪽.
12 존 라일, 『바른 길』, 470쪽.

이단 시비의 근본 성격은 구원의 배타성, 구원의 경직된 확신과 다르지 않다. 역사를 보더라도 개인과 공동체의 경험과 확신이 끊임없이 변형·변화되어왔다는 것을 기억해야 한다. 그렇기 때문에 종교 주관주의에 빠지게 되면 주체의 종교 경험 이외에 타자의 초월 경험은 결코 받아들여질 수 없는 이단이 되고 만다. 물론 사회공동체에 물의를 빚는 종교공동체나 이성과 상식에 어긋나는 비윤리적 종교공동체의 경험을 탈중심적 주체성의 고유한 초월적 체험으로 받아들이자고 하는 것은 아니다. 다만 이성과 영성의 자기 신뢰에 입각하여 초월자의 현현을 공유하려는 것을 특정한 종교 주체가 독점하면서 진리와 도덕, 종교의 체험을 '하나'의 색깔로 추천하고 대항하려는 것이 문제다. 분명한 것은 각 종교의 배후에는 진리와 타당성, 구원의 의지가 있음을 알고 그것을 낯설어 하지 말아야 한다.

그뿐만이 아니다. 종교(인)의 자기 목소리도 존중을 해야 한다. 자기 이성의 반성으로서 자기 자신의 생각, 의지를 드러낼 수 있도록 해야 한다. 그 이유를 이렇게 생각해볼 수 있다. "다른 사람을 이단이나 불건전한 사람으로 정죄하는 것은 편협하고 관용이 부족한 행동일 것입니다. 우리는 우리와 다른 생각을 가진 형제를 어리석다고 생각할 수 있지만 성경과 기도서에 나오지 않는 부분에 대해서는 그들도 우리처럼 얼마든지 자신의 의견을 가질 수 있습니다. (…) 영국성공회는 '사람이 각기 자신의 소견에 옳은 대로 행하였더라'(판관 21,25)는 판관시대의 이스라엘을 모델로 삼아야 한다는 것입니다."[13] 주체와 주체가 서로 개별의 이성을 자유롭게 표현하고 나눌 수 있을 때 종교 사회가 건강해질 수

---

13 존 라일, 『바른 길』, 509-510쪽.

있다. 이성과 이성, 영성과 영성이 맞대면할 때 종교의 공동화(空洞化)가 생기지 않는다. 목소리란 특정 개인과 특정 종교의 정신과 영성의 모순을 지적하고 성숙한 종교 의지를 발현할 수 있는 매개체다. 그것을 억압하고 타자화한다면 종교가 쓰고 있는 가면과 가식을 인식하지 못한다. 초월자의 진정한 현존은 종교가 자기 망각에 빠져 있는 것을 깨우치게 하는 목소리 내기와 의견 말하기다. 종교가 자기만족과 자기 충족에 탐닉하여 스스로를 과신하면 자신을 상실하게 된다. 이때 개인과 공동체는 목소리로 새로운 세계를 열어 종교의 정상성과 진정성을 회복하도록 도와야 한다. 목소리와 의견이 다르다고 외면할 것이 아니라 그것이 가지고 있는 지시의 진정성과 정당성을 살펴야 스스로도 종교의 이단성을 면할 수 있을 것이다.

교회(종교)는 무법(anomie)이 아니라 유법이다. 다시 말해서 종교공동체를 좀더 종합적·통합적 사고로 운영하려면 성직자 중심으로 일관하지 않고 평신도의 목소리를 적극적으로 반영하는 토론 창구를 마련하여야 한다. 그래서 "크든 작든 모든 교회 일에 평신도를 배제해서는 안 된다는 것이다. 평신도는 서품이나 성직자의 고유 직무 외에는 교회가 말하고 행하는 모든 일에 동참하여 자신의 목소리를 내고 관여하며 결정해야 합니다. (…) 평신도가 의회 활동에 관심을 가지기 위해서는 의회에 자리를 주고 자신의 목소리를 내게 해야 합니다. 평신도가 일단 의회로 들어와 성직자와 동일한 조건에서 마주하게 되면 의회의 토론은 훨씬 진지해지고 결과는 전혀 달라질 것입니다. (…) 평신도는 마땅히 조언할 권리가 있습니다."[14] 모름지기 종교공동체는 의사소통의 공

---

14 존 라일, 『바른 길』, 426-427쪽.

동체, 담론 공동체, 토론 공동체여야 한다. 단선적으로 말하고, 일방적으로 듣는 종교 속에는 독선과 아집, 오류만이 있을 뿐이다. 그러나 성직자와 평신도가 함께 토론하고 같은 목소리를 내는 공동체는 신의 현존과 신을 통한 유대성을 재확인하는 것이다.

종교공동체의 경험과 종교공동체의 신적 근원성을 지속적으로 확인하면서 메시아/미륵의 기대와 현존을 해석하는 것은 담론과 토론의 목소리다. 광기, 탐닉, 의례적 방종 등에 대해서 제동을 걸고 상식의 종교공동체가 되려면 목소리 존중과 이야기 경청은 필수적이다. 말할 수 있는 동일한 권한과 권리를 부여하는 것은 성직자가 아니라 초월자다. 공동체 안에서 진리와 선의 일치, 이성의 신뢰를 공적으로 인정할 수 있어야 종교공동체가 사변으로 끝나지 않는다. 종교공동체를 공공의 영역으로 보고, 신의 현존 공동체로 존재하기를 원한다면 이성의 자기 목소리 내기로 계몽하는 것을 두려워해서는 안 된다. 메시아적 희망·메시아의 도래·메시아주의는 목소리의 평등성이자 목소리의 통일, 목소리의 사유, 목소리의 자유(자율)로 앞당겨질 수 있을 것이다. 더욱이 목소리가 고갈된 사유에서는 말이다.

2. 함석헌, 불편한 종교적 논의

정치와 종교는 인간의 구원을 목적으로 한다!

종교와 국가가 추구하는 영역이 오해되거나 편중되는 것을 종종 볼 수 있다. 이를테면 종교는 몸의 문제에는 전혀 관심이 없고 오로지 영혼의 문제에만 관심을 집중하는 것으로, 국가의 경우에는 백성의 먹는 문제, 몸의 문제, 곧 경제의 문제에 초점을 맞추고, 정신의 문제에 대해서는 전혀 나 몰라라 하는 것이다. 그런데 종교나 국가의 경우, 모두 인간의 삶과 직간접적으로 연관되어 있는 만큼 몸뿐만 아니라 정신을, 영혼뿐만 아니라 육체를 생각하지 않을 수 없는 것이 당연하다.

몸이 빠진 영혼은 균형 없는 신앙이 될 수 있는 가현설에 빠질 수 있으며, 정신이 없는 육체를 강조하는 국가 정책은 우매한 백성만을 만들어낼 뿐이다. 밥만 주면 자신의 주장은 펴지 않고 그저 고개만 조아리는 존재가 될 것이니 말이다. 이에 대해 19세기 영국 성공회의 주교였던 존 라일이 말한 것에 주목할 필요가 있다. "사회적으로 청결한 환경을 조성하고, 위생 기준을 강화하며, 국민들의 건강과 장수를 증진시키는 사업을 추진하며, 신선한 공기와 깨끗한 물 그리고 값싼 음식을 국민 모두가 누릴 수 있게 하는 것, 이 모든 것들이 교회와 국가가 최고의 관심을 기울여야 할 것들입니다. (…) 만약 교회가 영의 구원만 담당하고, 국가가 혼의 교육만 담당한다면 이는 둘 다 오류를 범하는 것입니다. 영과 혼과 육이 온전히 보살핌을 받고 이들 세 가지 모두의 건강을 위해 지속적인 노력을 기울이는 국가라야 진정 행복한 국가입니다."[15]

인간이 자신의 몸을 위해서 먹거리와 공기와 물, 환경과 건강 등에 관심을 가지고 있기 때문에 교회나 국가도 당연히 인간들의 필요에 부응해야 한다는 것을 말하고 있는 것이다. 국가도 교회도 모두 인간이라는 공통적인 존재를 다루고 있기 때문에 그들이 원하는 것이 무엇인지를 잘 알아서 그들의 행복지수를 높여주어야 한다. 이것은 현장 정치의 중요성을 잘 간파했던 정도전의 민본정치와도 잘 맞아떨어진다. "정치의 핵심은 백성과의 소통이고 일상에서 백성들이 희망을 찾는 것이었

---

[15] 존 라일, 『선한 길』, 35-36쪽.

다. 다시 말해 정치의 실현은 고매한 이상을 제시하는 것이 아닌, '(백성들이) 편히 먹고 사는 일상'을 보장해줌으로써 이루어지는 것이었다. 이것은 정도전 정치사상의 뿌리가 된다."[16]

그런데 과연 오늘날 정치와 종교의 모습은 어떠한가. 과연 백성의 삶의 질인 정신적인 고양과 육체적인 충족을 위해서 노력하고 있는 것일까? 함석헌은 다음과 같이 비판한다. "인류가 오늘날같이 정치에 관심을 가진 때는 없었다. 오늘은 가장 정치적인 시대이다. 세계 어디나 다 그렇지만 더구나 우리나라는 그렇다. 살기가 이렇게 어려워진 것은, 어려운 것이 아니라 어지럽고 더러워진 것은, 정치업자들 때문이다. 해방 이후 얼마 안 되는 시일 동안에 나라가 이렇게 못쓰게 된 것은 그 죄의 대부분이 누가 나오라고도 않는데 제각기 민중의 대표라 하고 나선, 하룻밤 사이에 제 손으로 만든, 정치 벌이꾼들에게 있다. (…) '가장 적게 다스리는 정부가 가장 좋은 정부'라는 말을 천고의 명언이라고 세상이 일컫고, 소로우는 거기 갱진일보(更進一步)해 '도무지 다스리지 않는 정부'라고 했으며 노자도 치국은 약팽소선(若烹小鮮), 정치는 작은 생선 삶은 것 같아서 건드리지 말아야 한다고 했는데, 정치업자들은 서로 다투어가며 나라를 들추고 주물렀다. 그러는 동안에 사회는 죽탕이 되고 민중은 먹물이 되어버렸다."[17]

정치는 백성과 물질을 바르게 함이어야 한다. 백성을 제외하고 정치가 있을 수 없고 물질을 바르게 다스리지 못하고 올바른 정치 구현이란 있을 수 없다. 그래서 정치는 권력으로서의 힘, 자칫 억압과 폭력, 착취로서의 힘으로 나타나기도 한다. 왜 정치가 때로는 백성의 영혼에 관심

---

16 김진섭, 『정도전의 선택 ― 백성의 길, 군왕의 길』, 아이필드, 2013, 118쪽.
17 함석헌, 『함석헌전집 3 ― 한국 기독교는 무엇을 하려는가』, 한길사, 1983, 293-294쪽.

을 가져야 하는지, 또 때로는 물질로부터 초연해야 하는지 생각하게 한다. 정치꾼, 정치업자들이 백성의 삶을 더 어지럽히고 더럽게 만들었다. 정치업자들 때문에 백성의 경제는 더 어려워지고 정신은 더 황폐해졌다. 정치가 꾼이나 업자의 벌이의 수단이 되면 안 된다. 정치의 토대는 백성의 영혼과 백성의 물질을 관리하는 위탁된 의지다. 그것을 수단으로 여기며 퇴행적이고 파괴적 본능을 드러내는 순간, 백성의 삶은 피폐될 수밖에 없다. 영혼의 부패로부터 스스로를 구원하고 자기 폭로를 통해서 정화할 수 있는 정치가 아니라면 정치는 기껏해야 날조되고 저속한 권력의지와 전혀 다르지 않다. 함석헌은 종교와 정치가 하나라고 말한다.

"정치는 무엇이고 종교는 무엇인가? 정치도 택해서 있는 것 아니요 종교도 택해서 있는 것 아니다. 내가 원하거나 원하지 않거나 나는 나면서부터 정치 속에 사는 것이요, 종교도 내가 믿자거나 믿지 말자거나 관계없이 삶은 종교적이다. 내가 나라를 믿는 것 아니라 나라가 나를 낳은 것이고 내가 종교를 만든 것 아니라 하나님이 나를 종교적으로 만든 것이다. 정치도 종교도 인간 본성에서 나온 것이다. (…) 정치가 썩어질 때 구원하는 것은 종교요 종교가 시들려 할 때 건져주는 것은 정치이다. (…) 정치와 종교는 다 인간의 생활을 각각 두 면에서 한데 묶어놓는 묶음이다. 하나는 평면에서 하나는 수직에서, 하나는 땅에서 하나는 하늘에서, 하나는 현실에서 또 하나는 정신에서. 둘의 목적하는 바는 다 같이 '하나됨'에 있다. 세계를 하나로 만들어보잔 것이 모든 정치가의 이상이었다. (…) '하나됨', 그것은 절대명령이다. 진리는 하나다. 하나가 있어서 모든 것이 생겼으므로 모든 것은 어쩔 수 없이 하나를 바라고 그곳으로 가려 하는 것이 그 바탈이다. 물성(物性)도 그것이요, 영성(靈性)도 그것이다. (…) 먹고 사는 일로 말하면 경제라 하고, 오고가는 관계에서 말하면 정치라 하고, 복잡한 정신의 관계에서 말하면 종교다."[18]

함석헌이 정치와 종교를 선험성의 측면에서 하나로 본 것은 인간은 생래적으로 정치라는 현실과 종교라는 초월성의 바탕 위에서 살아갈 수밖에 없다는 것을 말하고 있는 것이다. 정치와 종교는 모두 구원하는 힘이다. 각각의 영역이 다르기는 하지만 땅의 현실과 하늘의 초월성을 일깨우면서 인간으로 하여금 끊임없이 탈출구를 찾도록 만드는 매개체임이 분명하다. 그러면서 동시에 둘은 견제하는 힘으로 작용하기도 한다. 종교가 인간을 억압하고 지배할 때에 정치는 그 인간을 종교로부터 해방하고, 반대로 정치가 인간의 유토피아를 억누르고 자유와 이성을 박탈하는 어둠으로 몰아갈 때 종교는 하나 됨이라는 절대명령으로 능동적인 힘과 반동적인 힘을 발휘한다. 정치와 종교는 인간의 구원과 건져냄에 봉사하는 수단들이다. 외면과 내면의 세계가 조화를 이루고 변증법적인 긴장감을 갖고 있을 때 정치와 종교는 이데올로기나 권력의 주장에서 자유로워질 수 있고 오로지 백성의 삶을 위해 고유한 삶의 형식들이 될 수 있다.

19세기 철학자이자 경제학자인 존 스튜어트 밀(John S. Mill)은 정부권력의 부적절한 행사를 통해서 인간 정신이 억압당하는 것을 우려했다. "인간의 정신이 법에 대한 공포 또는 여론이 두려워서 가장 중요한 주제에 관해서 자유롭게 권능을 발휘하지 못하도록 가로막힌다면, 전반적으로 무감각과 우둔함으로 가득 차게 되어, 일정한 정도를 지나게 된

---

[18] 함석헌, 『함석헌전집 3 — 한국 기독교는 무엇을 하려는가』, 298-301쪽.

다면 심지어 가장 일상적인 삶과 관련되는 일에 관해서도 주목할 만한 향상을 일으킬 수 있는 능력을 완전히 상실하게 되고, 나아가 전에 이룩했던 성과들마저 점점 상실하게 되고 만다는 점도 이제는 잘 알려져 있다."[19] 정치가 표상하는 것이 백성의 자유로움이 아닌 억압이라면, 그것이 존재하는 이유가 사실상 무의미하다. 게다가 삶과 세계에 대해서 무감각하고 어리석음만을 생산하는 것이라면 정치 본성은 종말을 고한 것이나 다름없다.

정치 구조에 의한 질서 구현이라는 명분하에 인간을 기능으로 생각하는 것은 정치 본성의 왜곡이다. 그래서 정치는 인간의 무감각, 미욱함은 아무래도 상관이 없는 것이다. 우리는 정치에 대한 환상을 품어왔다. 그것은 늘 허구적 기호와 상상의 산물이지만 현실화된 '구원 장치'이기를 바랐던 것이다. 하지만 그러한 정치는 지금 없다. 정치의 소멸과 부재인 셈이다. 이처럼 정치적 지배에 의해 인간의 정신과 의식이 객체화되며 전략적으로 복종을 강요당하고 있을 때 종교의 역할과 지향성은 어디에 두어야 할까?

"인생의 목적이라면 곧 하나님께로 가는 것인데 절대자께로 가는 것인데 그것은 절대적인 명령이다. 절대자기 때문에 그의 명령은 절대적이다. (…) 인생은 하나님께 가도 좋고 안 가도 좋은 것이 아니다. 종교는 자유 선택할 것이 아니다. 인간의 자유 의지에 맡긴 것이라면 도덕이랄 것도 없고 종교랄 것도 없다. 하나님이란 믿지 않으면 안 되는 이다. 믿으면 사람 되고 믿지 않으면 짐승 되는, 짐승이 되는 것 아니라, 짐승도 못 되는, 죽는, 망하는, 허무에 풀어지는 그러한 존재자지, 우리 맘대

---

19 존 스튜어트 밀/박동천 옮김, 『정치경제학 원리 4』, 나남, 2010, 364쪽.

로 우리 취미에 따라 자유 선택하여 좋은 자가 아니다. (…) 종교를 믿고 싶어서 믿을 만하다 인정을 하여서 믿는 자가 어디 있을까. 그런 것은 믿음이 아니요 사상이다. (…) 신앙은 강박당하는 일이다. 무엇인지 모르는 것에게 강박을 당하여 끌려가는 일이다. 무엇인지 모르는 그것은 성령이다."[20]

인생은 하느님에 의해서 자기 개방이라는 강제성을 띤다. 하느님은 인간을 자기 폐쇄적으로 살도록 내버려두지 않는다. 자기 자신, 즉 초월자를 향하도록 끊임없이 인간 자신의 신뢰를 넘어서 초월의 실마리를 보여줌으로써 하느님이 삶의 규범적 척도가 되도록 한다는 것이다. 그래서 '강박'이다. 어떻게 할 수 있는 것이 아니라 내가 믿지 않으면 안 되는 초월자다. 궁극적 목적이고 궁극적 관심이다. 나의 운동이 정지되고 오직 하느님의 운동이 인간의 삶을 추동한다. 무언가 초월적 계기가 있어서 나의 힘이 상실되면서 초월자의 힘, 즉 성령이 인간에게 반드시 어쩔 수 없는 정당성과 진실성으로 다가오는 것이다. 인간의 주장은 성령의 힘에 압도되고 나의 거부 충동은 사멸되고 만다. 하느님의 영은 인간 안에 내재하면서 자기 자신을 목적으로 삼도록 깨우침의 자리로 내어준다. 성령은 바깥의 시선을 차단하고 외부의 물욕을 통제하여 믿음을 선택하도록 몰고 간다.

함석헌은 인생의 목적이 하나님께 있다고 말한다. 하나님께 이끌리는 것은 성령에 의해서 가능한 일이다. 성령은 정신의 일이요, 영혼의 일이다. 그러나 그것은 선택이 아니라 강박이다. 나의 자유로운 의사와는 상관이 없이 끌려서 가는 것이다. 그러기에 교회는 영혼의 영역이요,

---

20 함석헌, 『함석헌전집 19 ― 영원의 뱃길』, 한길사, 1985, 62쪽.

정신의 영역이라고 말할 수 있다. 함석헌은 종교인에게 중요한 인생의 과제는 초월자와의 만남, 절대자를 믿는 일이라는 것을 명확히 한다. 그러면서 다른 책에서 그는 초월자의 세계, 즉 하느님의 나라가 현실 세계에서 이루어지는 것임을 설파한다. 그것은 눈에 보이는 가시적 존재라는 것이다. "절대로 하늘나라가 없다는 말 아니요, 하늘나라 찾는 것이 잘못이란 말 아니다. 그렇게 하는 것이 결코 하늘나라 바라는 일 아니라는 말이다. 하늘이 허공에, 죽은 후에 있는 줄 아는 것이 잘못이란 말이다. (…) 허공에 있는 것이 햇빛이 아니요 땅에 내려와야 빛이요 열이듯이, 하늘은 무한 막막한 허공에 있지 않고 땅에 와 있다."[21] 그렇다면 종교도 육의 세계, 육체의 존재에 대해서 일체 무시하고 있다는 말이 아니다. 오히려 밀접하게 정치나 경제에 관심을 갖고 있어야 하는 것이 맞는 것이다. 하늘나라가 이 땅에 실현되도록 인간이 노력하고 '주님께서 가르쳐주신 기도'에 나오는 것처럼 그렇게 해야 하는 것이 마땅한 일이기 때문이다.

종교는 상식적이어야 한다!

그렇다고 해서 종교 냄새가 풀풀 나도록 해야 한다는 말이 아니다. "열심은 열심인데, 너무 냄새나는 신앙이란 말이다. 속담에 장 냄새나는 장은 좋은 장이 아니라는 말이 있지만, 종교 냄새 나는 종교, 즉 상식적이 못되는 종교는 건전한 종교가 못 된다. 상식적이 못 된다는 것은 고루한, 이른바 고린내 나는 신앙이란 말이다. 그것은 굳어진 종교, 교리적인 종교, 틀에 박힌 종교다. 그런 종교는 일반 사회에 대해 설득력

---

[21] 함석헌, 『함석헌전집 3 — 한국 기독교는 무엇을 하려는가』, 10쪽.

이 없다. 그러므로 사회를 건지지 못한다. 교회당 안에서는 열심이지만 일단 넓은 세상에 나오면 무력하다."[22] 종교 냄새는 종교 자체가 갖고 있는 헌신을 통한 존재의 자기 서술과 종교 자율이어야만 한다. 하지만 헌신과 자율, 희생도 없는 자기도취적, 자기 쾌락적, 자기 규정적 심연으로 추락한 묵상의 의례 행위로는 종교 냄새라고 말할 수 없다. 종교 냄새에도 상식이 있어야 한다. 냄새가 쇄신이나 초월에의 헌신이 아닌 배타나 고루, 구태가 된다면 사람을 배척하고 이웃 종교를 위협, 위압적인 자세로 그 위에 군림함으로써 추방하려고 한다. 그러한 비상식적인 종교는 파괴를 일삼으면서 자신의 권력의지, 신앙의지만이 최고라는 주장을 서슴지 않는다. 그와 같은 비상식적 종교가 신의 수치를 가져다주는 것이다. 그 무엇보다도 '교리'를 앞세우는 종교는 설득력을 가질 수 없다.

교리는 사람에게, 종교 간에 타부가 된다. 타부가 되는 순간 그것은 개인과 집단의 이성과 합의를 넘어 의지와 행위를 마비시키는 역할을 한다. '접근 불가'라는 딱지는 종교에 있어서 타자와의 완전한 근절을 의미한다. 때로는 가학적이고 피학적인 감정과 열광이 종교 자체를 설명해주는 듯해도 기실 그 같은 교리는 자기 폭력과 타자 폭력의 이중성을 띤 쾌락으로 작용하게 된다. 사회를 변혁하고 소통하는 것은 교리가 아니라 포용성과 관용, 이성이다. 그와 같은 것들이 담보되지 않는다면 사회를 구원할 수 없다. 탈경계화, 탈중심화를 부르짖는 시대에 지나치게 자신의 교리로 주체적 단절로 이탈하는 것은 온당치 못하다. 나의 종교적 주체성의 경험이 중요하고 소중하듯 이웃 종단의 주체적 종교

---

22 함석헌, 『함석헌전집 3 ― 한국 기독교는 무엇을 하려는가』, 15쪽.

경험도 고유의미를 발전시켜야 한다는 포용성과 관용이 있어야 메시아 시대, 메시아의 도래를 앞당길 수 있지 않겠는가.

3. 종교의 융합(합류)적 상상력

종교가 사회적 공공성을 상실한다면 유명무실하다고 볼 수밖에 없을 것이다. 앞에서 언급한 존 라일이나 함석헌의 종교관에서 주목할 만한 이야기들은 결국 종교란 그 시대가 품고 있는 기층 씨올들의 고민과 현실 속으로 들어가야 한다는 것이다. 종교가 국가나 사회나 백성 '위에' 있는 것이 아니라, 그것들과 '함께' 혹은 그것들 '안에' 있어야 제 역할을 한다는 말이다. 존 라일이 영국이 안고 있었던 노동자의 현실 그리고 종교의 현실을 외면하지 않고 주교로서 교회가 나아가야 할 방향을 세세하게 신앙적으로 짚고 그러면서도 종교의 본질에서 벗어나지 않도록 하는 모습은 종교가 말이 아니라 삶이어야 한다는 것을 드러낸다.

함석헌의 경우에도 이와 다르지 않다. 종교가 상식적이어야 한다는 주장에는 적어도 종교란 백성들이 생각하고 있는 근본적인 관념을 충족시켜줄 수 있어야 한다는 것으로 해석할 수 있다. 백성의 생각이 곧 '공통적인 바람'이다. 백성의 생각이 다르고 종교의 생각이 다른 것이 아니라 백성의 생각이 종교가 추구해야 하는 방향이니, 백성의 생각은 근본적으로 종교성이다. 그것을 종교는 무시하거나 어리석다 하지 말아야 한다. 교리는 종교의 생각이지만 백성은 교리로 먹고 살지 않는다. 교리는 백성의 생각과는 다르다. 그러므로 괜한 교리로 백성의 마음을 사로잡거나 겁박해서는 안 된다. 오히려 정치와 종교 그리고 물질을 모두가 세계 구원이라는 큰 영역에서 바라봐야 한다.

정치도, 종교도, 물질도 모두가 백성을 구원하기 위해서 존재하는 것들이다. 추상성과 구체성을 띠었을 뿐 이들은 본질적으로 백성의 구원을 향한 도구들이다. 하지만 오늘날 정치와 종교, 물질 모두가 백성의 공통적인 시선에서 외면당하고 있거나 과민반응을 보이는 것은 그것들이 백성들의 삶의 의미를 창조하지 못하고 있기 때문이다. 의미를 새롭게 부여해주지 못하는 정치와 종교가 백성을 신명나게 할 수는 없다. 먹고 살기 바쁜 현실에서 정치와 종교가 무슨 관심일까 하지만 이미 삶의 영역에서 이 둘과 떼려야 뗄 수 없는 의미연관을 갖고 있기 때문에 그렇게 단정 짓기도 어렵다. 구원이라는 말과 상식이라는 말을 좀더 확장해본다면, 그것이 단지 종교적인 말이 아니라 일상 언어라는 사실을 알게 된다. 백성의 마음을 헤아리고 그것을 긁어주는 본래적인 능력만 잘 발휘한다면 각각이 있어야 할 자리를 백성이 마다할 리가 없을 것이다.

존 라일 주교나 함석헌의 말이 지금 우리에게 불편하게 들린다면 그것은 분명 우리가 정치와 종교를 올바르게 고쳐야 한다는 반증이다. 함석헌은 종교란 초월자에게 강박당하는 것이며 그 신비한 힘에 이끌리는 것이라고 말했다. 종교가 결코 인간의 한갓된 성스러운 대상, 성스러운 원리만을 가지고 있어서가 아니라 종교는 초월자에게 강박당하여 내적 세계와 외적 세계를 조화롭게 하고 그 두 세계를 새로운 의미 영역으로 구성할 수 있기 때문에 그렇게 불리는 것이다. 그 의미 연관은 때로는 기도를 통해서, 성스러운 존재의 강박과 지각과 인식을 통해서 이루어진다. 존 라일 주교가 종교의 본질을 되짚어주고 있다고 생각할 수 있는 이유가 바로 여기에 있다. 종교의 본질을 본질답게 만들어주는 것들에 대해서 맹신만 할 것이 아니라 제대로 종교인이 되는 관계 맺음의 방식으로 습득하고 경험해야 한다. 그래야 더 넓은 초월의 지평으로 초월자가 안내할 것이고 생활세계적인 경험의 한계를 넘어서 새로운 종교 세계, 타자의 세계를 포용할 수 있는 여지가 생길 것이다.

이러한 의미에서 존 라일 주교의 다음과 같은 종교 강론의 말-법, 말-도리 비판에 귀 기울일 필요가 있다. "오늘날 많은 설교는 매우 불만족스럽습니다. 오늘날 설교가 노골적으로 잘못된 교리를 전한다는 말은 아닙니다. 그러나 오늘날 설교에는 확실히 무게가 없고 기준에 미달하며 무엇인가 부족한 것이 있습니다. 불같은 설교는커녕 영혼의 상처를 치료하기에는 너무나 밋밋하고 핵심이 없으며 무딘 설교일 때가 많습니다."[23]

함량 미달인 종교 언어는 사회나 세계를 개혁하거나 전복하지도 못한다. 말에 이법도 없고, 말에 도리도 없다면 듣는 사람들의 지평이 열릴 리가 없다. 새로운 눈을 뜨게 하고 자신이 비록 세계의 주체이기는 하나 초월자의 자리야말로 인간이 서야 하는 궁극적인 자리라는 것을 깨우치도록 만드는 것이 제대로 된 종교 언어일 것이다. 종교 언어가 가지고 있는 장치가 교리나 전달하고 사회적 공공성도 없는 오로지 개별적 인간의 자기 영달을 위한 언어만 발생시킨다면 새로운 의미 지평은 열리지 않는다. 그것이 지금의 종교 언어가 불편한 이유다. 그래서 어떤 지향을 가지고 살아야 하는지, 정치를 해석하는 눈, 노동자의 사태를 파악하는 눈, 사회를 보는 눈, 세계를 이해하는 눈, 실존의 고통을 염려하는 눈을 뜨게 만드는 종교 언어가 필요하다.

분명한 것은 종교 언어의 건축술은 교리에서 비롯되지 않는다는 것

---

[23] 존 라일, 『바른 길』, 243쪽.

이다. 그것은 존 라일이 말하는 것처럼, 경전이다. 경전에서 파생되는 종교 언어, 혹은 종교 언어의 해석이 백성들을 진리로 이끌 수 있다. 앞에서도 언급했듯이, 종교 언어는 독점할 수 없다. 보편적인 종교 언어는 모든 종교가 함께 나누면서 세계를 기획할 수 있어야 한다. 과거 종조(宗祖)들의 종교 언어는 많은 사람에게 회자되기를 바라고 그 다양성과 복합성, 습합성이 인류를 더 풍요롭게 했을 것이라고 미루어 짐작할 수가 있다. 또한 종교 언어는 단순히 고백적, 독백적이지 않고 습속(習俗) 언어가 되다시피 하면서 세계 사건이 되었을 것이다. 그것은 종교 언어를 통한 압박이나 위협이 아니라 설득이고 치유이면서 존재 지평의 확인이었다. 따라서 오늘날 종교 언어는 게토화된 끼리끼리의 언어를 버리고 소통 가능한 언어, 상식적인 언어로 백성에게 다가갈 수 있어야 한다. 종교 언어가 따로 있고, 일상 언어가 따로 있지 않다. 언어는 보편적인데, 그 언어를 사용하는 공동체에 따라서 독점하거나 소통 불가능한 채로 발전되기 때문에 단절을 빚는 것이다.

나아가 종교공동체는 담론의 주체에서 신자 구성원을 제외하면 안된다. 종교적 담론 권력을 나눌 수 있는 공동체는, 그 담론의 근원이 초월자로부터 왔든, 제도나 체제에서 왔든 각 개별적 구성원이 자유롭게 자기주장과 자기 생각을 펼칠 수 있도록 도와줘야 한다. 종교공동체 내에서 구성원들이 주체적 담론 개진이나 이성의 자기 발현으로서 자기 생각을 드러낼 수 있어야 한다. 토론을 통해서 공동체 전체가 초월자의 생각과 결합하려면 성직자의 담론 권력과 권위에만 의존할 수 없다. 초월자가 성직자뿐만 아니라 평신도 전체와 결합하며 포괄하고 있다는 것을 간과해서는 안 된다. 성직자 중심의 담론 구성체를 넘어서 종교공동체 구성원 모두가 진리를 향하고 있기 때문이다. 그러므로 일정한 종교공동체의 특정 계급이 개별 인격자의 생각을 저지하지 말고 적극적으로 사유하도록 도와야 한다. 자기 자신에 대한 생각, 종교 자체에 대한 생각, 세계에 대한 생각 등 종교인은 생각의 폭과 그물망을 자꾸 넓혀야 한다. 그러기 위해서는 어디에도 예속되지 않는 사유, 종교인의 그 사유가 보편적인 사유가 될 때까지 계속 생각하는 일을 멈춰서는 안 될 것이다. 종교(인)가 사유하지 않는다고들 한다. 독선적이고 일방통행적이며 권위적이라고 사분댄다. 설득이 없는, 오로지 소통하지 않는 사유와 언어를 통해서 말하기 때문일 것이다. 그러므로 종교공동체는 초월자와 연결되어 있는 지성을 용기 있게 사용하는 것을 저어하지 말고 사유하는 종교인, 소통하는 종교인이 되어 세계와 이웃 종교 그리고 타자의 지성과 융합(convergence, 합류; confluence)을 모색하는 데까지 나아가야 할 것이다.

> "마음이 없는 형식적 신앙은 하느님 보시기에 가증스러운 것입니다. 하느님은 마음을 신앙에서 가장 중요하게 여기신다는 사실을 깨닫지 못하는 자는 영적 맹인입니다."[24]

---

24 존 라일, 『바른 길』, 257쪽.

안중근과 동북아 평화공동체 모색*

1. 반평화적 상징인 이토에 대한 안중근의 저격 사건 이해

안중근(安重根, 1879-1910)의 어머니 조마리아는 아들이 죽기 전에 다음과 같은 편지 한 통을 보냈다. "장한 아들 보아라. 네가 어미보다 먼저 죽는 것을 불효라고 생각한다면 이 어미는 웃음거리가 될 것이다. 너의 죽음은 한 사람의 것이 아닌 조선인 전체의 공분(公憤)을 짊어진 것이다. 네가 항소를 한다면 그건 일제에 목숨을 구걸하는 것이다. 나라를 위해 딴 맘 먹지 말고 죽으라. 대의를 위해 한 일이거든 죽는 것이 어미에 대한 효도다. 아마도 이 편지는 어미가 쓰는 마지막 편지가 될 것이다. 네 수의를 지어 보내니 이 옷을 입고 가거라. 어미는 현세에서 너와 재회하길 기대하지 않으니 다음 세상에는 선량한 천부의 아들이 되어 이 세상에 나오너라." 편지의 내용은 비장하고도 장엄하다. 조금의 미련이나 안타까움도 담겨 있지 않다. 오로지 아들이 장렬한 죽음을 맞이

* 이 원고는 2017년 『아시아평화공동체』(모시는사람들)에 실린 글이다. 책 전체의 맥락을 감안하여 출판사의 허락하에 한 꼭지를 할애해 실었다.

하기를 바라는 마음이 넘칠 뿐이다.

잘 알다시피 안중근은 1909년 10월 26일에 중국 하얼빈 역에서 조선 침략의 원흉인 이토 히로부미(伊藤博文)를 저격한 인물이다. 그날 이토 히로부미는 러시아 재무장관 코코프체프(V. N. Kokovsev)와 만나 동양 침략 정책을 협상하는 하얼빈 회담에 참석하려고 하얼빈 역에 도착하기로 계획되어 있었다. 일본은 회담이 끝나면 조선을 지나 중국과 러시아를 잇는 영토가 일본의 지배하에 들어올 것이라고 생각했다. 이를 통해 일본은 러일전쟁 후 침체된 자국의 경제를 한국과 만주의 식민지 정책으로 회복해보자는 속셈이었으며, 철도를 정비하고 항만을 관리하여 무역으로 이익을 얻어내자는 계략이었다. 영국과 미국도 포츠머스 조약을 통해서 조선이 일본의 지배를 받는 것이 정당하다고 인정을 하였으니 거칠 것이 없었다. 30세의 청년 안중근은 그와 같은 굴욕적인 식민 지배를 받아들일 수 없었다. 자신이 원하는 동북아시아의 평화는 그런 것이 아니었기 때문이다.

후대의 학자들 중에 안중근을 아예 테러리스트로 단정 짓는 이도 있지만, 어디까지나 그의 이토 히로부미 살해는 개인 차원의 원한이 아니라는 것을 분명히 짚고 넘어갈 필요가 있다. 그의 포살(砲殺) 명분은 한국의 독립과 동양 평화의 유지에 있었다. 그는 이토 히로부미를 살해한 이유를 공적 죄악상 15개 조항에 걸쳐 명시하고 있는데, 그것을 나열해 보면 다음과 같다. 1. 대한제국 명성황후를 시해한 죄(韓國閔皇后 弑殺之罪), 2. 대한제국 고종황제를 폐위시킨 죄(韓國皇帝 廢位之罪), 3. 5조약(1905년의 을사5조약)과 7조약(1907년의 한일신협약, 즉 정미7조약)을 강제로 체결한 죄(勒定五條約與七條約之罪), 4. 무고한 대한인들을 학살한 죄(虐殺無故之韓人之罪), 5. 국권을 강제로 빼앗은 죄(政權勒奪之罪), 6. 철도,

광산, 산림, 천택을 강제로 빼앗은 죄(鐵道鑛山 與山林川澤 勒奪之罪), 7. 제일은행권 지폐를 강제로 사용하게 한 죄(第一銀行券紙貨勒用之罪), 8. 대한제국의 군대를 해산한 죄(軍隊解散之罪), 9. 민족의 교육을 방해한 죄(教育妨害之罪), 10. 대한인의 외국 유학을 금지한 죄(韓人外國留學 禁止之罪), 11. 국어, 역사 등 교과서를 압수하여 모조리 불태워버린 죄(教科書 押收燒火之罪), 12. 대한인이 일본인의 보호를 받고자 한다고 세계를 속인 죄(韓人欲受 日本保護云云 而誣罔世界之罪), 13. 대한제국과 일본 사이의 계속되는 싸움으로 살육이 끊이지 않는데, 대한제국이 태평무사한 것처럼 천황을 속이는 죄(現行日韓間 競爭不息, 殺戮不絶 寒國以太平無事之樣 上欺 天皇之罪), 14. 동양평화를 파괴한 죄(東洋平和 破壞之罪), 15. 일본 천황의 아버지 태황제를 죽인 죄(日本天皇陛下 父 太皇帝 弑殺之罪). 이와 같은 항목들을 볼 때 안중근이 반평화적인 일본의 폭력과 침탈, 살인 등에 대해서 얼마나 분노하고 있었는지를 짐작하게 할 뿐만 아니라 국제정치에 대한 식견도 해박했음을 알 수 있다.

또한 이 조항들은 안중근이 폭력과 침탈, 살인 등의 반평화적인 행위를 일삼는 일본을 적으로 간주했다는 것을 말해준다. 안중근은 인류의 평화를 깨뜨리는 일본을 한국의 적이자 세계의 적이라고 규정했다. 물론 처음부터 안중근이 일본을 적으로 간주한 것은 아니었다. 일본을 포함하여 중국과 한국이 함께 동북아시아의 평화공동체가 될 수 있다는 신뢰감이 있었기 때문이다. 그러나 그러한 상호 신뢰가 일본의 폭력과 침탈에 의해서 깨지게 됨으로써, 군인이라는 정체성을 가지고 조선의 독립을 위한 정당방위, 정의로운 전쟁을 수행하기에 이른 것이다(의전론). 이것은 그의 유묵인 "爲國獻身軍人本分"(나라 위해 헌신함은 군인의 본분)에서 확인할 수가 있다. 따라서 그를 단순히 복수를 자행했던 자,

혹은 테러리스트로 규정하는 것은 속단에 불과하다(살인론과 오해론). 그의 이토를 향한 저격 행위는 국가의 지배와 폭력에 맞선 저항과 반항, 대항의 정신에서 비롯한 사건이라고 해석해야 할 것이다(국적론). 이런 점에 있어서 가능한 한 가톨릭의 살인에 대한 교리에 저촉되는 안중근을 변론하려고 시도하는 황종렬의 경우에, 그의 저격 행위는 보복이 아니라 정당한 전쟁이요 의로운 행업(righteous act)이라고 주장한다. 그의 정의로운 의거와 의로운 대의를 실현한 쾌거라고 평가하는 이유는 앞에서도 언급했듯이, 이토의 한국에 대한 제국주의적인 군사 지배와 억압 통치에서 기인한 것이기 때문에 단지 민간인을 공격한 전쟁이나 테러가 아닌 그에 대한 '차별성의 원칙'에 따라 수행된 총격 사건으로 봐야할 것이다. 더군다나 만일 안중근이 이토 이외의 다른 제국주의자나 침탈자들을 향해서까지 보복하려고 했다면 그의 총에 장전된 모든 탄알을 다 사용했을 것이다. 그러나 안중근이 이토의 암살 목적 이외에는 탄알을 더 이상 소모하지 않았다는 것을 보아도 그가 하려던 직접적 행동의 대상과 목적이 무엇이었는지 분명하게 알 수 있다. 오직 전쟁을 위한 일념이었고 테러와 살인을 목적으로 하는 테러리스트였다면 아마도 하얼빈 역 현장에 있었던 타자들에 대한 배려는 전혀 없었을 것이다. 하지만 그는 타자를 배려하는 선택적 저격 혹은 선택적 살인을 하였다는 점에서 차별성의 원칙에 위배되지 않는다고 할 수 있다. 그러므로 이토가 일본 제국주의 침략의 선봉자요 국가 원수며 침략국의 대변자라는 점에서, 그에 대한 안중근의 포살 동기는 개인적인 복수와 원한에 따른 것이 아니라 억압당하는 약소민족 민중의 한을 풀어주려는 살신성인의 행동에 있었다는 것이다.

2. 안중근 의거의 종교적 배경과 평화공동체를 위한 종교의 역할

안중근의 의거는 유교적 가치관에서 비롯했다. 어렸을 적 안응칠(安應七)이라고 불렸던 그는, 황해도에서 성장하면서 부친에게『논어』를 배우며 인(仁), 즉 군자가 행해야 할 것을 깨우쳤다. 조부 안인수(安仁壽)는 일찍이 진해 현감을 지낸 인물로 너그럽고 후덕한 성품을 지닌 인자한 부호이기도 했지만, 자신의 재산으로 자선을 베풀 줄도 아는 사람이었다. 그가 낳은 6남 3녀의 자녀들은 모두 학문이 출중했지만, 특히 3남인 태훈(泰勳)은 9세 때 이미 사서삼경(四書三經)을 통달했다고 전해진다. 학문에 두각을 보인 그는 성균진사(成均進士)가 되었고 슬하에 3남 1녀를 두었는데, 그중에 장남이 바로 안중근이었던 것이다. 안중근은 아버지가 만든 서당에서 사서삼경 등의 유교경전과『통감절요』(通鑑節要)를 수학했고, 그 외 당나라 시인들의 시문 모음집인『당음』(唐音)을 읽었다. 그뿐만 아니라〈주교요지〉(主敎要旨),〈칠극〉(七克)이라는 천주교 서적과 갑오경장 이후 학부 편집국이 간행한『조선역사』와『만국역사』,『태서신사』등의 사기류(史記類)를 읽으면서 자랐다. 그런 가문과 학문적인 배경에서 자란 그는 타자가 위험에 처했을 때 자신의 몸을 희생하여 인(仁)과 의(義)를 실천하는 것이 군자(君子)의 도리(道理)라고 생각했던 것이다. 이것은 수평적인 인간 관계적 측면에서의 사람과 사람 사이의 사랑과 정의를 어떻게 범우주적인 차원으로까지 실천할 것인가에 대한 고민으로 확장되었을 것이다. 그뿐만 아니라 안중근이 토마스(St. Thomas, 1897년에 입교)라는 가톨릭 세례명을 가지고 있었고 그에게 영세를 준 빌렘(Joseph Wilhelm: 한국명 홍석구) 신부와의 관계로 볼 때 그리스도교적인 사상에 입각하여 저격의 의지를 품을 수 있었던 것이 아닌가 하는 추론을 하기도 한다. 그는 비록 일본이 조선의 식민 지배자이기는 하지만 일본조차도 하느님의 동반자요 형제로 보는 이른바 사해동포주의적인 인식을 지니고 있었다. 나아가 조선과 일본과 중국이 한 분이신 하느님에 의해서 부름을 받은 생명적 존재로서 온 인류가 한 형제요 자매로 보았다. 유교적 측면에서 한국과 일본을 한 가족의 구성원이라고 생각할 수 있었고, 그리스도교적 측면에서 이것과 연관하여 한 하느님에 의해서 창조된 형제자매라는 종교적 사유를 할 수 있었다. 이 점에서 안중근에게는 유교적 인식과 그리스도교적인 인식이 동시에 나타난다고 할 수 있다.

유교적 관념과 더불어 아버지의 개종과 함께 그 자신도 토마스라는 세례명을 받았던 안중근은 가톨릭적인 신앙관도 철저했다. 그의 공판 기록의 신문 내용에서도 "나는 천주교 신자다"라고 말했으며, 1910년 2월 7일 열린 재판장에서도 "나는 매일 아침 기도를 올린다"라고 말할 정도로 신앙심이 남달랐다. 또한 체포 직후 심문 과정에서 이토가 죽었다는 사실을 알게 된 순간 십자 성호를 그으면서 하느님께 감사의 뜻을 표했다고 전해지고 있다. 게다가 안중근은 자신의 사형 집행일을 당시 가톨릭의 성주간의 전례력에 따라 성 금요일인 3월 25일로 해줄 것을 신청했다. 하지만 일본은 이토의 한을 위로해야 한다는 이유로 이토가 죽은 날짜의 죽은 시간에 안중근을 교수하기로 하고 3월 26일 10시 4분에 처형대에 올렸다. 이런 측면에서 안중근의 저격 사건과 죽음은 동아시아의 유교 전통과 그리스도교 전통이 맞닿아 있었던 정신적 사건이라고 봐야 할 것이다.

안중근은 자신의 신앙과 민족의식을 통합하면서 이른바 "천명"(the will of God; 天命), 즉 하늘의 뜻, 하늘이 바라는 생명의 질서에 따르고자 하는 소리를 명령으로 삼는 종교적 행위와 사상으로 무장하고 있었다. 앞에서 언급했듯이, 안중근은 이미 유교적 인식과 학문적 소양을 갖춘 인물이었다. 그는 『중용』의 "하늘이 명한 것을 성이라 하고, 성을 따르는 것을 도라 하며, 도를 수양하는 것을 교라 한다"(天命之謂性率性之謂道修道之謂敎)는 철학과 맹자(孟子)의 "자기의 마음을 다하는 사람은 자기의 성을 알고 자기의 성을 아는 사람은 곧 천을 알게 된다"(盡心則知性知天)는 철학 그리고 『논어』의 "천명을 알지 못하면 군자라 할 수 없다"(不知命, 無以爲君子也)는 철학을 몸소 잘 알고 있었다. 안중근은 이와 같은 유교 사상과 그리스도교 사상을 '천명'이라는 독특한 언어로 풀이했다. 그래서 그는 자신의 독립운동과 저격 사건을 바로 하늘의 뜻을 실현하는 것으로 이해했던 것이다. 그는 『동양평화론』에서도 여러 차례에 걸쳐 하늘의 뜻을 설파하면서 이토 히로부미를 바로 국제정치의 그 형이상학적 바탈을 저버린 인물로 치부했다.

그럼으로써 하늘의 뜻에 역행하는 것과 부정의하고 불의한 식민지배에 항거하지 않는 것은 오히려 죄라고 하는 확신을 갖기에 이른다. 하늘의 뜻은 온 인류의 형제자매가 서로 협력하고 평화를 이루며 사랑하는 공동체로 살아가는 것인데, 이것을 거스르는 죄악에 대해서는 침묵할 수 없다고 여긴 것이다. 제국주의적인 침략에 대해서 정당하게 항거하고 독립과 평화를 위해서 일본의 만행을 회피하거나 묵과하지 않는 것이 바로 천명을 따르는 것이라는 그의 강한 신념은 종교적인 것과 사회적인 것, 정치적인 것을 분리해서 생각하지 않았다는 것을 알게 해준다. 가톨릭적 측면에서 저격 사건, 즉 살인이라는 것이 교리적·신앙적으로 문제가 될 수 있는 소지가 있는 것은 사실이지만, 이것을 종교적 측면의 사건으로 해석할 것이냐(물론 안중근은 가톨릭 신자이다!) 아니냐, 그래서 죄인이냐 아니냐 하는 것은 여기에서 심도 있게 다뤄야 할 사안은 아니다. 하지만 굳이 안중근의 의거에 대한 심정을 헤아리기 위해서라도 다음의 신문 문답은 거론해야 할 듯싶다. "문) 천주교 신자로서 살인을 하는 것은 인도주의에 어긋나는 것 아닙니까? 답) 성경에도 살인은 죄악이라고 했습니다. 그러나 남의 나라를 약탈하고, 인명을 살상하는 것을 수수방관하는 것 역시 죄악입니다. 내 행위는 그 죄악을 청산한 것에 불과합니다"(안중근의 의거론). 안중근의 의거는 성 아우구스티누스(Aurelius Augustinus)나 성 토마스 아퀴나스(Thomas Aquinas) 등이 주장한 '정당한 전쟁'(Bellum justum)이다. 그의 포살 행위가 정당하다고 하는 이유는 "다른 국가의 부당한 군사적 침략, 국가영토와 주권의 보류, 국가의 핵심이 되는 상업적 이익 및 기타 치명적 이익들의 침해 등이 있어야 한다"는 조건에 부합하기 때문에 그를 살인자로 규정할 수 없다. 더군다나 그가 단순히 애국심과 민족주의만을 강조하는 국수주의를 넘어서 세계의 민중이 평화롭고 평등하게 살아갈 수 있는 정의로운 세상을 꿈꾼 그리스도교적인 예언자였다는 것을 기억해야 한다. 이런 안중근의 의거론에 여전히 비판적인 견해를 보이는 가톨릭에 대해서 황종렬은 이렇게 강변한다. "신앙이 그에게 의거를 하게 하지는 않았다. … 오히려 자기의 의거를 지탱해갈 에너지를 신앙에서 길어 올렸다고 말할 수 있다. 하지만… 교권은 그의 저격을 살인죄로 단죄했다." 그렇다면 중세철학자 토마스 아퀴나스의 다음과 같은 법철학적 견해로 안중근의 저격 사건을 유연하게 해석·적용할 수 있을까? "인간은 완전한 공동체의 부분적이라고 본다면 공동적인 행복에 질서를 배려하는 것이 법의 고유의 역할이 아니어서는 안 된다. … 법이란 것은 모든 것에 우선하여 공통선을 위한 질서를 놓는 것으로 말할 수 있는 것이라면 특수적인 어떤 활동에 관계되는 어떤 명령이라고 할지라도 공통선에 질서를 두지 않은 것이라면 법으로서의 본질을 지녔다고는 할 수 없는 것이다. 그러므로 법은 공통선에 질서를 두고 있다."

이러한 근거에서 안중근에 대한 비판을 완화할 여지가 있다. 또한 그의 천명관의 교회법적 타당성을 인정받을 수도 있다. 그런 이유로 그의 천명관이 "하느님의 정의에 대한 믿음을 근본 바탕으로 삼고 있다"는 황종렬의 주장은 오히려 안중근을 가톨릭이라는 종교에만 국한해 해석하려는 것 같다. 하지만 그가 제기하는 안중근의 가톨릭적 신앙관과 그에 따른 저격 의도는 안중근의 유교 사상적 토대를 희석시키면서 동시에 그의 살인죄에 대한 변론을 부추기는 방향으로만 몰고 갈 수 있다. 애초에 천명이라는 개념은 유교적 관념이기 때문이다. 안중근의 천명, 즉 하늘의 뜻에 대한 의식은 인간관계를 중시하는 유교의 의리 관념과 가정 및 국가에 대한 효충 관념에서 비롯한 것이다. 여기서 그를 변론하는 것은 또 다른 문제이다. 우선해서 생각해야 할 점은 그의 저항 정신과 대항 정신, 독립운동 정신이 종교 사상 속에서 배태되었다는 데에 있다는 것이다. 또한 그것이 오늘날 동북아 평화를 위해서 어떤 기여할 수 있느냐, 다시 말해서 종교문화가 평화 운동과 평화공동체 실현을 위해 어떤 역할을 할 수 있느냐를 찾아야 하는 것이 온당할 것이다. 그의 독립운동과 평화 사상 그리고 동북아 평화공동체론은 종교 정신에서 출발한 것이지만 동시에 이것은 보편적 평화 정신, 보편적 평화공동체를 만들어가기 위한 자신의 보편적 사유였을 것이다. 따라서 그의 평화 정신과 보편적 평화공동체론을 단순히 신학적 사고로만 규정짓는 것은 그를 너무 협소하게 평가하는 것이다.

그가 독립운동과 동북아 평화를 위해서 저격을 단행한 것도 종교적 차원과 연관된 보편적 인간애에서 비롯된 것이다. 이를테면 그가 내세운 『시경』의 "하늘이 사람을 내어 세상이 모두 형제가 되었다"(天生蒸民)는 보편적 인간의 평등사상과 인류애의 가치가 그것이다. 그는 이러한 종교적·보편적 인류애에 기초하여 모든 인간은 존엄해야 하고 평등해야 한다는 의식을 갖게 됨으로써, 이에 반하는 일본의 제국주의적인 침략에 대해서 항거하는 이념적 토대로 작용하게 된다. 모든 인류는 하늘 아래에서 하느님의 집안 식구들이기에 서로 협력하고 사랑해야 한다. 동일한 인류로서 인종차별주의나 배타적인 국수주의, 민족주의적인 우월성조차도 천명을 따르는 인간으로서는 위험한 발상들이다. 이것은 『시경』의 "천명불역천명불가신"(天命不易天命不可信)과 맹자의 "순천자존역천자망"(順天者自存逆天者亡)이라는 사상을 유교와 그리스도교의 만남을 통해서 이뤄낸 실천적 행동 지침과 통한다. 그에게 한국의 독립과 평화를 유지하는 것은 순천이지만, 한국 및 동북아시아를 전쟁으로 유린하는 것은 역천인 것이다.

그는 이와 같은 유교 사상과 그리스도교 사상을 자신의 정의로운 행동과 세계 평화를 위한 보편적 가치와 기준으로 확장했다. 그것은 동북아 평화와 세계 평화 질서의 유지라고 하는 공동선, 공공의 가치로 나타났다. 공공 윤리를 실현하기 위해서 비록 한 인간에 대한 저격이라는 사건이 발생했지만, 그것은 인류의 공공 생활이 결코 사적 인간과 사적 행동에 의해서 유린당해서는 안 된다는 신념의 현실적 행동이었다는 것을 기억해야 한다. 모든 인류는 보편적 인간으로서 평등한 인격체를 가지고 자신의 고유한 영토에서 귀중한 생명을 누려야 한다. 그렇게 보편성과 인격, 영토와 생명이 담보되려면 모두가 공동체 안에서 형제자매라는 공동 인류의식을 지녀야 한다. 그와 같은 공동체성, 공동 인류의식을 뒷받침해줄 수 있는 유교와 그리스도교적 사상은 안중근의 시대나 오늘의 시대에도 여전히 중요한 가치임이 틀림없다.

우리는 이와 같은 안중근의 유교 사상과 그리스도교 사상에 의한 동양 평화와 정의를 실현하려고 했던 사실을 비추어볼 때, 현재의 동북아 평화공동체를 이룩하기 위한 단초 역시 한·중·일의 유교적이고 그리스도교적 관념(마테오리치의 『천주실의』도 유교와 그리스도교의 융합)의 공통 사상에 바탕을 둔 동북아 사상의 구축이 필요하다는 것을 절감하게 된다. 한·중·일은 유교적 공통분모가 있다. 앞에서 필자는 안중근의 의거 배경에는 종교 사상이 자리 잡고 있다고 말했다. 특히 유교의 효와 공동체 인식은 떼려야 뗄 수 없는 관계이다. 사랑〔仁〕이라는 유교의 가치는 개인의 특수성인 동시에 사회공동체 혹은 사회적 공공성(公共性)의 보편적 박애 정신이기도 하다. 이것은 유교 전문가 김상준이 논문에서 제기한 바 있다. 즉 유교의 특징은 한마디로 "천하위공"(天下爲公, 『禮記』의 〈大同〉에 등장)이라는 것이다. 이를 토대로 동북아시아는 공공성에 입각한 정의로운 공동체를 발전시켜나갈 수 있는 저력이 있다. 따라서 가족에 대한 사랑을 강조하는 안중근의 유교적 관념이 사랑의 보편적 실천, 공동체 전체의 인류성으로 확대되어 나타났다고 볼 수 있다. 이로써 우리가 유교적 가치를 좀더 현대화하고, 그 사상을 바탕으로 각 나라의 종교와 진지하게 대화하면서 평화적 사상과 정신의 기틀을 마련한다면 동북아시아 평화의 가능성을 찾을 수 있을 것이다.

3. 안중근의 동양평화론과 한반도 중립화론

안중근은 1910년 2월 14일 여순(旅順; 뤼순) 고등법원 원장인 히라이시 우지히토(平石氏人)와 면담하면서 5가지의 동양평화론을 3시간에 걸쳐서 설파했는데, 그 첫 번째 항목은 다음과 같다. "일본은 여순을 중국에 돌려주고 중립화하여 그곳에 한·중·일이 공동으로 관리하는 군항을 만들고 3국이 그곳에 대표를 파견하여 동양평화 회의를 조직하도록 한다. 재정 확보를 위해 회비를 모금하면 수억 명의 인민이 가입할 것이다. 각국 각 지역에 동양평화 회의의 지부를 두도록 한다." 여순은 중국이나 일본에게 전략적 요충지이기 때문에 각국의 분쟁지역이자 전쟁터가 될 수밖에 없는 곳이다. 이런 국가의 한 지역을 중립화하자는, 이른바 지역중립론을 내세운 것이다. 전략적 요충지요 분쟁지역을 각국의 공동 사용권, 공공의 지역, 공동선을 위한 지리적 장소로 확정짓자는 안중근의 발상은 평화를 위한 중립 지대가 필요하다는 생각에서 나왔을 것이다.

그는 한·중·일의 동양 평화를 위해서 여순의 군사적·경제적 자원을 공동으로 이용하자고 제안했을 뿐만 아니라 그와 같은 상태를 유지하기 위해서 평화적 경제 시스템, 평화적 공동체, 평화적 연대, 평화적 합의 기구를 만들자고 제안했다. 그러려면 외국어를 통한 의사소통과 이해, 상호 관용적 태도가 반드시 필요하며 여순항에 정박하기 위한 상호 간의 군사적 지출, 군비, 군사적 무기를 최소화할 수 있어야 한다. 다시 말해서 군사 및 군비를 축소하면서 무리하게 군비 경쟁을 할 필요가 없어질 뿐더러 무기를 통한 전쟁 위험도를 줄일 수 있는 길이 실현된다. 이로써 전쟁 완화 공동체, 전쟁 억제 공동체, 전쟁 무화 공동체를 넘어서 군사 및 무장 해제를 통한 완전한 평화공동체까지도 생각할 수 있는 것이니 만큼 안중근이 주장한 평화론과 중립적 평화공동체는 매우 획기적인 것이었다고 할 수 있다.

더욱이 안중근은 동북아의 평화적 관계가 형성되기 위해서 당시의 일본이 먼저 자존(自存) 국가로서 면모와 위상을 보여야 한다고 생각했다. 자존 국가로서 일본은 각 나라의 국권, 특히 한국의 국권을 돌려주는 일부터 시작해야 하고 만주와 청국에 대한 침략 야욕을 포기하는 일임을 분명히 하였다. 자존 국가가 되는 길은 전쟁을 일으켜 이웃 나라의 영토와 국권, 인권을 짓밟는 것이 아니라 각 나라의 자존 권리를 지켜줌으로써 상호주관적 국가의 이익을 증대하는 것이다. 안중근이 생각했던 것은 단순히 동북아의 평화만이 아니었다. 동양의 평화와 동맹을 통하여 서양 강대국으로부터 더 강한 전쟁 억제력을 행사할 수 있는 힘을 동북아 공동체의 결성으로 보여주자는 데에 있었다. 그에게는 한·중·일이 서로 동맹하고 화합하여 개화와 진보를 통하여 유럽과 세계 국가들과의 평화를 모색하는 세계평화주의를 위한 토대를 마련하자는 원대한 꿈이 있었던 것이다. 그러므로 동북아 평화 연대는 비단 일본이 자존 국가로서 지위를 유지하고 동북아의 전쟁을 막아야 한다는 시각으로만 그치는 것이 아니라 세계 평화, 세계 질서 유지를 공고히 하는 것이었다.

　　안중근의 시대적 과제는 일본의 이기주의에 대항해서 얼마나 이성적으로 국가 혹은 인류 국가를 이끌어갈 것인가 하는 것이었다. 안중근은 "동양 평화는 아시아 전체가 각자 자주 독립을 누리게 되면 실현이 가능하게 됩니다"라고 말했다. 이러한 중립지대의 선언이 마치 한나 아렌트(Hannah Arendt)가 경험한 무국적성에 대한 비판과 맞닿아 있다고 생각해서는 안 된다. 무국적성은 "특정한 법과 정치적 관습에 의해서 보호받지 않는" "비존재의 상태", 혹은 "비존재의 인간"을 말한다. 보편적 선언으로서 권리, 즉 양도할 수 없는 권리인 인권을 지닌 존재들인 인간이면 당연히 누려야 할 자유와 독립, 평화는 영토적 민족 주권을 넘어선다. 그들은 결단코 비정상적인 지위를 가진 존재들이 아니다. 아렌트가 말한 것처럼, "인권의 근본적인 박탈은 무엇보다도 먼저 의견들을 의미 있게 만들고 행위들을 유효하게 만드는 세계 속에서의 장소를 박탈하는 것으로 나타났다." 그런데 중립화 지대라고 선언한다고 해서 복수성으로서 인간이 공동의 세계를 타자와 공유한다는 감각을 잃어버린다면 그것은 인간성을 상실하는 것이나 다름없다. 인간은 "권리를 가질 권리"를 가져야 한다. "정치체 자체의 상실만으로도 인간은 인간성으로부터 내쫓긴다"는 아렌트의 주장이 내포하고 있듯이, 중립화 선언이 정치체의 무능과 인간성의 상실과 직결된다고 속단한다면 중립화에 대한 희망은 사라지고 만다. 아렌트는 계속해서 말한다. "우리는 우리 자신의 평등권을 서로 보장하는 우리의 결단의 힘을 통해 한 집단의 구성원들로서 평등해진다." 중립화 지대는 국가 간의 장벽과 경계를 무너뜨리고 자유롭게 이동할 수 있는 권리인 세계 시민권이 보장되는 인간의 자율공간이다. 그러므로 공동의 합의—합의는 의사결정 '과정'이다. 합의 과정에서는 나의 관점으로 타인의 관점을 바꾸려고 해서는 안 된다. 합의 과정의 목적은 한 집단의 공동 행동, 공적 행동의 방침을 결정하는 것이다—와 협의를 중시하는 평등사회인 아나키즘(anarchism)과 같은 대항권력으로 끊임없이 공생성, 조정, 만장일치 등을 통하여 타인을 이해하고 자율과 자유를 존중하는 평화공동체를 만들어가야 할 것이다. 그렇지 않으면 자칫 우리는 전체주의가 인간 본성 자체를 변형시킨 자발성과 탄생성, 개별성과 복수성의 파괴에 노출될 수도 있다. 중립화 선언, 동북아시아 평화공동체의 실현은 바로 그와 같은 것들과 연관된 인간의 존엄성 유무에 따라서 성패 여부가 결정될 것이다.

국제정치적 공동체, 혹은 정치적 권리 공동체를 지리적·인종적으로 구분한다는 것은 한계가 있을 수밖에 없다. 따라서 공통의 기억의 재편성, 정감, 민중의 기억과 역사를 공유하는 상호 준거성(inter-referentiality)에 따라서 공동체를 재편성하는 것도 좋은 방법이다. 먼 지역보다 밀접하게 연관된 역사를 공유하는 인접 지역의 경험이 공동으로 생각하고 현안 문제에 대해서 반성할 수 있는 동북아시아 공동체가 될 수 있을 것이다. 물론 동북아시아와 서양의 구별은 고정된 것이 아니라 유동적이다. 그것은 다원성과 다양성을 지닌 문화, 문명, 인종 들이 서로 이동하는 노마드적 공동체라는 점을 명심해야 한다. 따라서 중립화 지대를 설정한다는 것은 그때그때 분쟁과 전쟁, 갈등이 되는 지역을 특수성과 정체성, 배타성을 가진 특정한 지리적·국가("상상적 총체성")적 힘이 지배하는 것이 아니라 보편성을 가진 세계 시민의 의식과 의사소통으로서 공유하는 공통의 지리적·공간적 개념으로 인식을 전환해야 할 것이다. 그러기 위해서는 샹탈 무페(Chantal Mouffe)가 말했듯이, 주체를 탈중심적이고 탈전체적인 행위자로 보아야 한다. 앞에서 한나 아렌트가 말한 것과 맥을 같이 하지만, 단일한 주체의식에서 벗어나야만 국가를 초월한 자유로운 공동체, 평등하고 자유로운 인격체가 모인 공동체, 공공의 선과 공동선을 지향하는 공동체가 될 수 있기 때문이다. 이른바 자율적인 정치 정부인 '자유고립 영토'라는 개념으로 말이다.

　이와 같이 안중근의 동양 평화사상에 나타난 중립화론을 우리나라 한반도에 적용할 수 있는 방법은 없는 것일까? 현재 세계에서는 스위스와 오스트리아, 코스타리카(영세 비무장 중립국가) 같은 나라들이 중립 국가로 살아가고 있지만 한반도를 중립지대로 만든다는 것이 그간 국가라는 정체성을 유지해온 한국의 현실 정치에서는 어려운 사안이 될 수도 있다. 안중근은 "인간은 혼자서 설 수 없습니다. 그래서 서로 돕는 것입니다. 그렇기에 서로 협력하는 마음만 있으면 인간 사회는 모두 알뜰하고 평화롭게 살 수 있습니다. … 일본인이나 한국인이나 모두 대등하게 살 수 있어야만이 진실로 평화로울 수 있고, 서로 아름다움과 추함, 옳고 그름을 얘기할 수 있을 것입니다"라고 말했다. 묵자(墨子)는 천하무인(天下無人), 즉 "천하에 남이란 없다"라고 말했는데 모두가 사해동포요 형제자매라는 열린 인식이 가능하다면 개인뿐만 아니라, 국익을 우선하는 국제 사회라 할지라도 지금의 한반도 현실에서 깊이 생각해볼 문제인 것 같다. 더욱이 주변의 강대국들이나 동맹국들의 눈치를 살피면서 그들의 정치·경제적인 영향으로 매번 우리의 안보와 안전, 분쟁과 이해관계의 충돌의 위협에 시달리기보다는 과감하게 중립화를 선언하는 것이 국가의 좀더 현실적인 정치 결단이 아닐까 싶다.

우선 그러기 위해서는 '해주-서해 NLL 해역-인천' 지역의 중립화부터 모색해보는 것부터 시작하는 것이 어떨까. 남북한 정상은 2007년 10월 4일에 '남북관계 발전과 평화번영을 위한 선언'을 했다. 이와 같은 선언문의 제3항과 제5항[1]을 통하여 '해주-서해 NLL 해역-인천'을 중립

---

[1] 3. 남과 북은 군사적 적대관계를 종식시키고 한반도에서 긴장완화와 평화를 보장하기 위해 긴밀히 협력하기로 하였다. 남과 북은 서로 적대시하지 않고 군사적 긴장을 완화하며 분쟁 문제들을 대화와 협상을 통하여 해결하기로 하였다. 남과 북은 한반도에서 어떤 전쟁도 반대하며 불가침의무를 확고히 준수하기로 하였다. 남과 북은 서해에서의 우발적 충돌방지를 위해 공동어로수역을 지정하고 이 수역을 평화수역으로 만들기 위한 방안과 각종 협력사업에 대한 군사적 보장조치 문제 등 군사적 신뢰구축조치를 협의하기 위하여 남측 국방부 장관과 북측 인민무력부 부장 간 회담을 금년 11월 중에 평양에서 개최하기로 하였다.
5. 남과 북은 민족경제의 균형적 발전과 공동의 번영을 위해 경제협력사업을 공리공영과 유무상통의 원칙에서 적극 활성화하고 지속적으로 확대 발전시켜 나가기로 하였다. 남과 북은 경제협력을 위한 투자를 장려하고 기반시설 확충과 자원개발을 적극 추진하며 민족 내부 협력사업의 특수성에 맞게 각종 우대조건과 특혜를 우선적으로 부여하기로 하였다.

지대화하는 것이다. 안중근은 여순을 중립화하여 분쟁 당사국인 한·중·일이 공동으로 이용하는 군항으로 만들자고 제안했다. 마찬가지로 가장 첨예하면서도 전쟁의 위기로 몰고 갈 수 있는 '해주-서해 NLL 해역-인천'을 중립화하여 남북한이 공동으로 이용하는 군사지역으로 만듦으로써 이를 통해서 한반도 전체 평화공동체를 실현하는 기틀을 마련하는 기회가 될 것이다. 여기에 그치지 않고 DMZ의 중립화, 한반도 및 동북아시아의 비핵지대화로까지 확장해나가는 것이다. 이를 위해 먼저 테일러(G. Taylor)가 제창한 '지정학적 평화' 혹은 지평화학(geopacifics)부터 시작하여 인간과 인간의 연대, 평화적 경계를 만들어야 한다. 이러한 단계를 통하여 주한미군의 중립화, 한미동맹의 중립화, 미일동맹의 중립화를 선언함으로써 한반도의 평화국가연합을 구상하는 것이다. 군축과 주한미군의 문제를 제외하고, 이것은 이미 6·15 공동선언에서도 다루어진 문제다. 그 선언에서는 낮은 단계의 연방제에 가까워지려는 국가연합을 논한 적이 있기 때문에 이제는 좀더 적극적인 의미의 평화국가연합을 전개하자는 것이다. 이를 통해 점진적으로 한반도 중립화 통일을 이룩할 수 있는 가능성을 타진해볼 수 있을 것이다.

이러한 한반도 중립지대론을 현실화할 설득력 있는 이론적 뒷받침

남과 북은 해주지역과 주변해역을 포괄하는 서해평화협력특별지대를 설치하고 공동어로구역과 평화수역 설정, 경제특구건설과 해주항 활용, 민간선박의 해주직항로 통과, 한강하구 공동이용 등을 적극 추진해 나가기로 하였다. 남과 북은 개성공업지구 1단계 건설을 빠른 시일 안에 완공하고 2단계 개발에 착수하며 문산-봉동 간 철도화물수송을 시작하고, 통행·통신·통관 문제를 비롯한 제반 제도적 보장조치들을 조속히 완비해 나가기로 하였다. 남과 북은 개성-신의주 철도와 개성-평양 고속도로를 공동으로 이용하기 위해 개보수 문제를 협의·추진해 가기로 하였다. 남과 북은 안변과 남포에 조선협력단지를 건설하며 농업, 보건의료, 환경보호 등 여러 분야에서의 협력사업을 진행해 나가기로 하였다. 남과 북은 남북 경제협력사업의 원활한 추진을 위해 현재의 '남북경제협력추진위원회'를 부총리급 '남북경제협력공동위원회'로 격상하기로 하였다.

이 존재한다면 더할 나위 없이 좋을 것이다. 우리는 그것을 안중근으로 부터 직접 논거를 끌어 올 수도 있다. 하지만 그 역시 종교 혹은 동양의 유교적 바탕 위에서『동양평화론』을 통한 중립지대를 제안할 수 있었다. 따라서 그 동양철학적 바탕인 공자(孔子)와 묵자(墨子)를 통해서 전쟁과 분쟁이 없는 중립화론을 다질 수 있을 것이다. 공자는『예기』(禮記)〈예운편〉(禮運篇)에서 안중근의 세계 평화주의적 명제라고 볼 수 있는 "천하를 가족으로 생각한다"(以天下爲一家)라고 말했으며,『논어』(論語)〈안연편〉(顏淵篇)에서는 "사해 내의 사람들이 모두 내 형제다"(四海之內, 皆兄弟也)라고 말했다. 이처럼 공자가 모든 민족, 모든 인종, 모든 종족 등을 포용하는 평화주의자였음을 알 수 있다. 또한 공자가 제일 싫어하는 한자가 있었는데, 그것은 바로 전(戰)이었다고 한다. 세계평화주의, 범민족주의를 주창하는 사람은 본래 전쟁을 혐오한다. 영세 중립지대가 되려면 반드시 전쟁이 없어져야 한다. 이를 위해서는 모든 사람을 사랑하고 그들의 생명을 존귀하게 여겨야 한다. 묵자는 어떨까? 잘 알다시피 묵자 역시 반전과 평화, 상호호혜 사상을 역설한 동양철학자였다. 물론 공자의 유교적 가치와 이념과는 조금 다른 모든 민중의 협동과 상호 연대[兼相愛] 그리고 경제적 상호 이익[兼相利]을 추구하는 공동체를 생각했다. 영세 중립지대가 되려면 당연히 협동과 연대, 공동의 경제적 이익 공동체가 전제되어야 한다. 여기에는 겸애설, 즉 서로 사랑하고 상호 호혜의 평화 이념이 덧붙어야 하고, 이것은 비공(非攻), 즉 남의 국가를 넘보고 살육을 일삼는 전쟁을 삼가는 것으로 이어져야 한다. 이와 같은 사상적 배경을 토대로 중립화의 이론과 실천 정책들이 마련된다면 공격적인 전쟁이 없는 평화적인 중립 공동체, 상호 이익을 추구하는 경제적 평화공동체, 상호 호혜적 사랑을 통한 평화적 연대공동체를 한반도에 실현할 수 있지 않을까.

4. 중립화론과 동아시아 평화정치공동체

칸트(I. Kant)는 『영구평화론』(Zum ewigen Frieden)에서 평화를 위한 세 가지 확정 조항[2]과 여섯 가지 예비 조항[3]을 제시함으로써 도덕적인 시민사회 건설을 위한 평화론을 전개했다.

이미 살펴본 바와 같이, 칸트와 유사한 안중근의 『동양평화론』을 아나키즘 사상과 연관 지을 수 있을까? 그가 제시한 『동양평화론』의 골자를 보면 한·중·일 세 나라가 서로 침략하지 말고 자존 독립된 존재로 상호 부조하여 근대 문명국가를 건설하는 것은 물론 서세동점의 서구 제국주의를 막자는 것이었다. 만일 『동양평화론』을 실현하고자 한다면 그것은 무엇보다도 국가주의나 민족주의를 앞세워서는 안 된다. 어떤 지배 구조를 가지고서는 영세 중립지대를 마련할 수 없으며, 그 지역을 통하여 상호 부조와 연대는 불가능한 것이다. 『동양평화론』은 결국 동북아시아의 평화정치공동체가 가능한가를 묻는 것인데, 이 평화정치공동체는 세계의 모든 인종과 민족을 아우르는 평등한 세계 그

---

2 각 국가에서 시민적 체제는 공화적이어야 한다. 국제법은 자유로운 여러 국가의 연맹(국제 연맹)에 기초를 두어야 한다. 세계시민법은 보편적인 우호의 제 조건에 제한되어야 한다.
3 장래 전쟁을 일으킬 것 같은 재료를 몰래 보유하고 체결된 평화조약은 결코 평화조약이라고 간주되어서는 안 된다. 독립해 있는 어떠한 국가도 (그 크고 작음은 여기서 문제되지 않는다) 계승과 교환, 매수 또는 증여로써 다른 국가의 소유가 되지 않는다. 상비군은 서둘러 폐지해야 한다. 국가의 대외 분쟁과 관련하여 어떠한 국채(國債)도 발행돼서는 안 된다. 어떠한 국가도 폭력으로 다른 나라의 체제 및 통치에 간섭해서는 안 된다. 어떤 국가도 다른 나라와 전쟁을 할 때, 장래 평화의 상태에서 상호 신뢰를 불가능하게 하는 적대행위는 결코 해서는 안 된다.

리고 자유를 존중하는 세계, 경쟁과 다툼이 없는 세계를 지향한다고 볼 때 아나키즘의 평화정치공동체와 일맥상통한다고 할 수 있다. 특히 영세 중립지대를 확정하여 그곳을 공동의 공간과 상호부조 지역으로 인식하자는 제안은 그 지역을 지배와 피지배의 관계를 넘어서는 제3의 환대공동체라고 봐도 무난할 것이다.

이것은 당시 일본의 침략과 분쟁, 전쟁 논리에 대한 저항과 대항의 논리를 내세움으로써 그들의 침략 논리를 무력화하고 반침략 논리로 일제의 침략 정책의 전면 수정을 요청한 것이라고 할 수 있다. 미완성 원고인 『동양평화론』 전감(前鑑)에는 동양 평화가 유지되지 못한 원인을 바로 일본의 과실, 즉 영토 침략에도 두고 있다는 것을 알 수 있다. 이것은 약육강식의 사회진화론을 부정하고 상호부조론을 강조한 것이다. 『동양평화론』에서 나타난 논지들을 보건대 동북아시아 평화정치공동체는 세계의 관계 속에서 이루자는 것임을 명확히 하고 있다. 이것은 일각에서 비판하는 안중근의 민족주의나 인종주의에 대한 반론이 될 수 있다. 당시 그는 닫힌 민족주의자가 아니라 열린 민족주의자로서 국제주의 혹은 평화지향적 세계주의를 표명했다. 다시 말해서 동양 평화, 즉 동북아시아 평화정치공동체를 이루려면 세계의 환대와 인정, 긍정과 관용 없이는 불가능하다는 것을 알고 있었던 것이 아닌가 하는 생각을 할 수 있다. 동북아시아 평화정치공동체의 정착은 반드시 세계의 합의, 세계의 평화가 전제되어야 한다는 것이다.

그러므로 안중근이 『동양평화론』에서 주장하고 있는 것은 아시아의 지역·지리 이기주의 연대가 아니다. 동북아시아 평화정치공동체는 모두가 형제자매라는 인식, 인종과 민족을 초월한 자유와 평화가 확장되어 세계평화공동체가 실현되는 데까지 나아가야 한다. 정치철학자 한나 아렌트는 "정치는 인간의 복수성에 기초한다. … 정치학은 서로 다른(different) 인간들의 공존과 연합을 다룬다"라고 말한다. 여러 인간은 서로 차이와 다름이라는 특수성을 지닌 존재이지만 한편 인간은 어떤 공통성에 따라서 일정한 정치체 혹은 공동체를 구성한다. 하지만 민족이나 인종으로 인해서 존재하는 상대적 차이가 인간이 서로 다르다고 하는 절대적 차이를 지닌 복수성을 넘어설 수 없다는 것이 그녀의 주장이다. 이는 민족이나 인종의 차별과 이기주의에 기반한 정치체나 공동체가 절대적인 우위를 차지하는 현재의 정치적 경계와 세계 정치의 문제를 전면에서 비판하는 셈이다. 정치적 공간 혹은 삶의 공간이라는 것은 인간들 사이에 존재하는 공간(in-between space)이다. 인간이 있는 곳에는 반드시 세계 혹은 공적 공간이 생긴다. 공간이 먼저가 아니라 인간이 먼저라는 사실을 기억하자. 자존적 인간 존재가 불가능하다면 인간은 공동의 존재, 즉 타자에게 의존하는 그런 존재가 될 수밖에 없다. 이런 점에서 아마도 아나키스트 박홍규는 한나 아렌트를 아나키즘의 한 축으로 분류하고 있는지도 모른다. 여하튼 공적 공간으로서 동북아시아 평화정치공동체의 제안은 바로 자존적 인간들의 공동의 삶을 위한 밑바탕에서 출발하는 것이다. 달리 말하면 상호 부조적 존재의 공동의 삶, 공동생활을 위한 자발적이면서 자유로운 공간으로서 동북아시아가 되어야 한다는 말이다.

한나 아렌트는 정치와 자유는 동일하다고 주장한다. 자유가 존재하지 않는 곳에서는 진정한 정치 영역은 존재하지 않는다는 것이다. 그러므로 일정한 정치공동체 혹은 평화정치공동체가 만들어지려면 그 공간 혹은 지역은 노동과 생명, 활동이 조화를 이루면서 인간의 자유가 필연적으로 보장되는 정치공간이어야만 한다. 나아가 그녀는 정치란 강제나 이익이라는 측면을 배제하고 구성원의 자발적 참여에 그 존립의 기초를 둔다고 여긴다. 다시 말해서 자발적인 질서 형성이나 자기 이익을 넘은 공공성의 정치체를 말한다고 할 수 있다. 그래서 아나키스트 미하일 바쿠닌(Mikhail A. Bakunin)은 절대 자유를 위해서 타자의 자유까지도 침해하려는 위험성에 대해서 경고한 바 있다. 어디까지나 공동체와 연합, 연대는 개인의 자유를 실현하기 위한 수단에 불과하다. 공적 공간 안에서의 개인의 행동과 공동체의 행동은 상호의존적이며, 사적인 이기주의를 위해서 타자를 유린하고 배반하는 부르주아적 이기주의를 반대한다. "우리의 이상은 혁명 상태에 있는 국내, 국제 간의 전체 경제에 합류하고 연합하고 제휴한 코뮌(마을공동체)이다. 한 사람의 소유자를 다두(多頭) 소유자로 바꿔놓는 것이 집산주의(collectivism)인 것은 아니다. 토지, 공장, 광산, 수송 수단은 다 만인(萬人)의 노동의 소산이며 만인에게 봉사하는 것으로 되지 않으면 안 된다." 이 아나키즘의 이상과 논리가 안중근의 중립지대론과 일맥상통하고 있지 않은가?

중립화 지대라고 하는 것은 사적 공간이 아니라 사이 공간, 개별 국가와 개별 공동체 사이의 공적인 지리, 영역이다. 거기에는 어떤 폭력적인 강제력이 통용될 수 없는 합의와 의사소통 구조를 지닌 정치체이자 공존(coexistence)의 평화만이 존재해야 한다. 따라서 아렌트적인 공적 행복의 추구와 세계 사랑(Amor Mundi)을 실현하기 위해서는 힘과 폭력이 아닌 말과 설득을 통해서 타자와 평화적인 관계를 맺는 공적 삶을 이어가는 정치공동체를 구현해야 할 것이다. 한나 아렌트의 정치체를 모형으로 한다고 하더라도 동북아시아 평화정치공동체는 사적인 이기주의적 연대를 표방하여 또 다른 경쟁적이고 공격적인 거대 공동체를 형성하자는 것은 아니다. 다만 동북아시아 전체가 형제요 자매라는 인식을 기반으로 인종과 민족을 넘어서는 동시에 그 누구도 고립시키거나 소외시키는 일이 없이 삶의 공적 영역에서 배제되지 않는 공공성이 확보되는 공적 공간으로서 평화정치공동체를 지향한다. 따라서 『동양평화론』에서 거론하고 있는 여순의 특정 지역 협력을 위한 중립화 제안은 공동 소유, 공동 관리, 공동 책임, 공동 지역, 상호주관적 신뢰와 지지, 상호주관적 의사소통 공동체, 경제적 분배와 나눔을 이룰 수 있는 상호부조 공동체 등을 통하여 새로운 평화정치공동체를 구상했다는 점에서 획기적인 정책안임이 틀림없다. 이런 의미에서 우리는 안중근을 국제평화주의자라고 평가할 수 있겠다.

5. 안중근의 세계평화공동체론

안중근은 『동양평화론』이라는 당시로서는 매우 혁명적인 사상을 설파했다. 『동양평화론』의 구체적인 정책은 1910년 2월 14일에 히라이시 우지히토(平石氏人) 여순(旅順) 고등법원장과의 면담 내용인 "청취서"(聽取書)의 후반에 상세하게 나타난다. 이것은 먼저 일본이 여순을 돌려주고, 그 지역을 영세 중립지역을 만들어 한·중·일 세 나라가 공동으로 관리하는 군항으로 만들자는 안이었다. 세 나라가 여순에 대표를 파견해 상설위원회를 만들어 동양평화회의를 개최한다면, 동북아시아에서 평화적인 협력체제가 만들어질 것이라고 내다본 것이다. 이것은 각국에 동양평화회의의 지부를 두고 재정 확보를 위한 회비를 모금하여 운영한다는 계획이었다. 더욱이 안중근은 일본의 지도 아래 조선의 상공업을 먼저 발전시키고, 원활한 금융거래를 위해 공동 은행을 설립하고, 각국이 함께 쓰는 공용 화폐를 발행해야 한다고 말하면서 경제적 협력을 위한 세 나라의 연대를 강조했다. 또한 이 위원회가 동쪽 끝에 있는 점을 감안하여 로마 교황청도 이곳에 대표를 파견할 것을 제안하기도 하였다. 이는 현재의 유럽연합(EU)이나 환태평양 국가들로 구성된 APEC의 모체가 되는 사상이라고 할 수 있다. 또한 언어의 공용화를 통한 사상과 관념의 이해를 모색했다는 점도 주목할 만하다. 그는 한·중·일 청년들이 2개국 이상의 언어를 배우게 하여 우방 또는 형제 의식을 고취해야 한다는 말을 하였다. 이것은 공동체 회원국의 언어와 문화를 상호존중하고 공동의 교육정책이나 공동의 시민사회, 공동의 정체성을 결성하겠다는 의지가 투영된 것이다. 안중근의 『동양평화론』은 결단코 동북아시아의 평화만을 일컫는 것이 아닌 세계 평화를 지향하는 것이다. 이에 마키노 에이지(牧野英二)는 안중근의 『동양평화론』을 칸트의 철학과 비교하면서 그들의 공통점을 들어 첫째로, 서구 열강이 아시아를 식민지로 지배하고 있는 것에 대해 비판함과 동시에, 그것이 동아시아의 평화와 세계 영구평화를 저해하고 있음을 통찰하고 있다는 것이며, 둘째로, 평화 실현을 위해 뛰어난 인재, 즉 도덕적 인간을 육성해야 한다는 교육철학적 사상과 인식을 가지고 있었다는 것이다. 이처럼 안중근의 상비군 축소에 대한 혜안, 무력으로는 평화 정착이 어렵다는 판단력, 그리스도교적 바탕 위에 둔 평화론, 역사의 미래를 응시하는 통찰력, 평화를 위한 세대 간의 노력이 필요하다는 점 등은 탁월한 국제평화적 인식이었음이 틀림없다.

『동양평화론』의 골자는 동북아시아라고 하는 지역과 세계, 국가라는 세 관계가 자민족중심주의와 차별적 타자 인식을 넘어서 서로 협력하자는 것이다. 지금도 동북아시아 차원의 정치, 경제, 군사, 문화, 교육, 종교, 환경, 금융 등의 교류와 상호 평화를 위한 노력이 절실히 요구되고 있는 것이 사실이다. 기본적으로 평화는 정치 협력과 경제 협력이 조화를 이룰 때 잘 정착될 수가 있다. 안중근은 칸트와 마찬가지로 '상업정신'(Spirit of commerce)을 통하여 상호이익을 추구할 수 있는 국가 간 무역이 활성화되면 침략보다는 평화를 가져올 것이라고 생각했던 것 같다. 일찍이 칸트는 국가 간의 평화와 경제의 연관성에 대해서 잘 인식을 하였던바, 무역이 인간과 국가 간의 연대와 우정을 불러일으켜 평화를 증진할 것이라고 전망했다. 안중근은 바로 이와 같은 맥락에서 동북아시아의 공동 금융, 공동 통화, 공동 은행 등을 통한 국가 간의 상호의존성과 공동의 번영을 주장했던 것이다.

안중근이 사형당하기 전 감옥에서 쓰려고 했던 『동양평화론』은 미완성 원고이다. 1910년 3월 15일 안중근은 『동양평화론』을 집필하기 시작했다. 서(序), 전감(前鑑), 현상(現狀), 복선(伏線), 문답(問答) 다섯 개 장으로 구성하여 집필에 들어갔지만, 안타깝게도 서와 전감의 일부만 작성한 채 미완성으로 남기고 말았다. 그 내용의 전반을 다 소개할 수 없으나 여기서는 그의 평화론과 관련된 몇몇 부분만 언급하기로 한다. 『동양평화론』의 서문은 "대저 모이면 이루어지고 흩어지면 무너지는 것이 만고에 항상 정해진 도리이다"(夫合成散敗萬古常定之理)로 시작한다. 여기서 '합성산패'(合成散敗)는 동양의 전통적인 윤리도덕관으로 풀면 '화합'(和合) 혹은 '협화'(協和)이다. '화'(和)는 동아시아의 여러 나라가 단결하여 서구 열강을 막아내는 것이며, '산'(散)은 일본이 침략정책으로 아시아의 나라들을 유린한다면 동북아시아 전체의 평화가 깨진다는 논리를 담고 있다. 따라서 안중근은 동북아 평화공동체가 되어야 할 당위성에 대해서 동양의 인종이 함께 일치하고 단결하여 공동의 방위를 전략적으로 모색하자는 것이었다. 하지만 일본이 그 관계를 깨고 오히려 동북아의 평화공동체를 와해시키는 역할을 했다고 비판한다. 원고에는 "동종의 이웃을 분할"하고 "박해"했다고 나오는데, 같은 지역적 연대, 국가적 연대가 불가능한 분열과 다툼의 전쟁은 결단코 평화공동체의 실현을 어렵게 한다는 것을 지적하고 있는 것이다. 더불어 유럽 열강의 도덕심 상실, 경쟁적 침략 등은 평화와는 대립되는 관계를 낳을 것이라는 분석이 눈에 띈다. 그는 서구 유럽 열강들뿐만 아니라 일본의 침략 원인이 인종 갈등에서 빚어진 것이 아니라 도덕성 결여에서 파생된 문제라는 것을 간파한 것이다. 동양의 평화가 깨지게 된 원인은 국가 간의 비도덕적 경쟁주의라는 것이 안중근의 지론이었다. 이것을 달리 바꿔 말하면 동양의 평화정치공동체 혹은 세계의 평화공동체의 기초는 인간의 도덕성, 공동체의 도덕의식에 두어야 한다는 것을 알게 해준다. 개별적 인간과 공동체의 연민, 타자의 고통과 관심을 저버리는 공동체주의는 폭력을 낳게 된다. 평화공동체와는 달리 자신의 국가의 이익만을 추구하는 제국주의적 공동체는 공동체라는 것을 앞세워서 자칫 전체주의로 나아가게 되면 개별 민중의 아픔을 도외시하는 폭력과 살인, 전쟁으로 치달을 수가 있다.

앞에서도 말한 바와 같이, 안중근의 『동양평화론』은 종교적 배경에서 출발한다고 볼 수 있다. 우리는 여전히 동북아시아의 긴장과 갈등 속에서 평화와 공존이 가능한 공동체의 실현을 고민하지 않을 수가 없다. 다행히 이미 100년 전에 격변의 혼란 속에서도 그와 같은 동북아 평화공동체를 실현하기 위한 이론을 마련하고 그것을 실천에 옮기려고 했던 안중근을 통해서 그 단초를 찾아볼 수가 있었다. 더욱이 그의 세계평화론에 기틀이 되었던 사상 기반이 유교와 그리스도교라는 점에서 종교 평화와 더불어 종교 평화관이 절실하게 요청된다. 하늘과 인간, 인간과 인간의 관계를 어떻게 설정하느냐에 따라서 평화의 향방은 달라질 수밖에 없다. 사태를 직시하면서도 현실을 극복하기 위한 초월적 존재로부터의 공동체성을 확보하려는 노력, 그것을 통한 세계의식과 민족의식 그리고 초국가적인 관계성은 인과 사랑이라는 종교적 인식에서 나온다. 그런 의미에서 동북아 평화론의 사상적 장치는 한·중·일 세 나라가 공유하고 있는 유교 관념을 확대 해석하면서 이루어져야 할지도 모른다.

세계는 하느님 집안에 속한 형제자매라는 인식은 가족 윤리에 기반을 두고 있는 유교 사상과도 맥을 같이 한다. "이 세 집이 형제라는 것은 분명하므로 마음을 합쳐 다른 집에 대항하면 세 집을 안전하게 유지할 수 있는 것을 현금 동양 각국이 모두 손을 잡고 힘을 합치면 인구가 5억이 있으니 어떤 나라도 막을 수 있다." 안중근의 말이다. 이런 점에서 그의 평화사상의 근거를 '가톨릭의 보편적 진리와 보편교회'에서 비롯되었다고 보기도 한다. 필자는 가톨릭 계통의 학자들이 일색으로 주장하고 있는 것처럼, 안중근의 의거 의지와『동양평화론』의 근간에는 오직 그리스도교적 배경만 있다는 해석에는 동의할 수 없다. 오히려 그의 유교 사상과 그리스도교 사상이 서로 영향을 주고받았다고 봐야 할 것이다. 여하튼 안중근은 한·중·일이 모두 하나의 가족 구성원, 한 집안 식구라는 의식을 가지고 있었다. 더군다나 그렇기 때문에 한 하느님의 가족 구성원인 세계, 즉 한국과 일본은 하느님께 효와 충을 다하고 그분의 다스림에 의로써 응답하고 서로 협력해야 한다는 논리를 내세운다. 세 나라가 연합과 제휴로써 국가 간의 평화와 공동 발전, 공동 이익을 이루도록 온 인류가 하늘의 뜻에 따르는 형제자매라는 인식을 바탕으로 끊임없이 일본을 설득하려고 했던 안중근의 평화 지향성을 알 수

있다. 동양평화공동체으로 일본을 설득하고 동등하게 상호주관적으로
의사소통함으로써 평화라는 가치를 이념적으로 실현해야만 한다는 주
장을 펴고 있는 것이다. 이것은 우리가 피상적으로 알고 있는 것과는
달리 안중근의 적과 타자에 대한 '포용성'을 엿보게 하는 대목이다. 일
본의 제국주의적인 만행에 대해서 비판과 비난, 상호 전쟁과 폭력으로
맞서는 것이 아니라 일본을 포용함으로써, 전쟁의 주체와 대상, 혹은
차별과 배제 혹은 배타성, 지배자와 피지배자라는 해묵은 이분법적인
인식을 거두는 적극적인 평화관을 제시했다고 할 수 있다.

안중근은 『동양평화론』을 통해 동북아시아 중심의 국가연합체제를
구상했다. 평화를 위해서 국가 간의 연대와 협력이 필요하다고 여긴 것
이다. 이러한 수평적 연대와 공존, 공생의 공동체가 되려면 상호간의
이익이 증진되는 방향으로 의사소통이 이루어져야 한다. 자국의 이익
을 위해서라면 어떤 방법과 수단을 동원해서라도 이웃 나라를 일방적
으로 착취하고 지배한다면 세계 평화는 요원해질 수밖에 없다. 국가
간의 분쟁과 갈등, 폭력과 전쟁을 해결하기 위해서는 이기적인 평화,
자국 중심의 평화가 아니라 지구적 차원, 세계적 차원의 평화를 모색해
야 한다. 다시 말해서 안중근이 아시아의 모든 국가가 자주 독립을 할
수 있는 상태의 『동양평화론』을 제시한 것처럼, 동북아시아를 비롯한
세계 국가들이 상호 주체성, 상호 독립성, 상호 주권 등을 인정할 때에
평화공동체가 실현될 수가 있다. 나아가 지역과 영토의 포용성과 관용
성을 넘어서 초지역적·초영토적인 국가 관념으로까지도 확장해야 한
다. 일정한 국가와 영토라는 경계를 넘어서 침탈해도 된다는 것이 아니
라, 국가와 영토가 세계 시민 공동의 것, 공동의 세계 공간이라는 관념
을 가진다면 굳이 지역 국가와 영토를 침탈하면서까지 전쟁과 폭력을

불사하지 않아도 된다는 것이다.

안중근은 『동양평화론』에서 민족주의를 넘어 보편세계를 지향하는 보편적 세계주의, 보편적 세계평화주의를 구상했다. 안중근의 동북아시아 연대공동체가 인종주의 산물이라는 비판(이것은 동양의 혈통적 공통성을 의미하기보다는 문명적·지역적·신체적 유사성을 지칭한다는 설도 있다), 혹은 보편적 세계주의와 상충하는 폐쇄적 민족주의라는 비판에 대해 면밀히 검토를 해봐야 하겠지만, 그가 제안했던 동북아시아 평화공동체는 절대로 또 하나의 동북아시아라는 특수한 지역 이기주의적 집단을 결성하자는 것이 아니라는 걸 알아야 한다. 안중근이 폭력과 전쟁, 특정 국가의 이익 때문에 타자에게 위해를 가하는 세력에 대해서 저항과 대항을 하기 위한 연대공동체를 구상했다는 것은 이미 그의 『동양평화론』에서 등장하는 중립지대론에서 읽을 수 있다. 평화를 위해서는 폭력과 전쟁을 무화하기 위한 공동의 협력과 이해, 공동선을 통한 상호 이익, 동맹의 이익을 고려하자는 시각으로 볼 때 그를 인종주의자나 편협한 민족주의자로 폄하해서는 안 될 것이다. 오히려 그가 동서양의 평화공존을 모색하고 있다는 점을 주목해야 할 것이다. 한 걸음 더 나아가서 안중근이 "지역의 평등한 회원국들로 이루어진 초국가적 지역공동체(supranational regional community)"를 구상했다고 봐야 한다. 공동 항구, 공동 화폐, 공동 은행, 공동 군대, 공동 언어, 공동 문화, 공동 교육, 공동 경제공동체를 실현한다는 것은 자국의 이익, 곧 개별 의지를 공동 의지로 결합하지 않고서는 불가능하기 때문이다. 그런데 이것은 또한 개별 국가의 의지 혹은 개별 인간의 의지를 공동 의지로 포섭하고 말살하면서 공공성만을 내세우겠다는 것은 단연코 아니다. 자유와 자율, 평화와 합의 등을 욕망하는 개별 의지를 무시한 채 공동 의지를 내세운다는 것은 자칫 또 다른 전체주의 국가가 될 수 있는 가능성을 배제할 수 없다. 공공성과 공동 의지를 실현할 수 있는 초국가적 결합체, 정치체, 협의체를 구성하는 이유는 어디까지나 개별 국가의 자유와 평화, 그 추상적인 국가를 구성하고 있는 개별 인간의 의지와 자유와 평화를 우위에 두기 위함이다. 이것은 안중근이 국가는 국민의 국가이므로 세상에 백성 없는 국가는 없다(이른바 『서경書經』에 나오는 '민유방본民惟邦本')고 말한 데에서도 그 생각을 간취할 수 있다. 이러한 개별 인간의 자유와 공동체의 이익이 충돌하는 집단, 정치체 그리고 세계의 관계적 조화를 위해서 안중근의 철학과 사상과 실천이 주는 의미를 다시 한번 지금의 시각에서 재해석하는 작업이 절실하게 요구된다. 더불어 오늘날 부상하고 있는 미국의 대아시아에 대한 위협적인 정책과 일본의 제국주의·군국주의적 민족주의 그리고 중국과 러시아의 이기적인 자국 정치체를 극복하는 혜안을 찾아야만 한다. 이를 위해서 안중근의 『동양평화론』을 재해석하고 재평가함으로써 동북아시아 공동 이익을 추구해나가는 실제적이고 현실적인 실마리로 삼아야 할 것이다.

참고문헌

강동국. "동아시아의 관점에서 본 동양평화론의 의의." 안중근의사기념사업회편, 『안중근과
　　그 시대』. 경인문화사, 2009.

김경일. 『제국의 시대와 동아시아 연대』. (주)창비, 2011.

김동원. "안중근의 천주교 신앙과 사상적 성격." 안중근의사기념사업회 편, 『안중근 연구의
　　성과와 과제』. 채륜, 2010.

김상준. "비서구 민주주의: 또 하나의 가능성." 「실천문학」 2012년 여름(통권 106호)

김승국. 『한반도 중립화 통일의 길』. 한국학술정보, 2010.

남북관계 발전과 평화번영을 위한 선언, 위키백과.

노명환. "유럽통합 사상과 역사에 비추어 본 안중근 동양평화론의 세계사적 의의." 안중근의사
　　기념사업회 편, 『안중근과 동양평화론』. 채륜, 2010.

마키노 에이지(牧野英二). "안중근 의사의 동양평화론의 현대적 의미." 이태진 외, 안중근
　　· 하얼빈학회. 『영원히 타오르는 불꽃』. 지식산업사, 2010.

문우식. "안중근의 동양평화론과 아시아 금융통화협력." 안중근의사기념사업회 편. 『안중근과
　　동양평화론』. 채륜, 2010.

박도. 『영웅 안중근』. 눈빛출판사, 2010.

박홍규. 『누가 아렌트와 토크빌을 읽었다 하는가』. 글항아리, 2008.

박환. 민족의 영웅, 『시대의 빛 안중근』. 도서출판 선인, 2013.

사이토 타이켄/이송은 옮김. 『내 마음의 안중근』. 집사재, 2002.

신성국. 『의사 안중근(도마)』. 지평, 1999.

신운용. "안중근 의거의 사상적 배경." 안중근의사기념사업회편. 『안중근과 그 시대』. 경인문화
　　사, 2009.

＿＿＿/안중근의사기념사업회 안중근연구소 편. 『안중근과 한국근대사』. 채륜, 2009.

안중근. 『안중근 의사 자서전』. 사단법인 안중근의사 숭모회, 1979.

오영섭. "안중근의 정치사상." 안중근의사기념사업회편. 『안중근과 그 시대』. 경인문화사,
　　2009.

오일환. "안중근의 열린 민족주의관 연구." 유병용 외 공저. 『근현대 민족주의 정치사상』. 경인
　　문화사, 2009.

윤병석. 『안중근 연구』. 국학자료원, 2011.

＿＿＿ 편역. 『안중근 문집』. 독립기념관 한국독립운동사연구소, 2011.

이상익 · 손동현. "유교적 공동체주의와 시민공동체." 박세일 · 나성린 · 신도철 공편. 『공동체

　　　자유주의』. 나남, 2009.

이태진. "안중근의 동양평화론 재조명." 이태진 외, 안중근·하얼빈학회.『영원히 타오르는
　　　불꽃』. 지식산업사, 2010.

임경석. "한나 아렌트, 탈정치화(Entpolitisierung)와 삶의 형태로서의 정치(Politik als
　　　Lebensform)." 홍원표 외 지음.『한나 아렌트와 세계사랑』. 인간사랑, 2009.

전수홍. "안중근 사건의 신학적 고찰." 안중근의사기념사업회 편.『안중근 연구의 성과와 과제』.
　　　채륜, 2010.

정다훈.『평화무임승차자의 80일』. 서해문집, 2016.

조홍식. "유럽통합과 동양평화론." 안중근의사기념사업회 편.『안중근과 동양평화론』. 채륜,
　　　2010.

최봉룡. "안중근 의거의 중국에 대한 영향과 그 평가." 이태진 외, 안중근·하얼빈학회.『영원히
　　　타오르는 불꽃』. 지식산업사, 2010.

황종렬.『신앙과 민족의식이 만날 때』. 분도출판사, 2000.

＿＿＿.『안중근 토마스』. 대구가톨릭대학교출판부, 2013.

Chantal Mouffe/이보경 옮김.『정치적인 것의 귀환』. 후마니타스, 2007.

Daniel Guerin/하기락 옮김.『현대 아나키즘』. 도서출판 신명, 1993.

David Graeber/나현영 옮김.『아나키스트 인류학의 조각들』. 포도밭출판사, 2016.

Hannah Arendt/김선욱 옮김.『정치의 약속』. 도서출판 푸른숲, 2008.

Immanuel Kant/이한구 옮김.『영구 평화론: 하나의 철학적 기획』. 서광사, 2008.

Richard J. Bernstein/김선욱 옮김.『한나 아렌트와 유대인 문제』. 아모르문디, 2009.

Thomas Aquinas/최이권 역주.『신학대전(법신학의 정초: 법률편)』. 법경출판사, 1993.

찾 아 보 기